江戸にラクダがやって来た

江戸にラクダがやって来た

日本人と異国・自国の形象

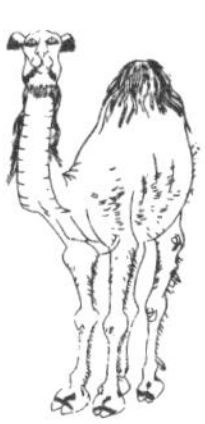

川添 裕
Yu Kawazoe

岩波書店

目次

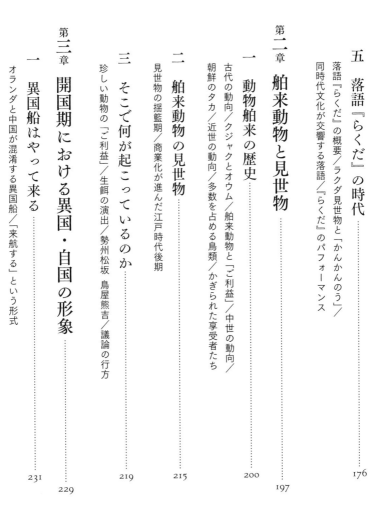

第一章

江戸にラクダがやって来た

一　江戸はラクダで大騒ぎ

文政《ぶんせい》七年（一八二四）閏《うるう》八月九日、江戸きっての盛り場であった両国広小路《ひろこうじ》でラクダの見世物が始まった。

雄一頭、雌一頭のヒトコブラクダ二頭の番《つが》いであり、オランダ船に積まれて文政四年（一八二一）七月二日に長崎に舶来し、そこから三年余りの時を経て江戸へやって来たものである。皆が待ちこがれたラクダであり、江戸中の人びとが両国橋西詰《にしづめ》の小屋へ押し掛け、見世物は大ヒットとなった。

ラクダは古来、日本へ何度か舶来していて、江戸時代にもすでに二度やって来てはいた。しかし、正保《しょうほう》三年（一六四六）に長崎舶来のラクダは三代将軍、徳川家光《とくがわいえみつ》への献上品で見世物として庶民に供覧されることがなく、また、享和《きょうわ》三年（一八〇三）に長崎舶来のラクダは交易を許されていないアメリカ船が運んで来たもので戻されていた。(1) つまり、当時の江戸庶民にとってみれば、文字通り生まれてはじめて、ラクダなる「異国の珍獣」を目の当たりにしたわけであり、動物園やメディアを通じてラクダを知る今日のわれわれとは状況がまったく異なっている。不思議な背上のコブの形状といい、独特のおっとりとした感じの顔立ちといい、未知の異国にはこんな動物がいるのかと驚異の目を見張ったことだろう。両国の見世物小屋で間近にラクダと接する体験は、多くの人びとにとって一生の語り草となったにちがいない。

どのようにラクダと接したか

ラクダの話題は当然、同時代の随筆や記録にさまざまなかたちで記された。

あちこち出歩くのが大好きで数多くの「遊歴」の記録を残してくれた隠居僧、十方庵敬順《じっぽうあんけいじゅん》は、「武江《えど》両国の広小路に於て、駱駝といえる怪獣の牡牝弐疋《おすめすにひき》を見せものにし、広き東武中一円の評判なれば、朝より暮にいたるまで見物の人山をなして、栄当《えいとう》〳〵と込合《こみあう》事仰山《ぎょうさん》にて、或日は五千余人に及べるとぞ」と記し、日々、人が山をなして「争ひ見る」状態であったと証言する（『遊歴雑記』）。一日に「五千余人」の観客という数字は当時にあって驚くべきものだが、大衆的流行現象が頻繁に現出するようになっていた十九世紀の百万都市江戸では、こうした規模の見世物が他にも何度かおこなわれており、実態を反映する数字ととらえるべきである。(2)

間近にラクダと接する体験と記した通り、この熱気の見世物小屋のなかで、人びとはまさに間近に、身近に、ラクダと接することができた。小屋内では太鼓や横笛、トライアングルを鳴らす風変わりな唐人姿《とうじんすがた》の男たち（実際には日本人）が、観客のすぐ目の前で二頭のラクダを連れて回り、さらに、札銭《ふだせん》（入場料）の三十二文《もん》とは別に四文、八文といった代価をとって大根や薩摩芋、茄子を買わせて、それを観客が手ずからラクダに与えることがおこなわれたのである。ペットへの餌やり同様、これは動物と人間との最も親しき交わりの一つといえるだろう。

ラクダに「間近に、身近に」接したと筆者が強調しても、もしかすると実感がわかない読者もいる

図1　ラクダに見とれる観客たち．名古屋大須での見世物小屋内を描く（高力猿猴庵『絵本駱駝具誌』写本より，部分図，名古屋市博物館蔵）

かもしれない。「ラクダに見とれる観客の姿」などといった都合のいい絵は江戸には残っていないが、じつは驚くべきことに、全国でも名古屋のものだけは残っているのである。はじめにまず見世物小屋の状況を実感していただくために、先駆けてその図を掲載しておく（図1）。これは名古屋の文筆家、画家で尾張藩士の高力猿猴庵《こうりきえんこうあん》（種信）が著した『絵《え》本駱駝《ほんらくだ》具誌《ぐし》』に掲載の、名古屋大須の見世物小屋での文政九年の光景だが、ここ江戸の見世物小屋でも同様の光景が出現していたのである。同書には「江戸にては見物をも乗せし由なり」と記されていて、江戸では実際に乗せた可能性もある。なお、この資料が記す名古屋の興行に関しては、のちに詳しくふれる。ここではもう一つ、江戸で出版された合巻《ごうかん》（合冊形式の絵入り小説）に見世物小屋前に群集する人びとを描く挿図があり、文芸作ながら随筆記録類に記されるのと同じ感触を描くものなので、あわせて掲載しておく（図2）。この作品に関しても、のちに詳しくふれる。

図2　ラクダの見世物小屋前に群集する人びと（江南亭唐立作，歌川国安画の合巻『和合駱駝之世界』より，筆者蔵．掲載書は人の口などにいたずら書きがされている）

さて当時においては、ラクダのような舶来の「異国の珍獣」には、神仏のごとき「ご利益《りやく》」があるとされており、ラクダは西方からやって来た有り難い「霊獣」「聖獣」であった。最もよくいわれたのは疱瘡《ほうそう》麻疹《はしか》除け、悪病除けの効能であり、見世物小屋では故事いわれを付してラクダの毛を包んだお守りが売られた。そんな馬鹿なと思うかもしれないが、当時は実際にラクダが感染症や悪病からわが身を守ってくれる、たとえ病気に罹《かか》っても軽く済ませてくれるといわれたのである。その意味でラクダを見ることは「ご利益」つきの「眼福《がんぷく》」であり、ラクダの毛をお守りとして身近にすればさらに効能が高まるというわけであった。

見世物小屋では、ラクダを描いた墨一色摺りの絵番付や色摺りの浮世絵（錦絵）が販売されており、人びとは人生初のラクダ体験の記念にそれらをもとめ、あとあとまで記憶を反芻《はんすう》することができた。また、まだ見ていない人に絵を見せて、評判を語ったり、見物をすすめたりすることもできた。前述の十方庵は、「壱人鐚《いちにんびた》三十弐穴《けつ》［三十二文］をとりて見する上に、絵図を鬻《ひさ》ぎ、なを彼が食物を商ふ事若干《そこばく》［かなりの数量］なれば、目論《もくろみ》し者どもは嘸《さぞ》や過分の利潤を得たるなるべし」と観察している。

到着地、板橋へも人が殺到

じつはラクダは長崎で長く留め置かれたすえに、前年の文政六年（一八二三）に興行関係者の手に渡り、大坂、京、伊勢などでまず興行ののちに中山道経由で江戸へはやって来た。最初の長崎舶来の情報をはじめ、その後の動静もうわさとして伝わっており、江戸では今か今かと首を長くして待ち望んだラクダであった。本書の書名で章題でもある「江戸にラクダがやって来た」というタイトルにはその感覚がこめられていて、実際、江戸到着の入口となった板橋からして、すでに大騒ぎとなっていたことが知られている。

こちらの証言者は、元は下級武士から医者となりこの時期ちょうど板橋宿に住んで手習いの師匠でもあった加藤曳尾庵《えいびあん》であり、次のように記す。「［ラクダは］木曾路を経て江戸へ来る。其沙《そのさ》汰夥《たおびただ》しく、当駅［板橋宿］の豊田市右衛門の主《ぬ》しの家をかりて一日逗留する事になん有りけり。このへんはいふにおよばず、江戸よりゐん類、親るい見物せんとて雲かすみごとくきたる。閏八月四日着のところ、途中に故障の事ありて五日のゆふかた着しぬ。豊田氏の奥庭へひきゐれて諸人に見物をさせけり」（『我《わが》衣《ころも》』）。これはいってみれば現場からの実況報告で、ちょっとした縁程度の物見高い連中が、少しでも早くラクダを見たいと雲霞のごとく板橋まで押し掛け、その甲斐あってか、板橋宿平尾の脇本陣、平尾の名主である豊田家の奥庭において、いわば「抜け駆け」でラクダを見物することができたのであった。曳尾庵自身もきわめて身近にラクダとのふれ合いを楽しんでいて、「さすりてみるに毛せんなどへさわるよふなり」と、体毛のさわり心地まで記している。

すでに冒頭でふれ、曳尾庵も以下に続けて記すように、見世物興行としては「閏八月九日より両国広小路におゐてみせる。見物群集雲の如し」となるわけだが、ラクダを一目見たかったのは庶民だけではなく、武士身分の者も例外ではなかった。高位でない武士は、地方からやって来て江戸在勤中の勤番侍《きんばんざむらい》を含め、両国や浅草の盛り場で見世物見物をしている事例がさまざま確認できるが、ところが身分が高くなると、そうはいかなかった。

紀州藩主と平戸藩主の明暗

ラクダを一目見たい、しかし如何《いかん》せん、そうもいかないという気の毒な例は、平戸藩九代藩主にして諸学問に通じた松浦静山《まつらせいざん》で、当時すでに致仕《ちし》して隠居の身ながら立場上ままならなかったようだ。静山の随筆『甲子夜話《かっしやわ》』には「今遠来の物〔ラクダのこと〕、予も視たく思へども、流石《さすが》、卑賤混騒《ひせんこんそう》の中にも雑《まじ》はりかねる故、儒生《じゅせい》蒲生亮をして視せしめし」(巻五十三)と記し、結局、人をつかわして見物させ報告を受けている。

『甲子夜話』にはこの記事に先立ち、文政四年の長崎へのラクダ船来、並びにそれ以前の享和三年にアメリカ船が運んで来て戻されたラクダの一件も載り(巻八)、また今回船来の翌文政五年に両国にあらわれた「作り物」のラクダ模造見世物の話まで載っていて、「真物はやがて御当地に来るなり」

といった伝聞も記されている(巻九)。この後もさらに二つの補足記事を記しており(巻五十六、巻六十)、静山は好奇心いっぱいに情報を把握し続けていたのであり、何とも残念なことであったろう。

なお、模造見世物の関連でいうと、大坂でも本物の興行に先駆けて籠細工でつくったラクダ見世物が同じ文政五年にあらわれ、また文政六年の本物の興行の寸前にも拵《こしら》えものの細工があらわれており、さらには、ラクダ到来を江戸よりもっと待たされた名古屋でも、本物の興行の前年である文政八年に羽根細工でつくったラクダ見世物があらわれている。ラクダのうわさが世に広まるなか、ラクダへの期待が各地で高まっていった状況がそこからはとてもよくうかがえる。

知識や情報をまめに蓄積していたにもかかわらず、直接の「眼福」は得ることができなかった松浦静山がいる一方で、抜きん出た特権によって、ラクダを逸早く見ることができた者もいた。徳川御三家、紀州藩十一代藩主の徳川斉順《とくがわなりゆき》である。ちなみに斉順は時の十一代将軍、徳川家斉《いえなり》の七男であり、後代のことになるが、斉順が没した直後に生まれた子はのち十四代将軍、徳川家茂《いえもち》となっている。

文政七年(一八二四)閏八月十九日、当時二十四歳で紀州藩主となってまだ三カ月の徳川斉順は、広大な江戸藩邸(赤坂邸)の赤坂御本殿においてラクダを見る「眼福」を得た。注目すべきは、この閏八月十九日とは両国広小路で興行が始まってわずか十日後の、日々、人が山をなして「争ひ見る」状態の真っ最中であり、その両国の小屋を休ませて赤坂邸へ呼び寄せたことになる。「閏八月十九日、駱駝二頭御親覧アリ。畢《おわり》テ、青山御殿へ率《ひ》カセ、修理大夫様御覧」(『南紀徳川史』)と記録されていて、斉順の赤坂御本殿での「御親覧」後に、さらに青山御殿へとラクダを牽かせ、修理大夫すなわち頼興《よりおき》(先代藩主、治宝《はるとみ》の叔父)も見物した。頼興は翌文政八年正月に七十四歳で亡くなっており、ラクダはいうなれば名残《なごり》の「眼福」ともなった。

迎賓館赤坂離宮と赤坂御用地

紀州徳川家の赤坂邸とは、およそ現在の迎賓館《げいひんかん》赤坂離宮と赤坂御用地とをひと続きに合わせた広大なエリアである。江戸時代末期につくられた『紀州徳川家赤坂邸全図』(宮内庁公文書館蔵)を見ると、赤坂御本殿は東北側一帯の迎賓館赤坂離宮とほぼ同じ位置で、青山御殿はそこから西南方向へずっと行った反対側角の、現在の青山一丁目交差点のすぐ北側、赤坂御用地西門近くの広い芝生地となっている場所である。ラクダが牽かれた赤坂御本殿から青山御殿へのあいだには「赤坂御庭」が大きく広がっていて、現在は春秋の園遊会で知られる「赤坂御苑」となっている。明治時代以降に各所が大改修されているが、たとえば中心部にある現在の「中の池」は藩邸時代の「積翠池《せきすいち》」に相当し、池の南側に架かる二本のゆるやかな反り橋「二虹梁《にこうりょう》」は同名称かつ同位置で、継承された部分も多い。

テレビのニュースなどで目にする園遊会の光景(「中の池」の西側から北側の沿道と芝生地が映されることが多い)と、ここに述べたラクダの話とは時代も環境も異なるわけだが、試みに、御庭のなかを移動する二頭のラクダの姿を想像力豊かに思い描いてみることも、意味のないことではない。少なくとも、赤坂邸でのラクダ見物の様相は、松浦静山いうところの両国広小路の「卑賤混騒」とは懸け離れた、特別の「眼福」であったことだけは間違いない。恐らくこのとき写生して描かれたと思われる、紀州藩士で画家の諏訪鷺湖《すわがこ》による画巻(文政七年成)の存在が確認されており、瀟洒な筆致でラクダ二頭と、それを連れ歩く楽器と野菜を携えた唐人姿の男たちが美しく描かれている。

タイミングからしてこの「御親覧」は、徳川斉順がラクダと対面したい気持ちの強かったことをうかがわせ、そこで思い起こされるのは、やはり紀州和歌山の殿様で五代藩主から八代将軍となった徳川吉宗《よしむね》の「異国の珍獣」との関わりである。江戸にやって来た最大の「異国の珍獣」といえばゾウ(アジアゾウ)であり、これは海外の知識、文物に強い関心を持っていた吉宗が自ら注文したもので、享保《きょうほう》十三年(一七二八)に中国船がベトナムから長崎へと船載、江戸へ上って翌年に吉宗と対面し、しばらくのあいだ浜御殿《はまごてん》(現、浜離宮恩賜庭園)で飼育された。斉順は同じ紀州藩主にして吉宗の玄孫であり、このラクダとの対面には伝統の先進的風儀とでもいうべきものが感じられるのである。

話の流れの都合上、後述するかたちとするが(八十一頁)、じつはラクダが江戸へやって来るための道中通行の便宜を紀州家が与えており、ラクダはいわば「紀州様の荷」として江戸へ向かっていたと考えられる記録が中山道の伏見宿に残されている。つまり、徳川斉順の「御親覧」は明確な意志のもとに少し以前から計画されたもので、興行側からしても両国の小屋がいくら「争ひ見る」状態であろうとも、斉順との対面は江戸における最優先事項の一つであったと推定されるのである。

ともあれ、文政七年秋(閏八月とは、閏の調整のために八月の翌月にもう一度繰り返す月で、ラクダ見世物開始の文政七年閏八月九日は、西暦なら一八二四年十月一日に相当する)の江戸は、文字通り貴賤上下を問わず、雌雄二頭のラクダの話題で持ち切りなのであった。画家で文人の酒井抱一《ほういっ》は年の終わりに「歳暮」として、「御厩《おんまや》の駱駝に附《つけ》むとしの末」(『軽挙観句藻』)と句作した。興行がどこまで続いたのか正確な終了時期ははっきりしないが、儒者《じゅしゃ》の松崎慊堂がその日記である『慊堂日暦《こうどうにちれき》』に翌文政八年二月四日にラクダ見物したことを記すので、半年ほども続いた見世物史上空前のロングラン興行であった。

感染症流行の時代

　ところでさきほど、舶来の「異国の珍獣」には疱瘡麻疹除け、悪病除けの効能があるとされたことを記したが、ラクダが舶来した文政四年（一八二一）から文政七年までの数年は、じつは感染症流行の時代であった。現在の新型コロナウイルスの約百年前がいわゆる「スペイン風邪」で、さらにその約百年前のこの時期には、「だんぼ風」「だんほう風」（類似の名称が他にもいくつかある）と呼ばれた風邪を始まりとして他の複数の疫病もあらわれ、数年にわたって感染症が流行したのである。これはラクダ見世物の大当たりと深く関わる時代背景であり、ていねいに状況を見ておきたい。少し読みすすめれば、詳しく記す必然性がおわかりいただけると思う。

　江戸の世態風俗の変遷を記した斎藤月岑《げっしん》『武江《ぶこう》年表』には、ラクダが長崎へ舶来する約五カ月前、文政四年二月の記事として「二月中旬より風邪流行。賤民へ御救米銭《おすくいまいせん》を賜はる」と記されていて、考証家の喜多村筠庭《いんてい》がそれに「此時流行風を、ダンボ風といへり。ダンボサンといふ童謡行はれし故也」と補足している（『武江年表補正略』）。この「御救米銭」の件は、江戸幕府の公的史書といえる『続徳川実紀（文恭院殿御実紀）』に二月晦日のこととして記されており、「窮民どもに救銭を賜ふ。その数二十九万六千九百八十七人に銭七万五千三十五貫文」とあって、これは新型コロナウイルス下の公的給付金と同類のものといえる。この総高は、両に替えると一万一千両余にも及ぶ。今日とはご時世がちがうので「窮民ども」「賤民」といった呼ばれ方をしているが、その数は何とほぼ三十万人もいるのであり、当時の江戸の町方人口がおよそ六十万人弱であることを考えれば大変な人数で、深刻な流行感染症であったことがわかる。職人、小商人には日銭稼ぎの者が多く、仕事が何日かできなければたちまち困窮した。(3) 漢方医の名流でのちに奥医師となる多紀元堅《たきもとかた》も、「感冒の流行病者の夥きこと、是歳《このとし》の如きは曽《かつ》て見及ざるほどのことなりき」（『時還読我書《じかんどくがしょ》』）と、二月からの風邪（感冒）流行が従来にない大規模なものであったことを伝えている。(4)

前出の板橋の加藤曳尾庵は、「二月の初《はじめ》より所々風邪流行す。疱瘡なども其熱に誘われて往々見ゆる」（『我衣』）と記し、風邪のみならず「疱瘡」もあらわれたとする。風邪の具体的な症状については、「多くは咳嗽《がいそう》〔せきをする〕胸腹杓攣《きょうふくしゃくれん》して、頭痛寒熱往来す。その中に戦慄のもの多し。（中略）小児壱人はかろく、二十四、五より五十位迄の人病《やまい》重く、中には死に至るも見ゆ」と記述している。「咳嗽胸腹杓攣」は、胸や腹のさしこむような痛みを意味する「癪」を「杓」の当て字で記したと思われ、繰り返し咳き込んで胸腹にも痛みが走る状態といったところだろうか。「戦慄」すなわち「戦慄《わなな》く」ような震えも多くの者に見られた。

曳尾庵は一介の町医者として「日々、刀圭《とうけい》〔薬を盛るさじ、転じて医術また医者のこと〕奔走して夜もろくに寝る事なく」活躍するのだが、やがて身内が感染し、自身も感染して寝込んでしまっている。その後、秋に至ると今度は疱瘡が拡大し、「九、十、十一月は世の中一統、疱瘡流行して刀圭奔走す。中々楽しみに筆とることもならず。此あたりの子供壱人も洩らさず。中には治療の及ばざるもの過半死亡するも又少からず」と、始まりの大人が中心だった「だんぼ風」とはちがい、疱瘡では子どもが深刻な状況となった。一方、さきの多紀元堅は、春の風邪大流行のあと、夏からは下痢と吐瀉《としゃ》を伴う「疫邪《えきじゃ》」が多く見られたと記しており、あるいはさらに別の感染症があったのかもしれないが、正体はよくわからない。

「だんぼ風」は呼吸器系の流行感染症であることはあきらかだが、それ以上の医学的詳細は不明である。疱瘡は天然痘(英語ならsmallpox)のことで「痘瘡《とうそう》」とも呼ばれ、江戸時代には何度も流行して死因の上位を占めた。とくに乳幼児の死亡率が高く、また顔面に生じる発疹があとに瘢痕(あばた)を残す場合も多くあった。これにさらに麻疹の流行が加わり、「痘瘡は面定め、麻疹は命定め」といわれたように、かつては麻疹で死に至る場合がしばしばあって、「疱瘡麻疹」と二つを合わせた表現が慣用的になされ、ともに恐れられた。感染症がさまざまあるなかで、いまあげた流行風邪(流行性感冒)、疱瘡、麻疹が江戸時代定番の三大流行感染症であり、これらがくり返しあらわれている。現在よりも人びとの栄養状態が悪かったので抵抗力が弱く、複数の感染症が重なり合うようにあらわれたり、肺炎ほかの合併症を併発したりすることが多かったようだ。

そして、ラクダが江戸で見世物となった文政七年(一八二四)には、今度は麻疹が流行した。『武江年表』には「春より麻疹流行、夏秋に至る。引続《ひきつづき》風邪行《おこなわ》る。此節、雨更に降らず(麻疹は東海道筋よりはやり来たれり)」とあり、以下に述べるように流行時期に関してはこの記述は間違っていて混乱を招くものなのだが、またもや感染症が重なり合って続き、この年は「麻疹」と「風邪」のダブルパンチとなったのである。

引用部最後の丸括弧に入った「麻疹は東海道筋よりはやり来たれり」は、原本では割書きで記された記述で、この点については加藤曳尾庵も京、大坂など西から江戸へと麻疹の感染が拡がったとしている。ただし、流行時期はもっと前からで、すでに前年の文政六年十一月はじめにはそろそろ江戸へ麻疹がやって来そうだと世間が騒がしくなり、「十二月よりことしの正月比《ごろ》は病ふさぬ人もなし」(『我衣』)となったのである。多紀元堅もほとんど同じ経過を記しており、医を業とした二人にしたがい、正確には前年冬から春への年をまたいだ麻疹流行と考えるべきである。

曳尾庵はまた、「麻疹大《おおい》に流行して廿一、二より下の男女大かたやまぬ人もなく、三月の末の比に至りやゝ止りしを、中旬比より風邪大に行われて、是は大人小児に限らず世間壱人も不残《のこらず》煩ひける」と、麻疹から風邪へと重なり合って続いた三月からのダブルパンチの状況を説明している。ダブルパンチに関しては多紀元堅も、「甲申《きのえさる》〔文政七年〕三月、麻疹やや止《やま》んとする頃より時気《じき》〔はやりやまい、この場合は風邪〕盛《さかん》に行れ、一家少長となく皆床に臥《ふす》にいたる」(『時還読我書』)と記していて、麻疹が下火となりだした三月に、それと重なるようにして、老いも若きも一家中が皆寝込んでしまう強力な風邪があらわれたのである。ここでも医者二人の記述は見事なくらい一致しており、三月に麻疹はやや下火となり、と同時に流行風邪が出現したとみて間違いなく、『武江年表』の流行時期に関する記述が粗雑で、またかなり後ろ倒しになっていて、正しくないことがわかる(『武江年表』の問題点については、のちにまた記す)。

こうした状況下、ダブルパンチの両方に罹ってしまう者も当然ながらいて、最初にラクダ見世物の証言者としてあげた十方庵敬順は、麻疹の流行は四月に向かっておさまっていったが「中には麻疹の煩ひに引風《ひきかぜ》さしくわゝりて悩みし者もあり」(『遊歴雑記』)と、その状況を説明している。あとから加わった「引風」については「遅速はあれども遁《のが》れたる者なし」、つまり誰もが遅かれ早かれ罹ってしまったといい、なぜかそれが「薩摩風」と呼ばれたと記している。地名を冠せて呼ばれるのは風邪や流行感染症の特徴であるが、今日の場合と同じく、本当にそこから起こったのかどうかはわからない。ちなみに、文政四年の「だんぼ風」の場合は「長門風」とも呼ばれていた。多紀元堅は、今回の文政七年の風邪が「辛巳《かのとみ》の春の疫〔文政四年の「だんぼ風」〕と相似て稍《やや》重かりし」との記述をしており、両者が連関している可能性もあるように思う。

　ここまで江戸の状況だけを記してきたが、各地でもそれぞれ時期をずらしながら感染症の流行は拡がっていた。この間の地方での事例を一つだけあげておくと、たとえば福井藩では文政五年と文政七年に感染症流行で困窮する村への「救籾《すくいもみ》」の支給がおこなわれていて、これは脱穀していない籾の状態で保管された米の現物支給である。こうした米の現物支給は、江戸でもときどきおこなわれている。

　なお、江戸には拡がらなかったものの、文政五年八月頃から翌六年はじめにかけて「三日コロリ」が流行した。これはインドから始まった世界の広域に及んだコレラのパンデミックが日本へ波及したもので、初のコレラ流行であった。富士川游『日本疾病史』（吐鳳堂書店、一九一二）の考察にしたがえば、本邦の「西陲《せいすい》」（西のはずれ）から流行が起こり山陽道を経て大坂、京、伊勢へと東に向かって拡大し、東海道筋を沼津あたりまで拡がったが、箱根の山は越えなかったとされる。とはいえ、江戸に至らなかっただけで、これも同時代における特筆大書すべき感染症大流行であった。いわゆる「鎖国」下においても日本は世界とつながっており、ゆえに、海外から入ったコレラは流行するし、また海外からやって来たラクダも見世物として流行したのである。一見まったく異なるものながら、海外から入って国内を西から東へと移動していく点は共通であり、ともにこの時代の日本のあり方を象徴する社会文化史的に重要な出来事である。

絶妙のタイミング

さて、文政四年の「だんぼ風」に始まり文政七年へ至るまでのあいだ、感染症の波が何度も押し寄せた状況がおわかりいただけただろうか。散発的な発生や比較的軽微なものまで含めると、江戸時代は何らかの感染症がつねに存在した時代ではあるが、この時期は複数の記録的に大規模な感染症と中規模のものとを併せ、感染症が「連発」して襲来した「感染症流行の時代」なのであった。ラクダがやって来た文政七年閏八月当時の江戸の人びとからすれば、最近数年間のいまだ記憶に新しい感染症に加え、つい昨日のことのように直前のダブルパンチ状況(麻疹、流行風邪)が存在したわけである。

そして、この後少しあとまでの時期を含め、諸書に記録される状況を可能なかぎり総合していくと、江戸においては文政七年の夏が終わる頃には、それまで「連発」で襲来してきた感染症の波がようやく一旦、退潮したと推定できるのである。じつはちょうどその絶妙のタイミングで、疱瘡麻疹除け、悪病除けの効能があるとされたラクダはやって来たのである(5)。

ここまで縷々《るる》述べきたったこの間の感染症流行の状況を考えれば、ラクダを単純に一目見たいという好奇心以上の部分、すなわちラクダの疱瘡麻疹除け、悪病除けの「ご利益」にあずかりたいという気持ちが、人びとに大なり小なりあったことは間違いなく、その要素も加わってラクダ見世物は歓迎され大当たりしたのである。

もちろん、江戸時代にあっても俗信を否定し、「鰯《いわし》の頭も信心から」には乗らない向きも一部にあったと思うが、しかし、今日でも科学や医学はけっして万能ではなく、感染症流行を簡単には制御できない現実を考えるならば、人事を尽くして天命を待つごとく、力の及ばないところは効果があるかもしれぬ「おまじない」に頼る感覚、理性を持ちながらも信心や祈りに頼る感覚は、人間らしいおこないとしてそれがこの時代の通例であった。さきの福井藩を含めた地方の各藩では、感染症流行の際に藩が祈禱をおこない、「御札」や「守札」を領内に配付する例が江戸時代を通じて多く見られるのである。むろん江戸の庶民においても、信心や「おまじない」は身近で親しみのある日常的なおこないであった。

そして、庶民とは懸け離れた存在ではあるのだが、紀州徳川家の徳川斉順も、あるいは同じ気持ちからラクダの「眼福」を得たのではないかと思わせる事実がある。斉順はラクダ見物の半年前、ちょうど既述の麻疹流行期に麻疹に罹患しており、「同〔文政〕七甲申三月朔日より御麻疹、十三日御《お》酒湯《さかゆ》」（『南紀徳川史』）と記録されるのである。「酒湯」とは、通常は疱瘡がなおったあとに酒をまぜてつかわせる湯で、浴びたり、笹の葉でふりかけたり、赤手ぬぐいでぬぐったりする習俗だが、麻疹にも用いたのだろう。ともあれ、斉順の特別なラクダ呼び寄せに関連する可能性のある背景として、麻疹罹患の事実を記しておく。

ラクダから逃げ出す疫病神

過去の人びとの気持ちや感覚を、直接的に資料から跡づけることは一般にむずかしいが、同時代の文芸作品のなかには、いま述べた絶妙のタイミングであったことと、人びとのラクダへの期待感を、想像力ゆたかに表現した興味深い事例がある。

図3をご覧いただきたい。これはラクダの小屋前を描いた前図と同じく合巻『和《わ》合駱駝《ごうらくだ》之《の》世《せ》界《かい》』の挿図の一コマで、文政八年正月に江戸で出版されたものである。本全体に関してはのちに詳しく述べるので図の中味だけ説明すると、まず描かれているのは、それぞれの病気を引き起こす「ほうそう神」(右)、「かぜの神」(中)、「はしか神」(左)の姿である。いわゆる疫病神《やくびょうがみ》であり、「えやみのかみ」ともいった。内容は、ラクダがやって来たのでもうここにはいられない、逃げろといったもので、「ほうそう神」が仲間の「かぜの神」と「はしか神」に大事を知らせに走る姿が描かれているのである。左の方では「はしか神は、今ゑぞあたりにすまいたまふ」と、すでに蝦夷まで落ち延びているのが笑えるところで、ユーモラスにラクダの疱瘡麻疹除け、悪病除けの効能、その強力なパワーを表現しているのである。

正月出版のこうした大衆的な絵入小説は、通常、前年秋頃にその年の話題を入れ込みながらつくられていく。ここでは話題沸騰のラクダ見世物と、ようやく落ち着きをみせた感染症の状況を踏まえて、両者を自然に結びつけてこの図が描かれたのである。ラクダから早々に逃げ出していく、この間、猛威をふる

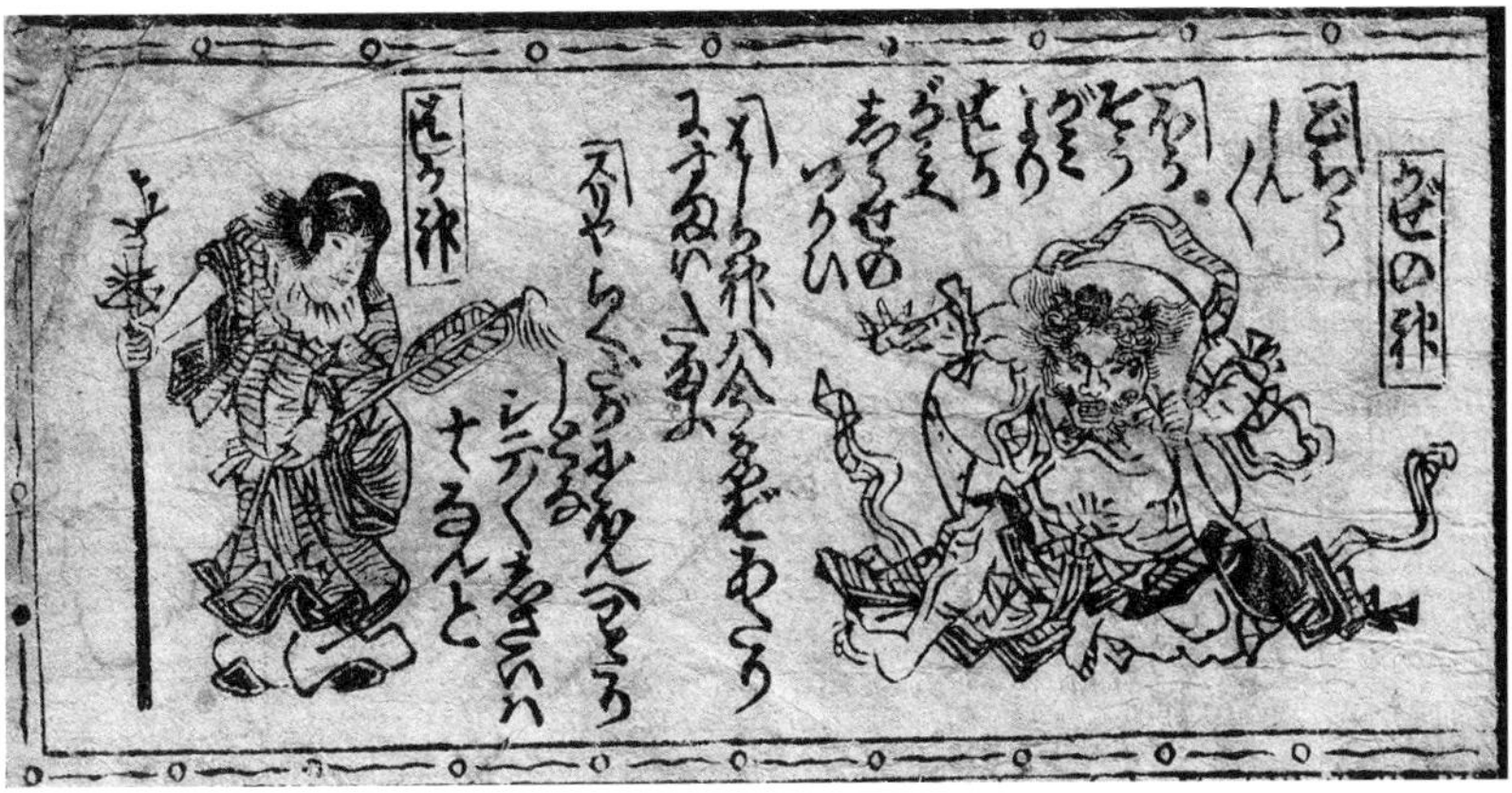

図3　ラクダから逃げ出す疫病神（前出『和合駱駝之世界』より，部分図）

った代表的な疫病三神という設定は、誰の目にもわかりやすく、また正月にふさわしい平安な気持ちを読者にもたらしてくれたはずだ。むろん文芸作品自体はフィクションだが、創作の背後や制作意図までを見わたせば、江戸にラクダがやって来た当時の状況とそこでの人びとの気持ちや感覚を、作品から読みとることが可能なのである。

元気な十方庵の記録からわかること

文政七年三月から麻疹に続いてダブルパンチで流行した風邪は、「大人小児に限らず世間壱人も不残煩ひける」（『我衣』）、「遅速はあれども遁れたる者なし」（『遊歴雑記』）と、文字通り誰もが罹ったことはすでに記した。だが、「遁れたる者なし」と自らいいながら、当人は罹患せずにとても元気な者もいた。「遊歴」するご隠居、十方庵敬順がその人である。

十方庵は自慢気に『遊歴雑記』に次のように記している。

「愚老に限り流行の風を引ず。堅固なりしは養生の能故《よきゆえ》か、但しは体の皮厚く成《なり》、骨の剛《こわ》く成て風の神にも嫌はれしやらん。年寄は貴賤ともに否《いや》がる［嫌われる］ものなれば、左《さ》社《こそ》あらんと大笑ひしけり」。しかも十方庵は、ダブルパンチ状況下の三月末に江戸を旅立ち、遠く三河まで往復の旅をしており、道中でも流行していた麻疹と風邪の状況を観察し(東海道筋ではふだんの定宿が「煩ひに戸ざして」いたり、病鉢巻《やまいはちまき》をして商売している家があったりした)、ふだんとは異なる新たな「遊歴」と名所見物を続けて、五月中旬に江戸の自宅へ戻っている。

そんな十方庵は、元気なゆえに、感染症流行下の江戸の街の様子も詳しく書き残してくれた。まず、医者と按摩ばかりが忙しく薬種の値が上がっているが、銭湯と髪結床は営業していてもがら空きの状態である。「江戸といへども盛場さみしく、ふらめく人少なし」で、盛り場が盛り場ではなくなってしまっている。なかでも吉原は「傾城《けいせい》ども悉《ことごと》く麻疹煩ふあり、引風に悩むあり」で壊滅的で、結局、一同の申し合わせで二十一日間の休業となった。以前の麻疹流行の際(二十一年前の享和三年)に営業を続け、遊女が「幾百人」も亡くなったことを教訓に休業したのだと記している。江戸三座の歌舞伎は幕を開けたが、そもそも観客が少なく、「若き俳優は麻疹をわづらひ、左なければ引風にて引籠《ひきこもり》、外《ほか》の者[他の格の落ちる俳優が]替りて勤むれば一入鎖尾《ひとしおさびれ》て、或日は休み或日は興行して評判よからず」であった。遊廓と同じく歌舞伎の世界もダブルパンチをまともに食らっていて、確かにこれではまともな芝居はできなかっただろう。人形芝居の操座《あやつりざ》も同様であり、いずれも惨憺たるありさまとなっていたのである。

これは新型コロナ状況下の娯楽興行界と同じか、一面ではもっとひどい苦境といえるかもしれない。「だんぼ風」が流行した文政四年の場合も、前年文政三年に空前の盛り上がりをみせていた江戸の見世物興行の世界が、興行件数を一挙に激減させており、やはり感染症流行による打撃とみることができる。人びとを一カ所に「密」に集めることで成り立つ興行の世界は、今日と同様、その宿命として感染症に対しては脆弱《ぜいじゃく》であった。

さきほどから述べてきた絶妙のタイミングという点でいうと、見世物を含めた文政七年の芸能娯楽の世界は、十方庵が記す少し前の「苦境のトンネル」をくぐりぬけて、感染症の波が退潮した秋の環境に至っていたわけであり、芸能娯楽を楽しみたいという庶民の欲求はより以上に高まった状態であったと思われるのである。これは「密」な娯楽を晴れ晴れと楽しむ日を待ち望む、現在のわれわれの心境(本稿を執筆しているのは二〇二二年春)からも理解しやすいだろう。

ラクダはちょうどそこへ、二重三重の意味で「お誂《あつら》え向き」の見世物として江戸にあらわれたのである。板橋宿にまで人びとが押し寄せたのも、日々、人が山をなして「争ひ見る」状態となったのも、ある意味で当然のことであった。ラクダ見世物の大ヒットには、人生初の「異国の珍獣」をとにかく一目見たいという欲求に加え、この時期特有の社会状況、文化状況もまた影響していたのである。

江戸時代には、現在よりもはるかに頻繁に感染症の流行が起こり、社会は何度も打撃を受けている。しかし、その繰り返しのなかで歴史は後世へと続き、現に今日まで続いている。そうした長い歴史の視点から現在を相対化するとき、われわれの社会ではいったい何が進歩し、逆に何が昔と変わらない「人類史的普遍」の繰り返しなのだろうか。歴史を振り返れば、現今の新型コロナ状況は新たな事態ではなく、昔から繰り返してきたという見方にむしろ真実があると思う。そして、複数の感染症が重なり合うようにあらわれる事例も多く、ただいずれしばらくすれば終息していくというのも、まぎれもなき歴史の真実である。われわれは歴史のなかで過去を断ち切り勝手に力を振るうことができる特別な存在などではまったくなく、同じ長い歴史の一員である。感染症流行とラクダ見世物をめぐる話は、そんなことも考えさせてくれる。さて、それにしてもご隠居の十方庵は元気であり、こういう人がいて、世の中も、歴史も回っていることをまた思うのである。

「ラクダ現象」の広がり

ここまで、江戸にラクダがやって来た当時の世界へ読者の皆さんにまずは飛び込んでいただくために、文政七年(一八二四)閏八月の話題騒然の状況とその重要な背景について、極力集中するかたちで記してきた。

だが実際には、ラクダは文政四年(一八二一)七月の長崎船来から江戸に至るまでに三年余りの時を過ごしており、この後さらに全国各地を見世物興行してまわり、天保《てんぽう》四年(一八三三)八月までの記録が確認されている。つまり、全体では少なくとも十二年を越える歳月を日本で過ごしたことになるわけだが、その多くの歳月にはまだふれていない。本書及び本章のタイトルではわかりやすく象徴的に「江戸にラクダがやって来た」としているが、大坂、京また名古屋といった大都市はもちろん、地方各地にもラクダはやって来たのである。

また、疱瘡麻疹除け、悪病除けの話題が先行したが、「異国の珍獣」たるラクダはいわば「生きた異文化」であり、それにまつわる海外知識や異国情報も人びとのあいだには広がっていた。とくにこのヒトコブラクダはアラビア産であり、それまでほとんど馴染みのない地域ということもあって、その異文化交流史上の意味は大きいのである。

ラクダの影響は一般に想像される以上の広範囲に及んでおり、そこからはいろいろな文化現象が生じている。具体的には、ラクダを描いたさまざまな種類の絵画作品をはじめ、ラクダを主題とする文芸作や俗謡、知識集成の書や研究書、また玩具や日用品など今日いうところの「ラクダグッズ」まであらわれており、さらには歌舞伎や祭礼作り物の趣向取りにも用いられて、江戸のみならず各地で広汎な「ラクダ現象」「ラクダブーム」を巻き起こしたのである。ラクダに関わり生じた習俗や流行表現が、方言に刻印を残した事例も確認されている。

ここでそれらすべてを取り上げることはできないものの、以下ではまず時間を巻き戻して、ラクダの長崎舶来から始めるかたちで経過を順に追い、大事な資料についてはくわしく紹介しながら、「ラクダ現象」に迫っていきたい。

また、「ラクダ現象」はたんなる過去の話ではなく、じつは現代にもつながっている。最大のものの一つは、今日も盛んに演じられる落語『らくだ』である。この落語を元にした歌舞伎や喜劇、現代演劇、映画も存在する。落語『らくだ』はあきらかに文政期の社会の世相とラクダ見世物を背景に誕生した落語であり、これについては本章の最後に、いわばトリネタとして取り上げることとする。これまで数多くの名人上手の噺家がこの大ネタを演じ、近年では笑福亭鶴瓶が真正面から取り組んできた。二〇〇四年以来のその十七年間を中心に追ったドキュメンタリー映画『バケモン』(山根真吾監督、香川照之ナレーション。筆者も少し出演)が二〇二一年に公開され、それは新型コロナ状況下に人の生と死を想う、既述のラクダ舶来後数年間の感染症流行の状況とも響き合う内容であった。

落語『らくだ』の場合はラクダ見世物そのものを取り上げた噺ではないが、ラクダ見世物を直接的な題材として創作された、佐伯泰英の時代小説『らくだ』(新・酔いどれ小藤次シリーズ六、文春文庫、二〇一六)や矢的竜《やまとりゅう》の時代小説『シーボルトの駱駝』(双葉文庫、二〇一五)のようなエンタテインメント作品も近年つくられている。やはり「ラクダ現象」はおもしろく魅力的なのであり、作家たちの想像力を刺激してやまないのである。

筆者としては、ラクダがいた十二年余に起こったさまざまな事象を再現するとともに、現代にまでつながる「ラクダ現象」の核となる部分を見つめ、日本人と異国・自国をめぐる一つの文化史として、現時点で可能なかぎりの知見を提供できればと考えている。

『武江年表』の誤りと、資料の扱いについて

次のパートへ移る前に、大事なことなので一つだけ細かな話をここに挿入しておきたい。それは『武江年表』の問題である。『武江年表』は江戸時代に関わることでは頻繁に利用される資料で、筆者もこれまで多くの恩恵をこうむっているが、ラクダ見世物に関する記述には困った誤りが存在する。

すでに記したように、ラクダは文政四年(一八二一)に長崎に舶来し、江戸で見世物になったのは文政七年(一八二四)である。ところが『武江年表』は、文政四年に江戸で見世物になったと記しているのである。具体的には、以下の記述が文政四年の部でなされている。「六月、長崎より百児斉亜国《はるしやこく》の産、駱駝二頭を渡す。閏八月九日より西両国広小路に出して看《み》せ物とす」。恐らくこれは記事編纂の過程で、著者の斎藤月岑が別々の年の二つの出来事を、同じラクダということから誤って同じ年にまとめてしまった混乱と思われる。そもそも文政四年には「閏八月」という月自体がなく、存在し得な

い年月なので、ふつうならあり得ない記述である。またついでにいえば、「百児斉亜国」(ペルシヤ)の産ではなく、正しくはアラビア産のラクダでありこれも誤りである(ただし、こちらは当時よくいわれていた誤聞ではある)。

問題は、『武江年表』が比較的ポピュラーな資料で幅広い層から利用されるために、それのみに依拠した書き手が年月の誤りをそのまま踏襲してしまい、ときには孫引きもされて、誤りが再生産されていることである。今回あえて見出しまで立てて訂正を記すのはそのためである。

ただ、こうした問題は原理的にはどの資料についても起こり得ることで、誤記の問題に加えて、そもそもその資料がいつの時点で書かれたものなのか(同時期・同時代のものなのか、後年・後代に「まとめ書き」されたものなのか)、さらには資料の記述者たちの独特の「クセ」や書き方の特徴もあって、その点にも注意が必要である。既出の随筆系の資料でいうと、たとえば加藤曳尾庵の文章にはやや大仰な表現が目立ち、十方庵敬順は気分が良くなると調子づいて饒舌になるといった傾向があり、そこには筆を走らせている者の人間味も感じられる。逆に公的資料には、公的資料ならではの抑制や書けぬことも当然、存在する。

『武江年表』は斎藤月岑が生まれる以前のことを含めての年表記事作成で、少なくとも途中までは経年的なその都度の記述ではなく、過去に遡っての年表作成や後年のまとめ書きであり、とくに短文記事の場合は要約的で断片的な記述となる。じつはこうした資料が江戸時代には比較的多く存在する。『武江年表』は歴史の流れや世態風俗の大まかな把握には一面で便利な書であり、だから用いられるわけだが、多岐にわたる記事のなかには、ラクダの場合のような誤記のほか、文政七年の感染症の記述のように短文要約が粗雑で結果として間違っているものや、出所不明の疑わしい内容もときには見られる。

大事なことは、個々の資料の性格を理解しつつ、基本的には可能なかぎり多数の資料に目を配り、資料を照合、総合して史実と知見を語ることであり(他に資料が存在しないなど、それがむずかしい場合もむろんあるが)、筆者としてはできるだけその姿勢を心がけていきたい。加えて場合によっては、いま述べた方法を尽くしたうえで、類推や想像力を加えて「推定」「推測」することも二百年前の歴史を語るためには必ず必要であり、その際には「推定」「推測」であることがわかるようなかたちで叙述していく。

二　長崎舶来から江戸に至るまで

すでに記した通り、ラクダ二頭が長崎へ舶来したのは文政四年(一八二一)のことであった。オランダ船フォルティテュード号が舶載したもので、船長はリーフェス、時のオランダ商館長はヤン・コック・ブロムホフ(Jan Cock Blomhoff 以下、ブロムホフと略す)であった。[6]

舶来の月日については、同時代の諸資料にはさまざまな記述がある。「六月」「六月下旬」「六月廿九日」「七月朔日」「七月二日」「七月上旬」「七月」などである。細かな日付のちがいの部分、すなわち六月二十九日、七月一日、七月二日は、順に来港の注進、港内碇泊所への到着、荷揚上陸開始の三日間の時間差であり(文政四年六月はひと月の日数が少ない「小の月」で、六月二十九日の翌日が七月一日)、どれかが間違いといった性格の話ではないが、当文章では長崎関連の基本資料の一つである『長崎オランダ商館日記』(以下、商館日記と略す)にしたがい、二頭のラクダを船からおろすよう指令の出た西暦一八二一年七月三〇日、和暦では文政四年七月二日に舶来としている。同じく基本資料である『続長崎実録大成(長崎志続編)』に、「文政四辛巳年　弐艘七月朔日同二日入津　一　当年入津ノ船ヨリ駱駝弐疋載渡《のせわた》ル。出所亜臘皮亜国《あらびやこく》ノ内メッカト云所ノ産ニテ(中略)当年御用ノ積リニ持渡ル」とあり、アラビアはメッカ産のヒトコブラクダであった。

長崎にとどまり続けるラクダ

オランダ側がなぜラクダを運んで来たかといえば、徳川将軍家への献上を意図したものであった。「当年御用ノ積リニ持渡ル」と『続長崎実録大成』にある通りである。商館日記によれば、ブロムホフはラクダを船からおろした七月二日の当日すぐに、いわゆる「別段献上品」として、オルゴール付きのクリスタル製振り子時計などとともに将軍献上の願いを長崎奉行へ提出しており、明確な意図のもとに舶載されたラクダであったことがわかる。

七夕の七月七日には、ラクダは出島から奉行所へ連れていかれ長崎奉行の間宮筑前守が観覧し、大変満足した旨が商館日記に記されている。さらに七月十三日には、ラクダを見たいという希望が次々と届いていることをブロムホフは記録しており、やはり長崎でも機会があればすぐにでもラクダを一目見たいという者が数多くいたのである。いうまでもなく出島は誰でも出入りできるわけではないが、正規に訪問できる者に伴われるかたちで見物した者もいたようだ。

献上の願いを提出してから三カ月半余りが経った十月二十一日、献上品の受納を承認するという江戸からの通知が届く。ただ、ラクダについては江戸へ運ぶために多額の費用がかかるので、出島にとどめおくようにとの内容であった。この後、最終的に献上品たるラクダが江戸へ送られることはなく、結局、許しを得て長崎で譲渡されたことを考えれば、受納を承認とはいいながら、実際のところ受け容れたくないというのが幕府の本音であったと考えるしかない。じつは八年前の文化十年(一八一三)に舶載されたたゾウ(アジアゾウ)が、やはり将軍献上を願い出たものの受領されず積み戻されており、

そこでも江戸へ運ぶことが困難といった理由がいわれていたのである。(7)

この、受納を承認するが出島にとどめて飼育するという通知に困惑し不満であったのはブロムホフで、しかし致し方もなく、翌文政五年(一八二二)春の江戸参府にはラクダを伴うことなく出かけている。皮肉なことに、参府の途中で出会う日本の人びとはオランダ人がラクダを連れて道中を行くことを期待しており、ラクダを見られない期待はずれの模様が、一月十八日の商館日記(こちらは正確には参府日記)に記録されている。ブロムホフも記すように、ラクダが日本へやって来たという情報は、すでに庶民のあいだに広がっていたにちがいなかったのである。全体の行程としては、一月十五日に長崎を発ち、江戸で将軍家斉に拝礼して、四月十六日に長崎へ帰着している。なお、この年は一月の次に閏一月があった。江戸参府中にオランダの一行が滞在する定宿が日本橋の長崎屋であり、このときそこでブロムホフほかオランダ人が日本人の服装をし、日本人がオランダ人の服装をするという興味深いことがおこなわれており、これについては本書の第四章に記述する。

ラクダの情報で遊ぶ江戸の狂歌師たち

海外への窓口である長崎の情報は、とくに知識層や支配層にとっては大きな関心の対象であり、松浦静山がラクダにまつわる情報を把握し続けていたことは、すでにふれた通りである。そして庶民レベルにおいても海外への関心が一段と高まっていくのがこの時代であり、ラクダ見世物はそうした様相を具体的にうかがうことのできる好個の例といえる。庶民がラクダ見世物を通してどのような海外情報、異国情報を受け取っていたかに関しては、あとで浮世絵を素材にしてつぶさに検討するが、こ

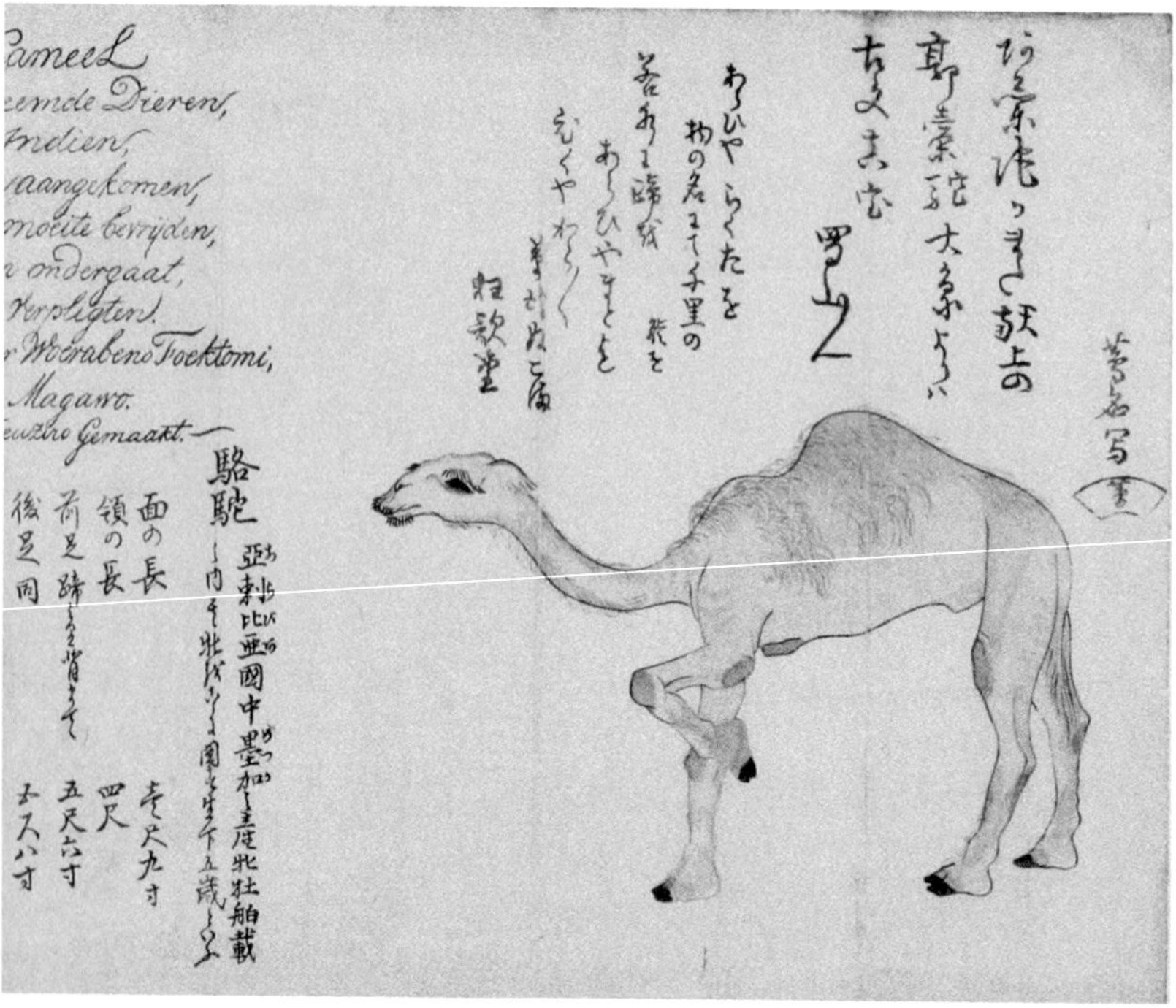

こでは長崎の情報への関心の高さ、情報が伝わる早さを知るうえで興味深い、江戸でつくられた一枚の摺物を紹介する。

図4をご覧いただきたい。これは早稲田大学図書館所蔵の『温故雑帖《おんこざっちょう》』という貼交帖《はりまぜちょう》のなかにある一枚で、江戸の狂歌師たちが正月に向けて制作した年始の摺物《すりもの》、いわゆる「狂歌歳旦《さいたん》」の摺物である。左端に「壬《みずのえ》午《うま》正月吉《きっ》辰《しん》」とあるように、文政五年(一八二二)正月のものである。こうした摺物は、前年からその年(この場合は午年《うまどし》)にふさわしい構想や趣向を練って狂詠し、年末には摺り上がった状態にしておくのが通例である。長崎に舶来したラクダを題材として、その絵姿を入れ、オランダ語まで入れる凝ったつくりの狂

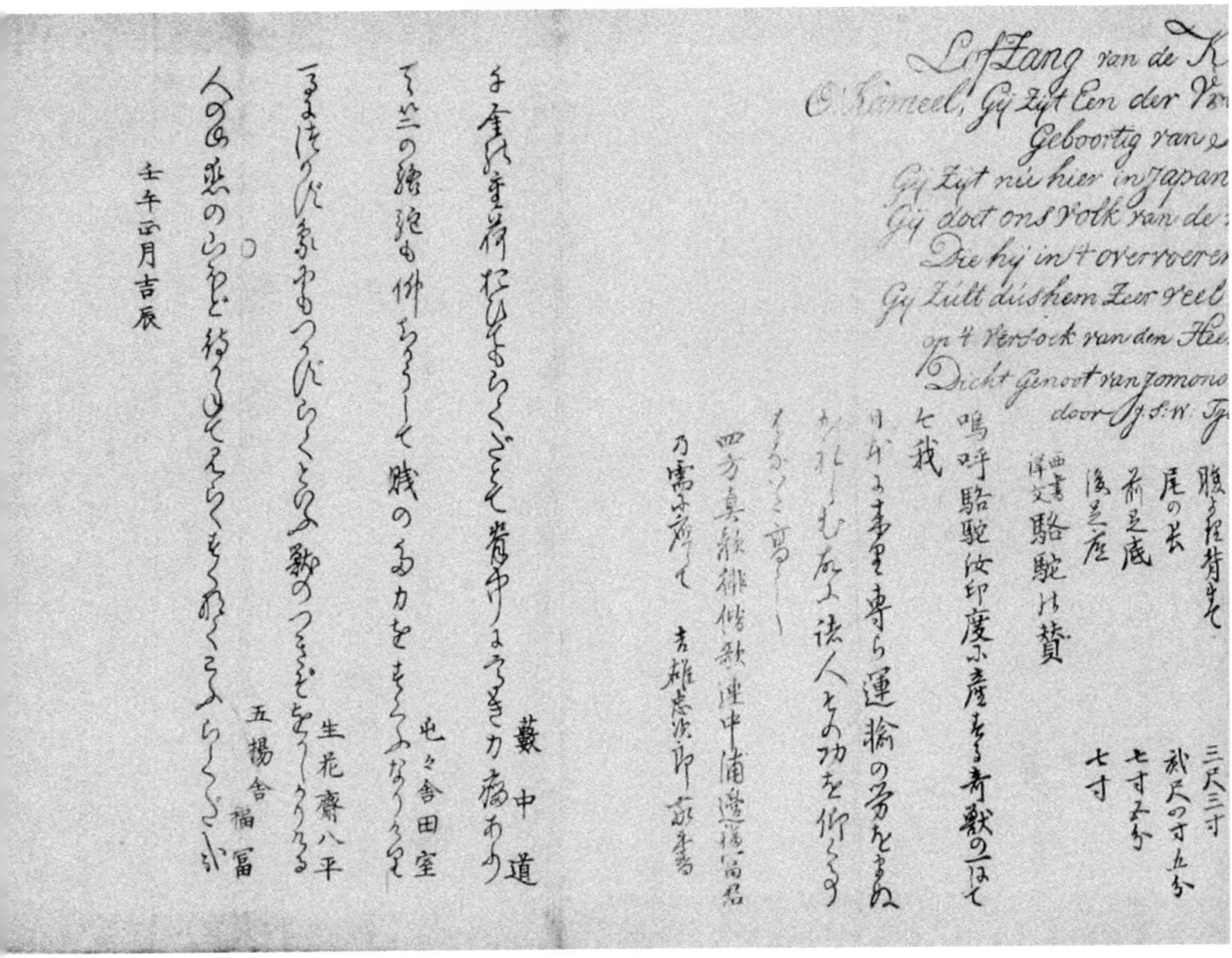

図4　ラクダの情報で遊ぶ江戸の狂歌師たちの摺物(『温故雑帖』6より，早稲田大学図書館蔵)

歌摺物であり、ラクダが七月に舶来してあまり時を置かずに長崎の情報を聞きつけて、秋から準備を始めたと推測する。ラクダは「らくだの馬」とも呼ばれ、「駱駝」の漢字二字に馬偏が入る通り午年にふさわしく、新奇の趣向としてもアピール力満点の格好の題材であったと思う。

図の中ほど少し右に「駱駝」の文字が見え、その下に「亜剌比亜《あらびあ》国中墨加《めつか》の産、牝牡舶載の内より牝をこゝに図す。生下五歳といふ」とあって、その通り右側には雌一頭だけの絵姿が「蔦名」によって写されている。アラビアのメッカ産という情報をきちんと入れており、ラクダの体の大きさが部位ごとに細かく記されている。中央上部の「Lofzang van de Kameel　O'Kameel,

Gij Zijt Een der Vreemde Dieren, Geboortig van Indien」(ラクダの賛歌　おおラクダよ、汝は印度産の奇獣の一)と始まっていく横文字はオランダ語であり、このオランダ語のパートと、その下の左へ続く「西書訳文　駱駝の賛」のパートは、同じ内容の蘭日対訳を意図したつくりになっている。その文面から、蘭日対訳は「四方真顔《よものまがお》徘偕歌連中」の浦辺福冨(狂名、五揚舎福冨)の求めに応じて吉雄《よしお》忠次郎《ちゅうじろう》が作成したことが知れる。四方真顔すなわち鹿都部《しかつべ》真顔とは、当時多くの門人を抱えて一大勢力であった狂歌師にして、黄表紙作者であり、初期には江戸を代表する文人である大田《おおた》南畝《なんぽ》(別号、蜀山人・四方赤良)に師事して狂歌を学んでいる。オランダ語を記す吉雄忠次郎は、この時点では江戸滞在のオランダ通詞《つうじ》であり、吉雄の一族は長崎で代々オランダ通詞をつとめてきた家柄である。なお、オランダ通詞の一部はこの頃になると英語も積極的に学んでおり、イギリス滞在経験もあり英語に通じたブロムホフが長崎で彼らを指導したことが知られ、日本側から褒美を貰っている。

ラクダの絵姿うえの最も目立つところに、蜀山人《しょくさんじん》(大田南畝)と狂歌堂(鹿都部真顔)の堂々揃い踏みでのラクダを題材とする狂歌が載っており、当時にあってのビッグネームを配した豪華な摺物である。それぞれ次のように狂詠する。

阿蘭陀がまた献上の郭橐駝《かくたくだ》　大象よりは古文真宝《こぶんしんぽう》　蜀山人

若水に蹄《ひづめ》をあらひやまと迄　ひくやから〲草臥《くたびれ》ぬこま　狂歌堂

蜀山人作の全体の趣意は、さきほどふれた文化十年舶来のゾウが御不用とされ積み戻しているのに、オランダがまたもや大型異国獣のラクダを献上してくるとは、といったところで、幕府の対応同様にこの件に対する微妙な感覚がそこにはある。『古文真宝』は中国の古詩、古文の珠玉を集めた著名な選集の名前で、江戸時代には数多くの版が出て漢文学習の規範として盛んに用いられた。その難解な規範ということから転じて、真面目で堅苦しいことや決まり切って頑固なことをいう比喩的な用法があり、その使い方で用いている。ラクダの別名である「橐駝」に「郭」が付いた「郭橐駝」は、中国唐代に郭という名前の背中の丸く曲がった木を植えるのに巧みな者がいたことから、植木屋の異称として「橐駝」「橐駝師」も含めて用いられるものだが、ここではそうした唐の故事を効かせながら、「たくだ」ではなく「かくたくだ」の五文字をつくり、背中の丸いラクダのことをまずは指している。そしてじつは、いま述べた郭橐駝の話は『古文真宝』後集巻之六に、唐代中期の著名な文人である柳《りゅう》宗元《そうげん》の「種樹《しゅじゅ》郭橐駝伝」として載るのであり、上《かみ》の郭橐駝は下《しも》の古文真宝に二重につながり(郭橐駝を「古文真宝」にもまた献上といってきた、郭橐駝はその『古文真宝』に載っている)、時事と故事の両様をかぶせた狂詠がおこなわれているのである。

　ところで、駱駝の「駱」の原義が白い体に黒いたてがみのある馬(いわゆる川原毛、瓦毛の馬)をいうのに対して、橐駝の「橐」は「嚢」の字と同じく「ふくろ」のことで、その命名の起源としては荷物の袋を背負うことと背のコブが袋であることの両様の説がいわれている。なお、辞書類では通常この「橐」は「橐」の異体字として扱われるが、文政期の同時代の資料では圧倒的に「橐」が用いられているため、本章では「橐」で統一している。そして「駝」の字の声符「它《た》」もまた丸く「ふくれた」かたちのものを指し、同じく荷物の袋を背負うことにも背のコブにも意味は近接する。つまり、橐駝の字はどちらをとっても、第一に「ふくろ」(荷物、コブ)というわけなのである。橐駝、駱駝の両者とも中国古代から多くの用例があること[8]ことばだが、江戸時代後期の知識人は橐駝の方が正統と感じていたようで、その「ふくろ」(荷物、コブ)の語義からすると、左側最初の藪中道による「千金の重荷おひてもらくだとて 脊中に高き力瘤あり」は、ラクダの特性を象徴する素朴な狂詠というべきかもしれない(また、この「ラクダ＝楽だ」の駄洒落は、当時、最もよく出てくるパターンの一つで今日まで伝統が生きている)。藪中道は、大田南畝から大分以前に添削を受けた記録が残る下野《しもつけ》栃木の人であり、江戸の狂歌ネットワークとつながっている。

大田南畝は幕臣で、しかも十数年前には長崎奉行所へ赴任していて長崎とのつながりがあり、ラクダに関わる状況は承知していたものと推測される。オランダ通詞の吉雄忠次郎はむろんこの方面の情報プロフェッショナルであり、江戸にはこうした長崎とつながる、そしてさらには海外へとつながっていく情報のネットワークがあって[9]、それが狂歌連中と絡まりながら、一枚のラクダ摺物となったのである。

さきほどの鹿都部真顔の狂詠には「あらひやらくたを物の名にて千里の旅を」との詞書《ことばがき》が付される通り、異国からはるばる旅してわが日《ひ》の本《もと》の国を宿としたラクダを象徴して、「あらひや「アラビヤ」」「やまと「大和」」「から「唐」」の文字が重なり合いながら巧みに入れ込まれており、南畝のオランダや唐とも交響しつつ、若水を汲んで蹄を洗う新しい年のはじめに、世界の広がりを感じさせてくれる作品である(「から〳〵」は恐らくオノマトペでもあり、ラクダに対しては、はるばる遠くからご苦労さんといったニュアンスが感じられる)。その意味では、真顔の精神もまたラクダを通して海外へつながっているのである。全体として時事と故事に加え、「外事」の大きな広がりを見せており、当時の江戸文化の一側面と文化の水準が伝わってくる興味深い狂歌摺物だと筆者は思う。

すでに述べたように、当摺物作成のために動いていたのは「四方真顔俳偕歌連中」の五揚舎福冨であり、最後のところで「人の山恋の山ほど待かねて　みらく〔見ること〕すくなくこふらくだ哉」と詠じている。じつは大田南畝の随筆に福冨の名が登場し、この一件がわかりやすく記されている。次の通りである。「ことし紅毛の国より来《きた》れるもの、駱駝をひきて長崎に来れるかたをうつして、狂歌のすり物となせるよし、五揚舎福冨のもとよりいひおこしければ　老ては狂歌もよまぬが駱駄　と書つかはしけるもおかし」(『あやめ草』)。なお、この『あやめ草』における前後の記載順からは、当時九月十五日に本祭がおこなわれていた神田祭の時分から摺物作成に動いていたことが読みとれる。

残念ながら、南畝は当摺物の翌文政六年(一八二三)四月六日に七十五歳で亡くなっており、さらに翌年の江戸でのラクダ見世物を目にすることはできなかったが、こうして摺物のなかでは、筆者いうところの「ラクダ現象」に逸早く参画していたわけである。オランダ語を書いた吉雄忠次郎は、この後、幕府天文方の通詞として、また長崎へも戻ってさまざまに活躍する。ラクダが江戸で見世物になる文政七年には水戸大津浜にイギリス人捕鯨船員十二名が上陸した「大津浜事件」(五月二十八日に上陸)で通訳をつとめ、また、天文方の高橋景保《かげやす》に命じられイギリスの歴史と国民性についての英書『諳厄利亜《あんげりあ》人性情志《じんせいじょうし》』(文政八年)の翻訳もおこなっている。「大津浜事件」翌年のこの文政八年には異国船打払令(無二念打払令)が発令されており、当時の必ずしも十分とはいえない世界認識のなかで、対外的な緊張の度合いは幕末に向かってさらに高まっていく。吉雄忠次郎は好奇心旺盛な積極性のある人材であったと思われるが、のち文政十一年の「シーボルト事件」で関係者(通詞としてシーボルトに関わっていた)として捕えられ、結局、米沢藩お預けとなり幽閉生活のまま天保四年(一八三三)二月二十九日に亡くなっている。天保四年はラクダの記録が最後に確認できる年でもある。

文政四年から五年にかけてラクダの行く末が不透明になって長崎出島にとどまり続ける一方で、ラクダにまつわる情報は世に広がっていき、こうして江戸の狂歌師たちはラクダをネタにして戯れていたのであり、見世物になるかなり以前から、「ラクダ現象」はすでに始まっていたのである。海外に関わるものとしてのラクダは、当時の日本でかなり注目されていたのである。

ところで、江戸参府中にオランダの一行が滞在する長崎屋へは、直接の関係者のほか蘭学者や知識人、文化人など非常に多くの者が面会に訪れている。来訪者の多さにわずらわしさを感じながらも、ブロムホフがそうした「情報交流」を大事にしている様子が商館日記(参府日記)などからは読みとれる。狂歌摺物に関わる人びとの人間ネットワークを考えるならば、この摺物が江戸の長崎屋でブロムホフへ渡されていたとしてもまったく不思議ではない。可能性としての話だが、あり得る可能性として記しておく。

なお、ここでは江戸でつくられた狂歌摺物を取り上げたが、長崎では異国風俗、異国文物を題材としたいわゆる「長崎絵」(長崎土産版画)がつくられており、このとき舶来したラクダを描くものが少なくとも九点確認されている(このほかに長崎で肉筆画に描かれたものや、版本もある。享和期のものは除く)。図5はその一枚で、オランダ語で「KAMEEL」と入り、やはり「出所アラビヤ国」と記してラクダの体の大きさが記載されている。こうした版画は長崎土産として各地へ持ち帰られたほか、江戸、大

図5　ラクダを描く長崎絵．奥の見返るかたちが雌で，手前が雄(長崎絵，京都・個人蔵)

坂、京、名古屋でも販売された。長崎の情報はそんなかたちでも流通していたのである。

ラクダが出島を去るまで

江戸参府の旅から文政五年(一八二二)四月十六日に長崎へ戻ったブロムホフは、ラクダのことで依然として頭を悩ませている。この間、事態は変わっておらず出島でラクダを飼い続けるしかなく、飼育の費用もかさんだからである。日記には通詞に向かって不満をいい、苦情を寄せる様子が記されている。そして五月二十一日になって、もはやラクダは江戸へ送る必要はなく長崎で売ってもよいとの江戸からの命令が、通詞を介してブロムホフへ伝えられるのである。

だが、この後も現実としては、話は簡単に進まない。正式にラクダを販売する許可を文書で受け取ったのちに、ブロムホフが「脇荷《わきに》」(本方荷物ではない個人交易の品物)としての取引を申し出ると、元来、将軍への献上品であったはずのものを脇荷として処分することなど許されないと長崎奉行の土方出雲守から通告される。また、恐らくできるだけ有利に売りたいブロムホフの思惑と、取引する日本側にも何らかの思惑、また加えて上からの規制等もあったかと推測され、交渉は難航する。ブロムホフの方は、一儲けしようとする町年寄の強欲のせいで話が進まない、通詞も同様だと商館日記に記している。こうしてさらに年を越えて、文政六年へと至る。

最終的に話が決着し、ラクダが新たな所有者に引き渡されるのは文政六年二月九日（西暦では一八二三年三月二十一日）のことであり、結局、通詞を介した特別ルートで長崎市中商人の富山屋文右衛門に譲渡された。ラクダの舶来から数えると、じつに約二十カ月の時が経過していた。この最後の経緯については、『続長崎実録大成』に以下のように記されている。「去ル巳年、別段為献上牽渡《ひきわたる》駱駝弐頭、御不用ニ付、売払度旨《うりはらいたきむね》甲必丹《かぴたん》「ブロムホフのこと」申立、被為免許之処、右ニ付テハ手数相掛ルノ故ヲ以テ、弐頭トモ大小通詞中ヱ差贈度願之上《さしおくりたくねがいのうえ》、当年二月、出島ヨリ牽出、通詞ヨリ諸色《しょしき》売込ノ者ヱ差遣《さしつかわし》、夫ヨリ市中商人富山屋文右衛門ヱ譲渡ス。依之《これにより》、右通詞中ヨリ為礼謝、肥田織木綿三百三拾端《たん》、色縮緬百五拾七端、青梅縞七拾端、紋羽三拾端、甲必丹ヱ差送之《これをさしおくる》」。

もちろん実質は売却であるのだが、元は献上品（徳川将軍家への贈り物）であったはずのラクダをブロムホフが直接的に売り払う形式を回避しており、「大小通詞中ヱ差贈度願之上」とまずはブロムホフが願って通詞仲間へ贈ったかたちにし、通詞仲間がそれを「諸色売込ノ者」すなわち出島取引の特権商人であるいわゆる「コンプラ仲間」へ差し遣わして（送り与えて）、そこから長崎市中商人の富山屋文右衛門に譲渡されたのである。通詞を介する取引ルート自体は、脇荷取引を中心にふつうにおこなわれるものながら、それとは性格の異なる特別なかたちといえるだろう。ブロムホフへは通詞から「礼謝」として「肥田織木綿三百三拾端」以下の布帛反物《ふはくたんもの》が送られていて、これがラクダの代価相当分なのか、代価を構成する一部なのか、代価とは別の「礼謝」なのか等は不明である。ただ、「肥田織木綿三百三拾端」以下の全体は、かなりの分量の値の張るものであり(通常、一端は成人一人前の衣料に相当する分量で、ここには単純合計で五百八十七端が記されている)、ラクダの価値と引き換えに、諸色売込商人の調達と思われる「肥田織木綿三百三拾端」以下を、通詞を介してブロムホフへ送ったかたちかと思える。これら布帛反物は、必要なら容易に換金が可能な品物である。

右の『続長崎実録大成』の記載がわかっていることのほぼすべてであり、あとはブロムホフがこの十一日後に、ラクダについて精算するため出島から長崎の町へ行った旨を商館日記に記すのみである。

一方、この後に、ブロムホフが馴染みであった遊女の糸萩(長崎寄合町の引田屋卯太郎抱え)にラクダを贈ったという風説が生じている。ブロムホフは今回が二度目の出島赴任であり、最初のときに遊女糸萩と親しみ子ももうけているが、ここにいう糸萩はそれとは別人の二人目の糸萩である。風説が存在したことは間違いなく、たとえば塵哉翁の随筆『巷街贅説《こうがいぜいせつ》』に、「説に、此獣[ラクダのこと]交易にならざる故、蘭人丸山の遊女にくれたりしを、やましとか云ふ者の手に渡りたるとかや」とある通りである。『巷街贅説』の記述の仕方(このあと続けて天保四年のラクダの動向が記されていて、後代の記述であることがわかる。また、「説に[一説に]」や「とかや」といった伝聞や風評を記す表現を用いている)もそうだが、遊女にラクダを贈ったと記す資料は、ラクダ譲渡の一件がおこなわれて以降の、少しのちに記された随筆類や、手紙の類における伝聞記述であり、直接的な見聞や、直接的な見聞に準じるといえるような同時期の一次資料は、現在、見出すことができない(10)。こうした資料状況を踏まえたうえで、この問題について筆者が考えるところは以下の通りである。

まず、事実レベルでいえば、ラクダそのものがブロムホフから遊女糸萩の元へ移動していないことはあきらかである。ラクダはずっと出島で飼い続けていたのである。仮にたとえば寄合町の引田屋などへ移動するといった珍事が出来《しゅったい》すれば、それはさすがに記録に残るし、もちろんたくさんの人目にもふれる。これまで見てきたように、そんな記録は存在しないのである。あまりにも当たり前の話ではあるが、この事実を改めて正面から押さえておかないと、話が混乱しかねない。糸萩が出島に滞在していた際にラクダを見ていた可能性は高いが、しかしながら、ラクダは糸萩が自由にできる所有物とはなっていないのである。

そして、当時の支配体制を考えれば、ラクダが遊女への贈り物に変じるといった事象がこの時代の社会に現前することは、あり得なかったと思う。元は献上品であったはずのラクダという位置づけが、江戸時代の支配体制下にあってはきわめて大きな意味を持ち、商館日記の記述からも、『続長崎実録大成』の記述からも、それゆえの扱いの難しさが如実に伝わってくる。将軍への献上品であったはずのものを脇荷として処分することは許されないと長崎奉行から通告されるのも、その一つのあらわれである。ブロムホフはいったん値を五十七グルデン(ギルダー)六十ストイフェルと自分では決めるが、それでコンプラ仲間へ売る行為は許されず、通詞仲間へ贈るという願書を提出させられるのであり、直接の売却もさせず、直接値をつけることもさせずに、日本側がこのプロセスを統御しているのはあきらかである。最終的なラクダの行く末はともかくとして、献上品であったはずのラクダを「最初にまずどう転じさせるか」は、場合によっては関係者に害と累を及ぼしかねない微妙な問題であり、だから、どうするかがなかなか決まらない。そのなかで、そもそも献上しようとしていた行為主体であるブロムホフが、ラクダが「御用これなし」となったからといって、すぐにそれを日本の「馴染みの遊女への贈り物」にしてしまうような事態は、当時の支配体制下における社会事象としてはあり得ないことだと思う。

最後に、この問題にまつわり実際にあり得るかもしれないことは、ラクダと引き換えに通詞から送られた布帛反物(またはその代銀)の一部が、ブロムホフから遊女糸萩に贈られることである。それなら可能性としてあり得ると考えるのは、長崎の遊女たちが布帛反物や帯などをオランダ人からプレゼントされる事例が現にいろいろ存在するからである。しかし、これもあくまでそういう可能性ならあり得るということに過ぎず、実際にそうであったかどうかはまったくわからない。そしてもし仮にそうであったとしても、当たり前だが、それは「遊女にラクダがプレゼントされた」わけではなく、「遊女に布帛反物がプレゼントされた」のである。

オランダ人が遊女にラクダを贈ったという風説は、話としては面白い。江戸文化お得意の「穿《うが》ち」の感覚であり、しかし、いかにも「穿ち過ぎ」である。史実としては、そんな風説が世にあらわれて人の口の端にのぼったということに尽きるものだと思う。一方、こういうネタに敏感に反応するのは当時の戯作者であり、この話を脚色して庶民向けの文芸作として展開している(後述、一一九頁)。

ラクダそのものはさきに見たように、遊女ではなく長崎市中商人の富山屋文右衛門に譲渡され、そこから最終的には、「やましとか云ふ者」ではなく、ちゃんと名前を持った見世物の興行関係者へと渡っていく。次の舞台は大坂であり、ラクダはいよいよ見世物にかけられて、十年以上の歳月を全国巡業して廻るのである。

大坂にラクダがやって来た

文政六年(一八二三)七月十二日、大坂の難波《なんば》新地《しんち》でラクダの見世物が始まる。

朝倉無声『見世物研究』(春陽堂、一九二八)では、大坂へ来る前のこととして「九州や四国を巡業した後、紀州侯が是非見たいとあるので和歌山へ赴いた」と大まかな記述がされるものの、いずれも資料を見出すことができず、資料を確認できる最初の興行地は大坂である。後述するが、二月に譲渡されたラクダは遅くとも四月には大坂へやって来ており、九州、四国をあちこち巡業するのは難しいように思う。また既述の通り、ラクダは翌文政七年に江戸の紀州藩邸(赤坂邸)を訪れているが、それ以外の記録は確認することができない。『見世物研究』が明確にし得たラクダに関わる事実内容はかなりかぎられており、本章全体ではそれよりも多くの興行地や事例、背景などをくわしく具体的に紹介していく。

さて、二頭のラクダは大坂へは船でやって来ている。難波新地での興行の話が最終的にまとまるまで大分時間がかかったようで、その間ラクダは、木津川の炭屋新田(現、大正区千島一丁目)辺りの船中に留め置かれた。大坂の狂言作者で随筆家の浜松歌国が記した『摂陽奇観《せつようきかん》』には、「駱駝長崎より大坂へ着船の後、木津川口の大船ニ罷在候内《まかりありそうろううち》、大坂市中は不及申《もうすにおよばず》、近国迄も評高く、今や〳〵と初日を相待《あいまち》候所、興行延引仕《えんいんつかまつり》候而」とあり、ラクダの到着はすぐに世に伝わり、大坂市中のみならず近国にまでうわさが広がって、見世物の開始を皆が待ちわびたのである。

既述の通り、興行がなかなか始まらないことを見すかしてラクダを模した拵えものの細工見世物があらわれ、またすでに前年にも籠細工によるラクダ見世物があらわれていたわけだが、じつはそもそも大坂では、江戸よりも先駆けて「絵図によるラクダ情報」が長崎船来から時を置かずに独自に流通していたのである。つまり待ちわびる点では、ラクダの船来直後から待ちわびていたといっても過言ではなかったのである。この時代の情報流通は豊かであり、しかも長崎と結ばれた情報は「商品」として流通していたのである。

大坂の唐物屋が売り出していたラクダ絵図

図6をご覧いただきたい。これは左端に記されるように、大坂の茶碗屋吉兵衛が刊行した版画のラクダ絵図である。刊行年月は「文政四巳年十月」、つまりさきほど紹介した江戸の狂歌摺物(図4)よりももっと早く作られていて、しかも内々での配付が基本の狂歌摺物とは異なり、売品として広く流通していたものである。なお、当絵図には版彩色されたものもあり、色摺りの高級版と墨一色摺りの普通版の両方を販売していて、ラクダを載せた船が木津川へ着船する一年半ほど前から、大坂の人びとはこの絵図を目にしていたのである。

図には雌雄二頭のラクダと左側にオランダ人とアジア系と覚しき人物が描かれ、「文政四年辛巳六月廿九日［既述の来港注進の月日］阿蘭陀人持渡ル　亜辣比亜国之内墨加之産　駱駝弐疋」に始まる口上記文が版刻されている。ここでもアラビアのメッカ産ときちんと入っており、文章の最後のところに

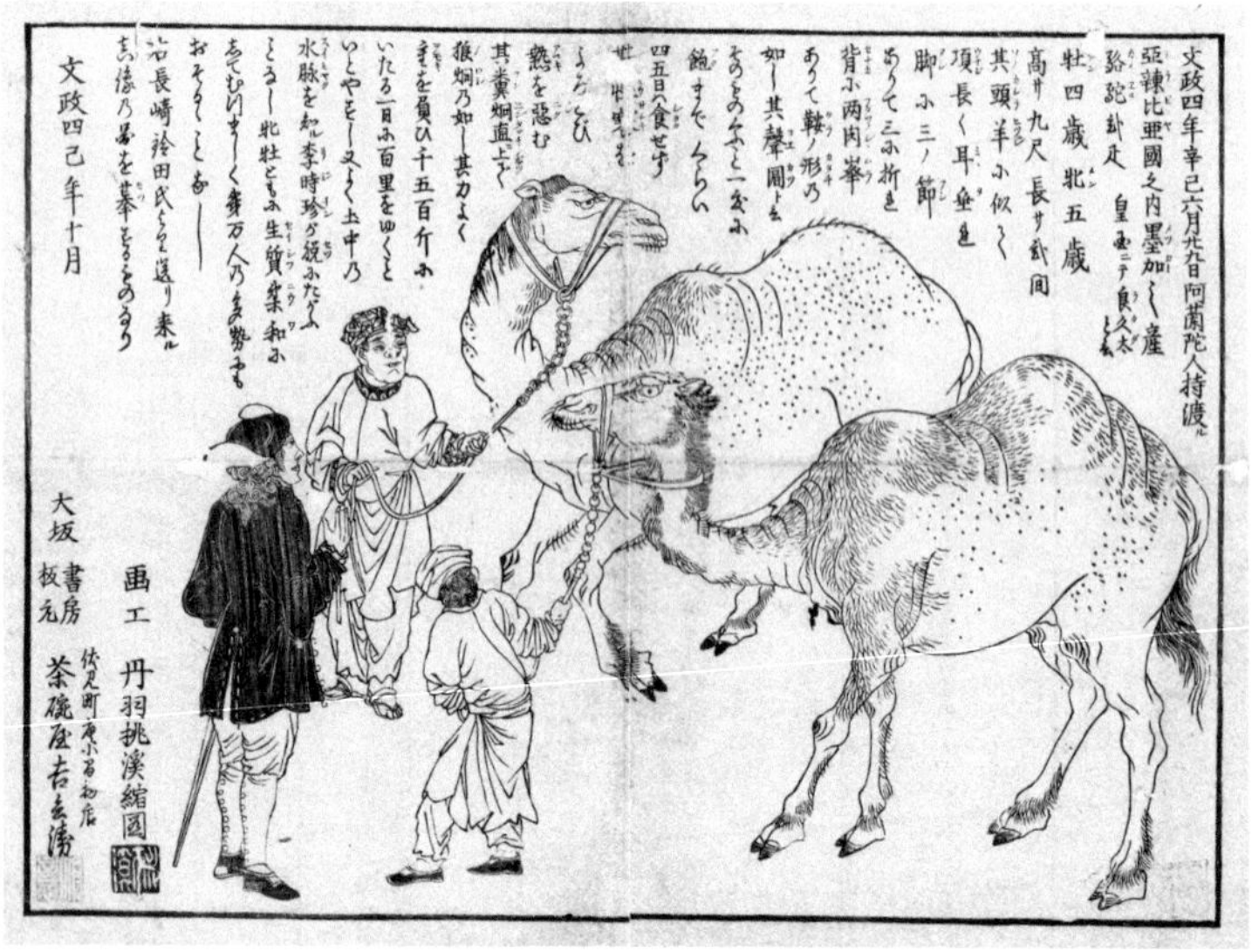

図6　大坂の唐物屋が逸早く売り出していたラクダ絵図（茶碗屋吉兵衛刊，丹羽桃渓画，筆者蔵）

「右長崎鈴田氏より送り来《きた》ル真像の図を摹《もつ》する〔模する〕ものなり」と記されている。つまり、茶碗屋吉兵衛には長崎と結ばれた情報ルートがあり、「真像の図」を送ってもらい、それを模してすぐに大坂でラクダ絵図を出版しているのである。画工の丹羽《にわ》桃渓《とうけい》は『河内名所図会』や『摂津名所図会』の挿絵などで知られる大坂の一流の絵師であり、ていねいな仕事でラクダを描いている。ラクダの体の向きなど構図は幾つかの長崎絵とよく似るが、長崎絵の素朴なタッチとは大分異なっていて、何か写生図も見ているのではないかと思わせるものである。丹羽桃渓は文政五年十月に亡くなっており、文政六年の難波新地のラクダ見世物を実際に見ることはできなかった。この丹羽桃渓も狂歌をよくした人物で、やはり実物を見ることができなかった江戸の狂歌師、大田南畝の場合同様に、この仕事によっていわば名残の「ラクダ現象」参画を果たしたわけである。とにかくラクダが長崎からなかなかやって来なかったので、こういう話が多いのである。

「伏見町唐小間物店《からこまもの》」と図に記載される出版元の茶碗屋吉兵衛は、出版専業ではなく、大坂で知られたいわゆる唐物屋であった。読み方は「とうぶつや」「からものや」の両方があり、「とうもつや」の例もある。これは文字通り「唐物」、すなわち元来は中国からの輸入物品を扱う商売であり（「高麗《こま》」を入れて「唐高麗物」ともいう。茶道具なども扱った）、そしてそこから広げて、この時代にはオランダを含めた外国船来の品物万般や関連商品を扱う稼業であった。

唐物屋は後代の日本では舶来洋品店を指していうようにもなるが、江戸時代後期にはいわゆる「鎖国」下にもかかわらず、海外専門の一種の商社のような存在であったともいえる。開港後の最幕末には、たとえば唐物屋の「八百庄《やおしょう》」なる人物が曲芸師の早竹虎吉とともに横浜からアメリカ興行へと旅立ち、途中でのトラブル仲介にも関わっており、海外に関わる諸事万般を引き受けるといった様相も呈している。(11) また、たとえば日商岩井（現、双日）の源流の一つである岩井商店の元は、丹波出身の岩井文助が大坂の唐物屋の加賀屋で嘉永《かえい》三年（一八五〇）から丁稚奉公ののち、暖簾分けをしてもらい始まったものである。探索すれば、類似の事例がいろいろあると思われ、唐物屋は海外と関わる文化史、社会史を語る際には重要な存在である。

茶碗屋吉兵衛は商売柄、日常的に長崎とやりとりをしており、逸早くラクダ船来の情報を入手して、このラクダ絵図の出版を思い立ったのだろう。長崎には多くの取引先を持っていたにちがいなく、すでに述べた長崎絵も折々に扱っていたはずである。当図自体も江戸や名古屋ほかの他地で販売されたようで、前出『絵本駱駝具誌』の著者である名古屋の高力猿猴庵もこの図を所持している。大坂には同じ伏見町に「疋田屋《ひきたや》」という著名な唐物屋があり(『摂津名所図会』では丹羽桃渓によって店頭風景が描かれていて「異国新渡奇品珍物類」の看板が見える)、もちろん江戸にも唐物屋があって、そこに長崎船来のさまざまな品物や関連商品が置かれていたのである。当時の唐物屋は、海外情報の一つの集積地ともいえるような存在であった。

こうしてすでに文政四年十月から「絵図によるラクダ情報」が大坂には広まっていたわけで、ラクダを載せた船が着船すると、長崎船来からずいぶん時間がかかったがついにやって来たかと、大坂中が沸き立ったのである。そしてもちろん当絵図も、これを機にさらに売り広められたはずである。

なかなか始まらない難波新地の見世物

ところが、肝心のラクダ見世物はなかなか始まらなかった。

大坂着船が何月何日であったか正確にはわからないが、とにかく模造の作り物のラクダを、着船のうわさを聞いてから企画し、それを実際に作り、小屋掛けして見せるような時間の余裕があったのである。『百人一首一夕話』の著で知られる歌人で学者の尾崎雅嘉《おざきまさよし》による小冊『橐駝渉覧《たくだしょうらん》』の記述では、「東都へ差上候由之処、御差戻《おさしもど》シ之由ニ而長崎に越年、翌六未歳春浪華に来り、船中にて日を送り」と、「春」にはもうやって来て船中で日を送ったと記している。大坂修道町の医者で博物家として著名な岩永文禎《いわながぶんてい》も、その著『鍾奇遺筆《しょうきいひつ》』のなかで「長崎に越年、翌六年未歳春、大坂へ来る。船中にて日を送」と、『橐駝渉覧』と同じ「春」の到来を記す。

こんな状況では、もう待っていられないという「いらち」の者もあらわれる。木津川に停まる船まで様子を見に行ってしまうのである。本居宣長門下の国学者で歌人でもある村田《むらた》春門《はるかど》の五月二日の日記に、そんな者が実際に登場する。次の通りである。「駱駝といふうま、をらむた人のもてわたりし、こたび長崎より来たり。いまた□《難読》にをり、灰屋新田前〔炭屋新田前の誤り〕ニ舟がかりしたれば、行て見たりと、改寿いへり。よくきき糺《ただ》して、のちにしるすべし。常の馬より大にて、雌は土佐こまのごとし。雌雄なれていとむつましとぞ。ちかき程に上陸して、見せものとす」（『田鶴舎日次記《たずのやひなみき》』）。船まで見に行ったこの改寿という者が、船中にいるラクダをどの程度見ることができたのかわからない。恐らく少し遠くから、いくらか見ることはできたのだろう。板橋宿の例を考えれば、こうやって船まで見に行った者が、ほかにもたくさんいたにちがいないと思う。

そしてこの記事からは、少なくとも五月二日以前に（ふつうに考えれば四月中に）もう船が来ていたと確認でき、『橐駝渉覧』や『鍾奇遺筆』が「春」と記しているのも踏まえると、三月または遅くとも四月の着船と考えるべきだろう。

こうやってそこから何カ月も見世物が始まらないのは、めったにあることではない。江戸では板橋到着の四日後に、両国の興行が始まっているのである。三月か四月に船が着いて七月十二日が初日というのは遅すぎである。始まらないのは、何か手順が整わないからであり、何か揉めているといってもよかろう。一般に見世物興行の関与者には、第一にコンテンツ（この場合はラクダ。曲芸の見世物なら曲芸師たち）を持つ太夫元をはじめとして、第二に興行場所に関わる請元《うけもと》や世話人（座元、帳元、名代など役割とニュアンスを異にしながら幾つかの具体的な呼ばれ方があり、それが相太夫元《あいたゆうもと》などとして入る場合もある）、第三にスポンサーたる金方《きんかた》(銀方)ほかがあって、それなりに複雑である。ただ、これは今日の芸能興行の場合も、原理的にはほとんど同じ構造といえる。そこではそれぞれの取り分や責任分担の調整もあるし、あるいはまた、別の興行関係者が自分の収入減少や権益減少を恐れて特定の場所に入れさせない、長くいさせないといった事態も場合によっては生じ得る。ラクダは長崎市中商人の富山屋文右衛門から、興行関係者に渡っていったわけだが、その過程での金銭交渉上の問題や負担の仕方の問題も起こり得る。(12)

いろいろな可能性は考えられるが、この間、実際にどういうプロセスがあったかを確定的にいうことは現時点の筆者にはできない。ただ、最終的にラクダの持ち主となったのは、大坂、高津新地の「きの国や武兵衛」(紀伊国屋武兵衛)という人物である。大坂や江戸での直接資料は見つからないが、のち文政八年十二月の下総《しもうさ》水海道での資料に「大坂かうづ新地三丁目　駱駝持主　武兵衛」と名前があり、また、文政十一年九月の伯耆《ほうき》倉吉辺の天神渡《てんじんわたし》での興行絵番付に「持主　大坂　きの国や武兵衛」、同年十月の美作《みまさか》津山の徳守神社での興行関連資料に「大坂嶋之内津国屋武兵衛」とあって、本拠が大坂の人物でもあり、恐らくこの文政六年の大坂の時点から、紀伊国屋武兵衛がラクダの持ち主となったのだと思われる。なお、これらの地方興行に関しては、のちにそれぞれについて詳しくふれることになる。

二つ目にあげた興行絵番付は、興行集団が自ら用いた版刻の絵番付であり、左下の「きの国や武兵衛」の名も版刻で入っている(図7)。したがって、ここではその名を採用した。津山での「津国屋武兵衛」(津国は摂津のこと)の名も、大坂を本拠とするわけで必ずしも矛盾ではない。掲載図右隅の「文

図7　左下に「持主　大坂　きの国や武兵衛」と見えるラクダの絵番付．やや誇張され過ぎだが，ラクダ特有の砂にめり込まない大きく厚い足底が描かれている（文政11年倉吉辺の天神渡での興行，筆者蔵）

政十一子九月二日於天神渡見物之上求之」はそこでラクダ見物をした者の書込みであり、年月、場所はそれに基づく。この種の版刻の絵番付は、しばしば版木とともに巡業の各地を持ち渡るので他地でも同じ資料が確認されるはずである。

この半年前の文政十一年三月に広島で興行した際にも図を売っており、そこに「持主大坂紀伊国屋武兵衛」とあると地元の医師で儒者の野坂完山が『鶴亭日記《かくていにっき》』に記している。これも同じ絵番付と思われる。また、書込みのない同絵番付がオランダのライデン国立民族学博物館に収蔵されていて、版木の摩滅で摺刷《しょうさつ》の線が不明瞭になっており何度も摺られたことがわかる絵番付である。実際、かなりのちの天保四年（一八三三）五月に信州飯田で興行した際にも、同じ絵番付が用いられていることが確認できる（後述）。ラクダに見とれる観客たちの図を掲げた、文政九年名古屋での興行を活写した『絵本駱駝具誌』にも「大須の見せもの〻小屋のうちにてうりしは、大坂紀之国屋武兵衛板」と記録され、これもこの興行集団による絵番付である。(13) 紀伊国屋というからには紀州と何らかの縁があるはずで、むろん江戸の紀州赤坂邸訪問の一件もあるわけだが、紀伊国屋武兵衛がいかなる人物なのかは残念ながらわからない。

大坂でも大当たり

さて、読者にもお待たせになってしまったが、文政六年(一八二三)七月十二日、大坂の難波新地でやっとラクダ見世物が始まった。難波新地という興行場所は道頓堀の芝居興行街から南南西へすぐの、当時の見世物の定番興行地であり、より正確には「叶橋の東に小家掛して見する」(『槖駝渉覧』)、「難波村の内叶橋東にて観戯とす」(『鍾奇遺筆』)と記録されている。叶橋とはかつての新川(難波新川、難波入堀川とも。現在は埋め立てられて変転し阪神高速一号環状線の敷地になっている)に架かる橋で、その東とは現在の難波西口交差点から高島屋大阪店北側辺りの位置になる。札銭は翌年の江戸興行よりも八文安い二十四文であった。

図8はこのときの興行の絵番付で、右上の「六月下旬より」と予告されているのがさらに遅れたわけである。左のラクダがフタコブになっており、今日ならこれではまずいとすぐに修正するのだろうが、当時は平気だったようで、フタコブの絵柄をこの後の江戸でも一部は使い続けている。右下の「書林株元」として名前が入る「伏見町　順意堂」はやはり唐物屋であり、もうひとつの「呉服町玉屋市兵衛」は長崎の文錦堂が出版する長崎絵の大坂「弘所《ひろめしょ》」であったことが確認できる店で、芝居

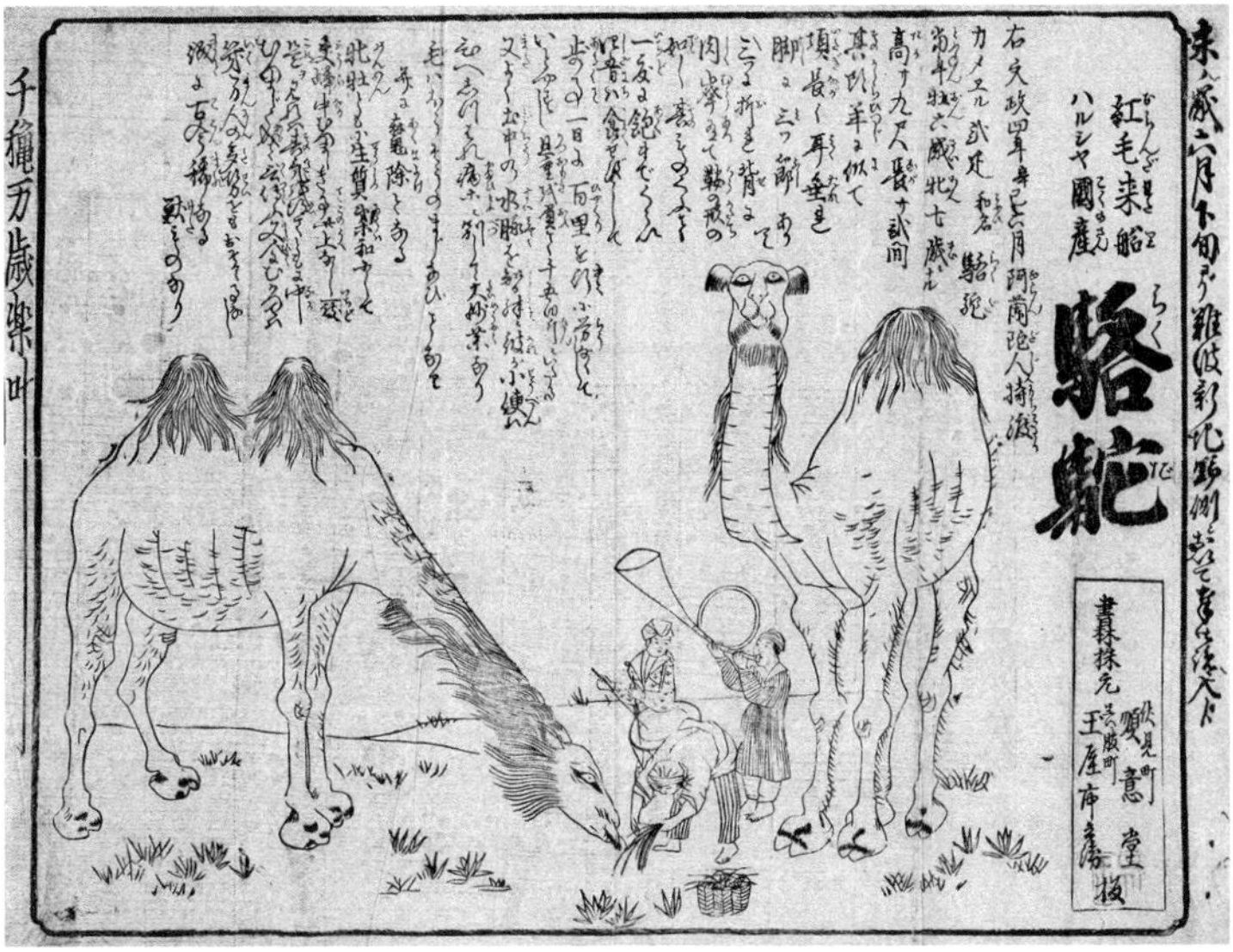

図８　難波新地での興行絵番付．左のラクダはフタコブになっている（日本芸術文化振興会・国立劇場蔵）

や遊廓に関わる出版物を見る版元である。

大坂の資料では、なぜか浜松歌国『摂陽奇観』のみが、見物が少なく不評と記し、同書の目にしやすさからか、それが第一に引用される。朝倉無声『見世物研究』も『摂陽奇観』に拠って記しており、さらにそこからの孫引きで「大坂では不評」と記す例が多い。しかし現実には、他の資料は揃ってラクダ見世物が評判で観客が押し寄せたことを記している。

たとえばまず、篆刻家《てんこくか》で書画もよくした阿部《あべ》温《おん》(縑洲《けんしゅう》)の著『良山堂茶話《りょうざんどうちゃわ》』には、「今年癸《みずのと》未《ひつじ》の夏、浪華難波ニ場ヲ開ヒテ、駱駞雌雄ヲ看セモノニス(中略)看人襍沓《ざっとう》タリ。一時都下人コレヲ口ニセザルモノ無シ」と記述され、観客が雑踏して大坂中の誰もが話題にしていたことが明確に証言される。同書には、画家の森春渓(動物画で著名な森狙仙の門人)が写生して持参したラクダ図をきっかけに、即興の詩画会がおこ

図9　森春渓が写生したラクダ図（阿部縑洲『良山堂茶話』より，筆者蔵）

なわれたことが漢詩七首と当該図（図9）とともに掲載され、ラクダ見世物を素材に打ち興じるさまがうかがえる。皆が見世物へ足を運んでいるからこそ、詩作の場が成り立っていることがそこからは読み取れる。漢詩人、儒者として著名な篠《しの》崎小竹《ざきしょうちく》もそのなかにいる。著者の阿部縑洲は、生白斎主の名で次の七言絶句を詠じている。原文、説明（詩形ではない）の順に掲げる。

憐汝知風知水身
行三百里負千斤
古来材大難為用
背上空承街陌塵

憐れむ、汝《なんじ》、風が吹き出すのを知り、水脈のありかを知るの身
行くこと三百里、負うこと千斤《きん》
古来、材の大なるは用を為し難し
背上に空しく承《う》く、街陌《がいはく》［陌は道の意］の塵

当時の知識人は漢籍に通じており、中国で古くからいわれてきたラクダの伝説的能力を把握していた。それは正確にはアラビアのヒトコブラクダではなく、基本的に中国、中央アジアのフタコブラクダを背景にするものであるが、その能力とは、沙漠（砂漠）で熱風が吹き出すのを予知して身を沈める（『周書』異域伝「鄯善［楼蘭］」）、水脈のありかを知る（張華『博物誌』）、日に三百里を行き千斤を負う（『山海経《せんがいきょう》』［郭璞《かくはく》注釈］）であり、実際に本作の末尾にはこれらの書が後註で示されている（『周書』異域伝は「後周四夷

伝」と記載）。阿部縑洲の一首は、そんな凄いラクダなのに、これではその偉大な能力が無駄になっていて憐れむべきだと、ラクダの背コブを前にしてブッキッシュな感懐を記しているのである。現代人は何だそれはと思うかもしれないが、いかにもこの時代の学ある知識人らしい漢詩作ではあり、同時代には相似たトーンの作が他にも見られる。一方、見世物として愛玩されてはじめて沙漠の「毒熱」を忘れることができたと記す作（香川公栞）も同書に掲載され、知識人がラクダ見世物の体験をきっかけに、盛んに（またしばしば衒学的《げんがくてき》に）創作を競い合う現象に注目しておきたいと思う。

さて、ラクダ見世物の人気ぶりを記す次の例は、大坂天満宮神主家の日記である『滋岡家《しげおかけ》日記《にっき》』である。こちらは八月一日の条に、「此節於難波新地、阿蘭陀持渡之由ニて駱駝一番ひ見世物。諸人群集し噂也。高サ九尺七寸弐間斗《にけんばかり》、至極《しごく》温順之者之由沙汰アリ」と記録されている。これは大坂を代表する祭りの天神祭で有名な、いわゆる天満の天神さんの社家の日記で、興行最中に記された貴重な証言である。やはりこれも明快に「諸人群集し噂也」と、『良山堂茶話』と同じく評判を呼んで観客が押し寄せた様相を記している。

そして、待ち切れずに船まで見に行った者の話を記していた『田鶴舎日次記』には、今度は村田春門自身がラクダの見世物小屋を訪れたことが記される。まず七月二十七日の条に「夕方駱駝ヲ見ニ行。（中略）駱駝いといとしづかなるものなり。（中略）大鼓笛ニアハセテ、雌雄這出《はいい》ヅ。誠ニ異《い》ナル見モノ也」と記録されている。簡略な表現ではあるが「誠ニ異ナル見モノ」とかなり感心したようで、八月十一日には再度、息子らを引き連れて「駱駝再見。七つ時より行。嘉言《よしこと》、国雄同道」と、客を増やしてリピーターになっているのである。ここに出てくる息子の嘉言も大坂で知られた歌人で絵をよく

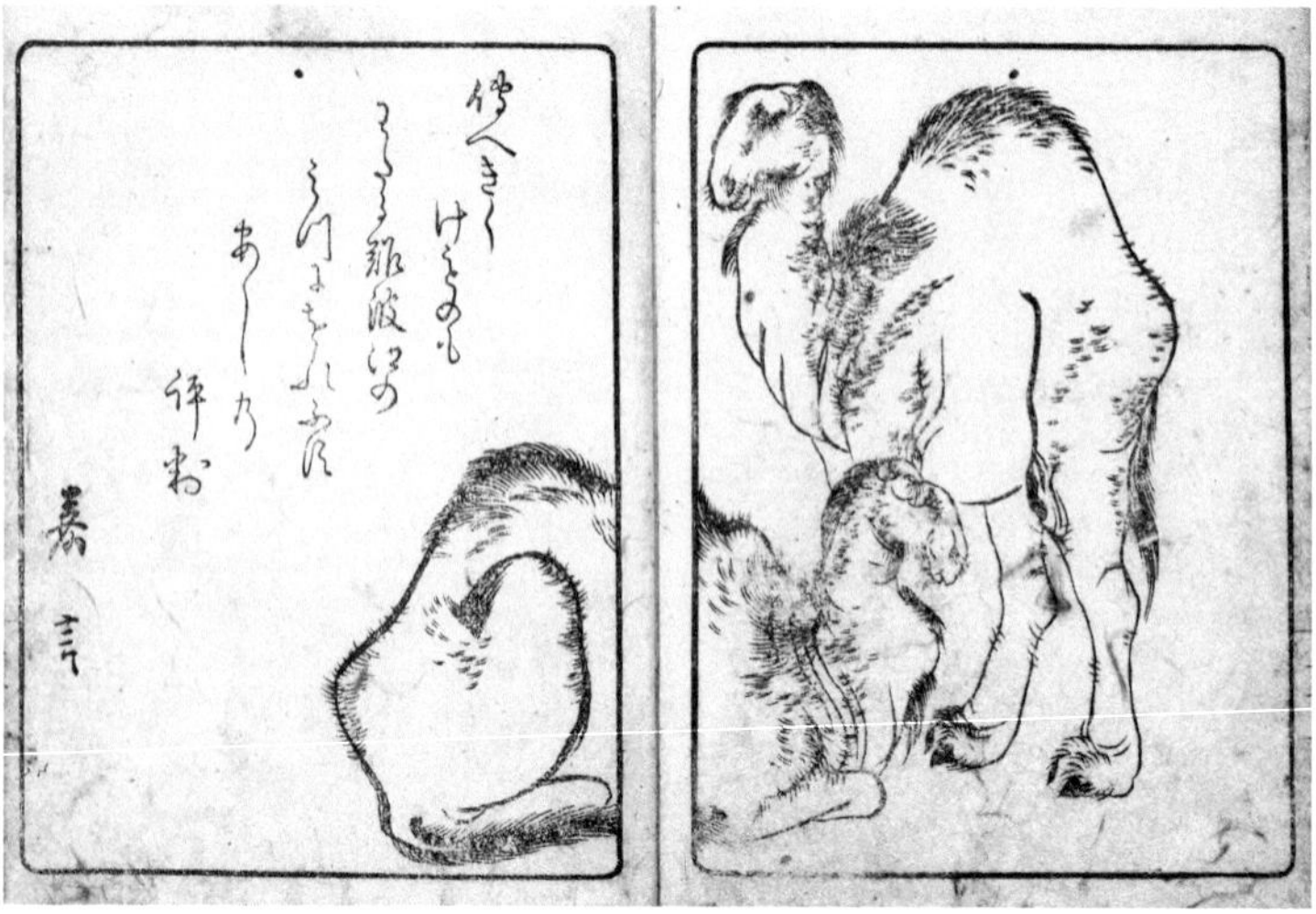

図10　村田嘉言が描くラクダ図．この前の頁にはラクダは「万里の波路をしのぎ浪花のうら」へやって来た云々の説明がある（橐由亭負米『狂歌似世物語』より，大阪市立中央図書館蔵）

した人物であり、少しのちに刊行された橐由亭負《そうゆうていふ》米《まい》の狂歌絵本『狂歌似《きょうかに》世物語《せものがたり》』にはこの村田嘉言が描く個性的なラクダ図が描かれ、「伝へきくけものもわたる難波江の　みつにをれふすあしの評判」との狂歌が載っている（図10）。なお、もう一人の国雄は、名古屋の熱田神宮御師《おし》の粟田国雄で、このとき寄留中の門人であった。

　村田春門は顔が広い人物で家塾も開いているので、口コミで門人や知り合いがさらにラクダ見物に行った可能性もある。この後も、世にあらわれたラクダにまつわる文芸作を九月までの日記に二度記しており、その記述からも見世物に諸人が行き集うさまが読みとれる。ところで、ラクダ見物とはイメージが異なるかもしれないが、天保の改革で知られる水野忠邦はこの村田春門に師事し、西の丸老中となったのちには春門を江戸へ招いている。そういう人物に二度、足を運ばせるほど、ラクダ見世物には魅力があったということもできる。

いまあげた大坂の資料は、興行と同時期に記録されたものから記したもので、ほかにも少しのちに記述された随筆や文芸作、記録類が存在する。それらも含めて、この難波新地興行の人気や話題ぶりを記すものはあっても「不評」と記したものは見ることができず、「不評」と記す『摂陽奇観』が孤立しているのである。諸資料を客観的に総合すれば、大当たりの興行であったことはあきらかである。また、この後に巡業するどの土地でも「初回の興行」は好評である。最初に記したように、当時の人びとは誰一人としてラクダの実物を見たことがなかったという点が重要であり、大坂でも話題騒然のなか、人生初の「異国の珍獣」を皆がむさぼるように眺めたのである。

なお、ラクダは全国を巡業するうち、二度目の興行となる土地が出てくる。そして二度目になると、不入り、不評を記す記録があらわれる。どうやらラクダ見世物は、やや見飽きられやすい性格があったようだ。動きが激しく獰猛なトラやヒョウとは異なり、またサーカスの芸をする動物たちとも異なって、ヒトコブラクダは根本的に人に馴れた家畜であり、大人しい動物という印象が記録されている。「いとしづかなるものなり」(『田鶴舎日次記』)、「至極温順之者」(『滋岡家日記』)とあった通りである。それゆえどう見せるかの工夫がいろいろされていたが、やはり限界はあったと思う。ただし繰り返しだが、初回は誰にとっても人生初のラクダ体験であり、老若男女の観客が見世物小屋に殺到したのである。(14)

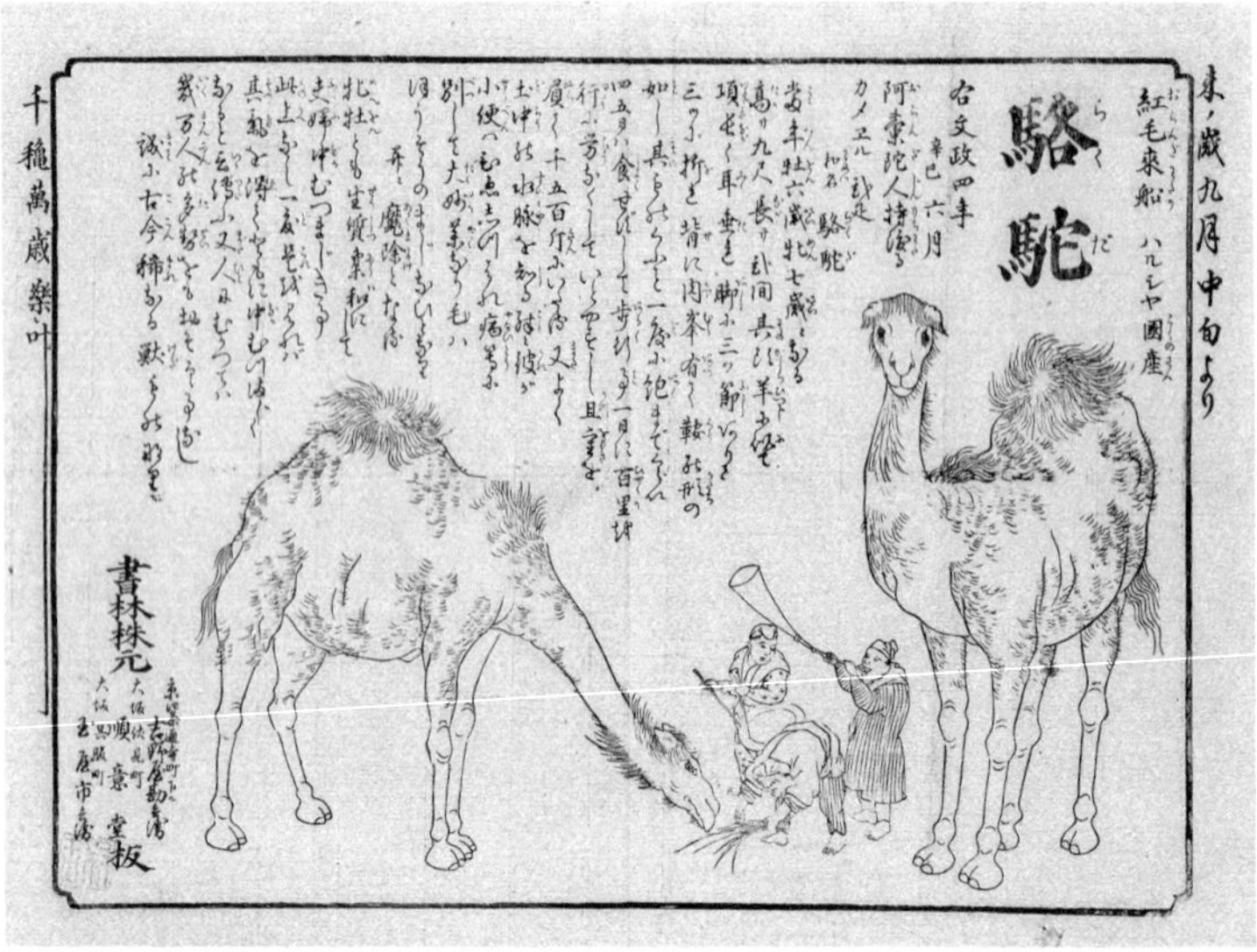

図11　京での興行絵番付．大坂でフタコブだったのが，ヒトコブラクダに修正されている(国立歴史民俗博物館蔵)

大坂から京へ

八月下旬、大坂で好評裡に興行を終えたラクダは、次は京の都へ上る。京では九月下旬から「四条道場《しじょうどうじょう》」で見世物となった(『摂陽奇観』は九月十九日から、後述の福井棣園は九月二十三日からとする)。こちらも当時、見世物が興行される定番の場所の一つであり、四条道場とは時宗寺院の金蓮寺《こんれんじ》の通称である。現在は北区に移転しているが元は四条京極に広い寺域を持ち、その塔《たっ》頭《ちゅう》であった染殿院《そめどのいん》(安産祈願のお地蔵さんで有名)だけが、四条通から新京極通に入ってすぐ左側のところにいまもある。「時宗開祖 一遍上人念仏賦算遺跡」という石碑も建っている。ラクダは大坂と京では、のちに近代都市の盛り場となる難波、新京極の「前段階」といえるような場所で興行したことになる。

京興行の絵番付としては図11があり、大坂で片方がフタコブであったのを、ヒトコブラクダに修正している。これではまずいと指摘する者もいたのだろう。口上記文の内容は同じだが、それも含めてすべてを新たな版木で彫り直している。左下に見える「書林株元」のうしろの二軒、すなわち順意堂と玉屋市兵衛は大坂と同一だが、右側に京の版元である「京四条通寺町下ル　吉野屋勘兵衛」が新たに加わっている。四条道場から四条通をはさんですぐ南側の、芝居番付や長唄稽古本など芸能系の出版物が多い版元である。

この大坂と京の相版元の事例もそうだが、そもそも距離が近く連続して興行がおこなわれたこともあり、大坂と京ではラクダ見世物に関わる「共通のラクダ現象」が起こっている。以下では大坂と京をまとめて、特徴的な現象を幾つか記述するかたちとしたい。

ラクダを描く画家たち

最初に絵画作品である。これまでラクダを描いた版画資料(絵番付、摺物、版画・版本等の複製出版物)にはふれて来たものの、一点もののいわゆる本画、肉筆画にはほとんどふれていない。筆者が版画資料を優先したのはそれが当時の庶民にとってより身近な文化だからだが、世をあげてラクダが話題となるなか、もちろん多くの本画、肉筆画も描かれた。初めて目にする「異国の珍獣」たるラクダは、画家にとってチャレンジングにして格好の画題であったといえよう。そして文化のレベルが高く多くの画家がいた大坂と京から、その現象は始まっていったのである。江戸においても、同様の現象は継続した。これらは基本的に絹本または紙本の画幅(いわゆる掛軸)の形式で伝存している。

ここでは文政六年の大坂、京から書き起こすかたちで、江戸も含めて筆者が知る事例を以下に列挙しておく。絵の様子からしてすべて実際にラクダ見世物を見たうえでの描画と推測され、署名にそのことを明記するものや、画賛から確認できるものもある。複数のラクダ図を描いた画家もおり、それも含めて記す(画家名から始めて、大坂とあるのは文政六年大坂、京は文政六年京、京坂は文政六年の京・坂どちらか、江戸は文政七年江戸を示す。11のみ文政八年。丸括弧内は所蔵、展観例、特記の順)。

1　上田公長《うえだこうちょう》　大坂(伊丹市立美術館蔵。サントリー美術館『日本博物学事始』一九八七)
2　上田公長　大坂(個人蔵。岡崎市美術博物館『大鎖国展』二〇一六。1と別構図)
3　長山孔寅《ながやまこういん》　大坂(個人蔵。八幡市立松花堂美術館『ご存知ですか？　大坂画壇』二〇一九)
4　菅井梅関《すがいばいかん》　京坂(不詳。東京古典会『古典籍下見展観大入札会目録』一九九五。下見所見)
5　窪田雪鷹《くぼたせつよう》　京(個人蔵。府中市美術館『動物絵画の100年』二〇〇七。福井棣園の賛)
6　窪田雪鷹　京(神戸市立博物館蔵。たばこと塩の博物館『大見世物』二〇〇三)
7　窪田雪鷹　京(同右。同右。「呈江戸福井先生」とあり。5、6、7は同構図の別画)
8　円山応震《まるやまおうしん》　江戸(プライスコレクション。東京国立博物館『若冲と江戸絵画』二〇〇六)
9　菊田伊徳《きくたいとく》　江戸(仙台市博物館蔵。仙台市博物館『菊田伊洲』二〇〇二)
10　谷文晁《たにぶんちょう》　江戸(個人蔵。『朝日新聞』二〇〇六年十二月十日「目の冒険」榊原悟氏執筆)
11　谷文晁　江戸(摘水軒記念文化振興財団蔵。府中市美術館・前掲展。10と別構図)

あくまで現時点で筆者が知るものをあげただけであり、まだほかにも事例があって不思議ではない。

5(図12)、6、7の京の画家、窪田雪鷹は、いま述べた四条道場でラクダ見世物を見物しており、画中に共通して「文政癸未孟冬観于京極街金蓮寺中遂写其真　窪田雪鷹」と署名している。三図は同構図ながらラクダの毛並みや体の陰影、口元の描き方などが微妙に変わっており、「遂写其真」とある通り、真を写そうと工夫をしたのだろう。大坂の上田公長(1、2)も、江戸の谷文晁(10、11)も複数を描くわけだが、窪田雪鷹が三図も描くのは、このラクダが何か琴線にふれるところがあったのか、あるいは注文品や他者に贈呈する場合があったかと推測され、さらなる伝存の可能性もあると思う。

6、7の画幅の上部は空白だが、5の上部には医師の福井《ふくい》棣園《ていえん》(祖父の福井楓亭、父の福井榕亭と続く京の高名な医師の一族で、三代とも江戸で幕府の医官もつとめている)による長文の漢文賛がある。そこには九月二十三日から京の金蓮寺で見せて、都中の大きな話題となって観客が押し寄せ(「都下哄伝観者傾市」)、

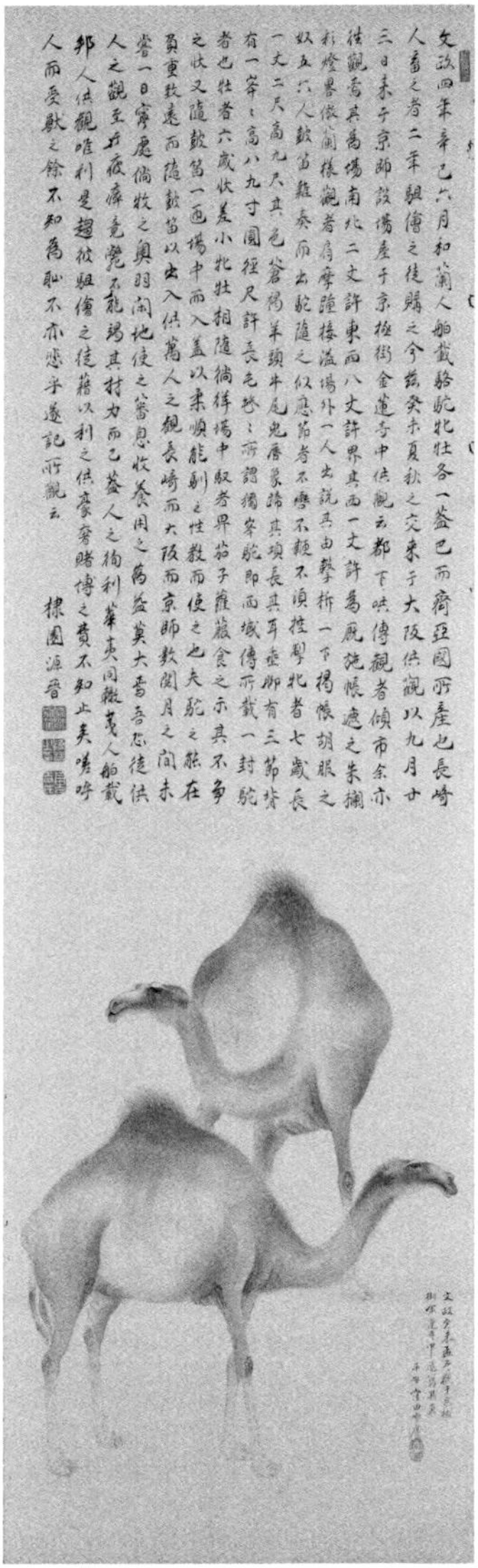

図12　5として掲げた福井棣園の賛がある窪田雪鷹のラクダ図(個人蔵)

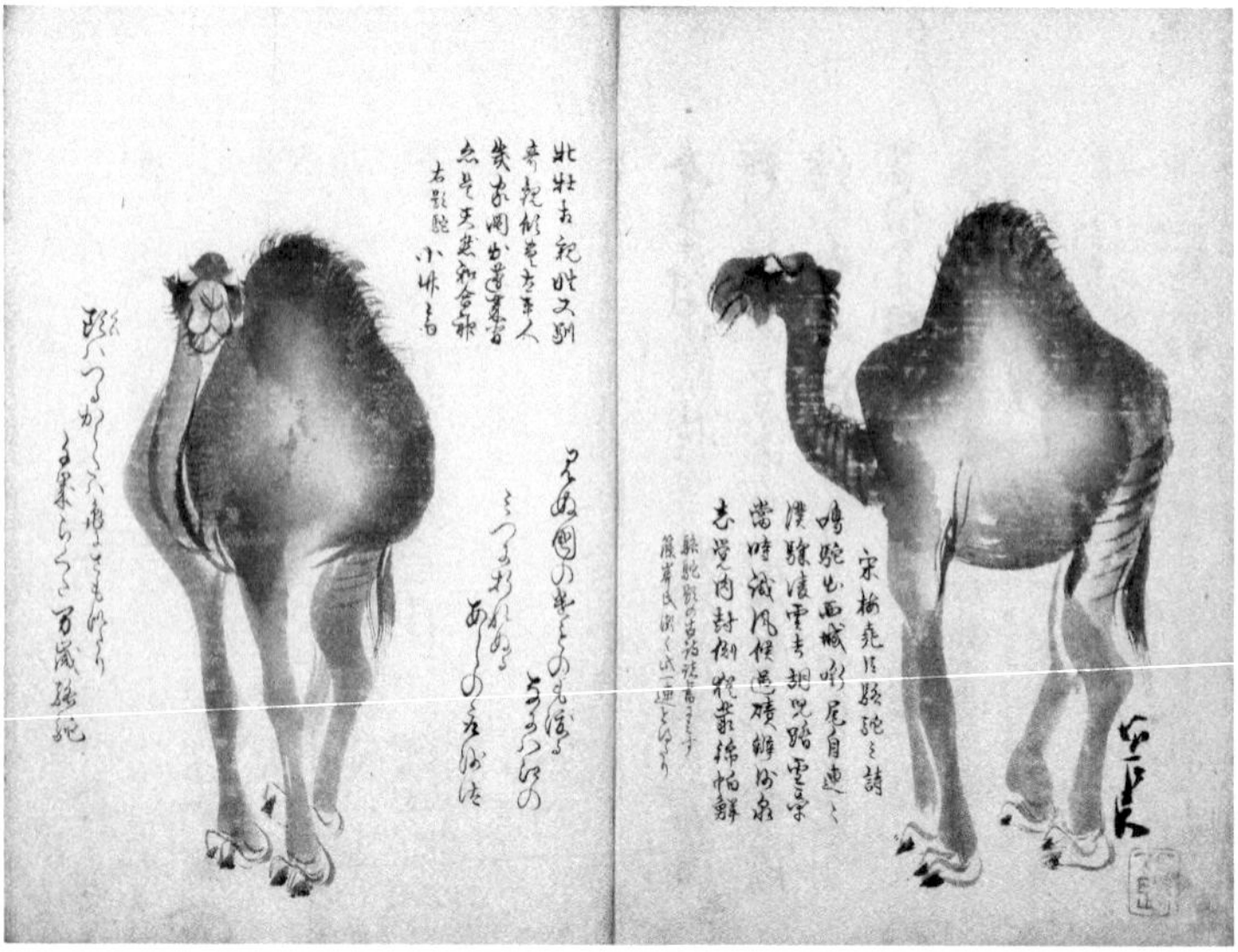

図13　上田公長が高松斜経『縁名草』中冊に描いたラクダ図（大阪市立中央図書館蔵）

その場に観客が密集して溢れかえった状況（「観者肩摩踵接溢場外」）が記されている。また、オランダ風になぞらえたという朱欄彩灯（「朱欄彩灯略倣蘭様」）で飾られた見世物小屋は南北二丈×東西八丈（約六メートル×二十四メートル）ほどの大きさで、西脇に帳《とばり》で区切られた厩《うまや》があったことなどが述べられている。そして、こうやって利を得ることばかりを目的に、連日、万人の前で見世物にされるラクダは疲れて斃《たお》れてしまうのではないかと憤り、悲しむ文章で終わっており、その内容も、またこうやって画賛を記す行為形式も、ともになかなか味わい深いものがある。画幅に賛や狂歌、俳句、漢詩を添えることは、絵にまつわる思いや感情、意味、情報等をそこに輻輳《ふくそう》させ作品を豊かにする行為であり、列挙したラクダ画幅のうちの1、2、3、4、5には何らかのものが記されている。なお、福井棣園のこの文章は、京にあった著名な学塾にして本草学の拠点であった「山本読書室」の資料としても「記観駱駝」の名称で伝存している。

もう一つ、画幅ではないので別に記すかたちとしたが、1、2を描く大坂の上田公長が、高松斜経(清房)という人の自筆本『縁名草《よしなぐさ》』中冊(大阪市立中央図書館蔵)のなかに、ラクダを描いた画図が存在する(図13)。周囲に見えるのは当時知られたラクダに関する漢詩と狂歌で、手書きで記されている。絵も肉筆の着色である。著者高松は大坂中心部の農人橋住で町会所に何か関わっていると思われる以外には来歴がわからぬものの、絵の方は、独特の軽妙洒脱な筆致でラクダを描く画風も、また落款も、たしかに上田公長のものである(本書カバーにはカラー図を掲載している)。

これらの画家たちは皆、自己の画風のなかで実見に基づく「ヒトコブ」のラクダを「二頭番い」のかたちできちんと描いており(例外もあるが版画資料とは異なり、まわりの人物や環境は抜きにしてラクダだけを取り出して描くのが特徴的である)、こうして絵画の世界においても新たな「ラクダ現象」が巻き起こっていたのである。(15) 先述の森春渓の例(『良山堂茶話』)を想起するならば、絵の周囲に集まってともにそれを目にし、ともに興じる人びとが多くいたはずで、そこには絵を起点として拡張する「ラクダ現象」が広がっていたのである。

ここでもう一つ、ラクダの絵画そのものの話ではないが、絵を通してわかる大坂での面白い「ラクダ現象」を紹介しておく。それは大坂歌舞伎の贔屓連中《ひいきれんじゅう》が何と「ラクダ文様」の着物を誂えて登場した一件である。文政六年十一月の道頓堀、中の芝居の顔見世興行において、笹瀬連という贔屓連中の「ろ十」という人物が、舞台上で拍子木を手に恒例の手打ちをおこなう場面が大判錦絵(江南亭国広画)に描かれるのだが、その「ろ十」の着物衣装は、ラクダと見世物小屋に掲げられていた朱の彩灯の文様になっており、しかもそこで発する手打ちの文句まで「ラクダ尽くし」となっていたのである。贔屓連中としては、年に一度の顔見世の大舞台でこれが最も脚光を浴びる瞬間であり、この年は難波新地で大当たりとなったラクダ見世物仕立てとし、ラクダで洒落のめす趣向を歌舞伎の観客たちの前で披露しているのである。もちろん、観客の誰もがラクダ見世物を知っているから成り立つ趣向であり(そうでなければ「こける」ことは必定である)、しかも、その披露の姿をまた錦絵版画にして出版しているわけであり、こんなところからも大坂でのラクダ見世物がいかに話題沸騰であったかは知れるのである。

雌雄仲むつまじいラクダは「夫婦」に

大坂、京での見世物興行を通じて、街の話題としてすっかり定着していったラクダ理解に、ラクダの雌雄は仲がよい、仲むつまじいというものがあり、この「ラクダ現象」は大きな広がりを見せた。その展開として、夫婦連れで街なかを歩く人を「あれは駱駝だ」とか「駱駝で行く」「駱駝連れ」などと呼ぶ慣用表現が生まれたのである。これはラクダをめぐる重要なイメージの一つであり、ていねいにこの「ラクダ現象」を説明していきたいと思う。

まず、『広辞苑　第七版』(岩波書店)で「駱駝」の項目を見ると、三つ目のところに「江戸時代、夫婦または男女が連れだって歩くこと」という意味説明が載っている。これは『日本国語大辞典』(小学館)も同じで、やはり三つ目のところに「江戸時代、夫婦が連れ立って歩くこと。また、男女が二人連れで歩くこと」とある。日本を代表する辞書にこうして堂々と載っているわけだが、その語源がこの雌雄番いのラクダたちなのであった。

ラクダとしては実際のところ、人間の都合で二十四時間いつも一緒にいるに過ぎない。しかし、観客から見ればつねに雌雄番いで登場し、いつも二頭が前後ふれ合うようにして見世物小屋の場内を回り歩いたのである。もともと家畜として前後に列をなして歩く「追従性」はヒトコブラクダの動物としての習性であり、趾間腺からの分泌作用もあってのことといわれている[16]。姿として見れば、文字通り追尾し、「尻を追いかける」かたちとなる。すでに長崎絵においてもラクダが雌雄仲むつまじいことは画面に記されているが、大坂、京でその実際の姿が一挙に万人の目にふれたことで、いわば「仲よしフォークロア」が決定的なかたちで形成されて、雌雄番いのラクダは「夫婦」となり「いつも仲よし夫婦連れ」のラクダとなったのである。「夫婦」という人間に擬した言及のされ方は、大坂、京から圧倒的なかたちであらわれていく。江戸時代の見世物史のなかで雌雄番いの大型獣の見世物はこれがはじめてであり、「仲よしフォークロア」とも相まって、雌雄番いであることもまた人気を呼んだ要因であったと考えられる。

流行唄のラクダは「よれつもつれつ夫婦連れ」

仲のよいラクダは、当時、巷間で口ずさまれた流行唄《はやりうた》にも仕立てられた。図14は京で出版されたその唄本『御ぞんじの　中のよいらくだぶし』(京寺町にしき上ル丁・阿波屋定治郎板、文政六年)の表紙で、『色里町中はやりうた――文化文政の京都瓦版はやり歌』(玩究隠士校注、太平書屋、一九九七)から転載させていただいた。全二丁の体裁で、最初の一丁ウラの文句は次の通りである。「ひとつばなしハく。

図 14　唄本『御ぞんじの　中のよいらくだぶし』表紙(阿波屋定治郎板.『色里町中はやりうた』太平書屋，1997 より転載)

四条がハら。そはな。ミせものらくだのすがた。いとしかわいと中のよさ。壱丈五尺の身のたけに。くびハ鶴くびひつじがを。からからわたるめうとづれ[唐から渡る夫婦連れ]。めづらしいでハないかいなー」。そして、表紙右側に「いろ里まち中大ひやうばん」とある通り、色里の世界へと内容を傾けながら、「ふたりねるよハ。〱うれしさの。(中略) よれつもつれつはだとはだ。ふかいちぎりは二世三世」(二丁ウラ)と展開するのである。

京では一方に福井棣園の長文の漢文賛があり、そのまた一方でこうした浮いた流行唄があるのは、「ラクダ現象」の幅広さを示しているが、ラクダの流行唄自体はどうやら大坂で先駆けて唄われていたと考えられるのである。国文学者の藤村作《ふじむらつくる》が昭和初めに記した文章「雑録　駱駝の両国に出た話」(『日本文学講座』七、新潮社、一九二七)[17]のなかに、大坂で唄われた流行唄として、次のものを掲げているからである(藤村は「二曲」として扱うが、一連の「一曲」とも思える)。

「ひとつはなしは、人の噂に四季の茶屋そばな見世物駱駝の姿か、濃い栗毛に背高く、よれつもつれついやらしく、いやらしく、首ひつじ[何か抜けカ]唐から渡りし夫婦連、珍しいじゃないかいな、[以下を二曲目とする]遠い国からはる〲と、好いた同士はうき旅路をも、人目かまはぬ二人連、よれつもつれつ三つ折の、脚に任せて浪華潟、四季のほとりへ仮住居、ほんにらくだじゃないかいな」。

冒頭の「ひとつはなしは」の文句に始まり、場所、見世物ラクダの姿と続く形式や、「よれつもつれつ」「唐から渡りし夫婦連」「珍しいじゃないかいな」の共通要素からして、大坂、京と続けてあらわれた一連の流行唄と考えて間違いなく、ここでも大坂、京における「共通のラクダ現象」が起こっているのである。なお、大坂の文句のなかに出てくる「四季の茶屋」は、実際に難波新地にあった茶屋、料亭の名で、前年にもその南側で見世物が興行されている。ラクダの見世物小屋は、先述した通り叶橋の東側でこの「四季の茶屋」のそばにあったというわけである。

じつは流行唄はその後の江戸にも伝わっており、十方庵『遊歴雑記』に記録されたものを抄録しておこう。次のところはあきらかに大坂の後半部の変形である。「遠い国からはる〴〵と、人目かまはぬめうとつれ［夫婦連れ］、よれつもつれつ三折の、あしに任せてあづまぢや、隅田《すだ》のほとりの仮住居、太鼓や鉦《かね》に浮さるゝ、ほんにらくだじやないかいな」。このあと「つらゐぜげん［女衒］に欺《だま》されて、今は苦界《くがい》の憂《うき》つとめ、水に縁ある川たけの、両国橋の河原とや、しづみもやらぬ起臥《おきふし》の、侭《まま》ならぬ世はぜひもなき」などと七五調で続く。地名を入れ替え、少しずつ文句を変えながらラクダの移動とともに唄も伝わっていったわけである。十方庵は「弐《に》あがりの新内節《しんないぶし》の小唄」（いわゆる二上新内。この文政頃から流行）といっており、調子を高く上げて陽気でありながら、哀調も帯びる流行の曲節であった。日本にやって来て楽だという喜びと、見世物づとめを苦界として憐れむアンビバレンスが、二上新内の曲節とよくマッチして唄われたのだろう。

流行唄での雌雄のラクダは、もはやすっかり擬人化されて夫婦と化しており、それも人目をはばからずに仲よく歩く、もっといえば「よれつもつれつ」歩く夫婦連れなのであった。今日とは感覚がちがって、この時代には夫婦連れが街なかを並んで歩くことがあまりなかった。男女のカップルが人前でいちゃいちゃしながら街なかを歩くのもない。もちろん「いちゃつく」ということばは江戸文芸に満ちているが、それは街なかや人前の話ではない。逆にこうなると、もし街なかを夫婦や男女が連れ立って歩いていると、からかうニュアンスを込めてその二人を呼ぶことになる。それが『広辞苑　第七版』や『日本国語大辞典』に載る「駱駝」なのであった。

「土瓶の鋳掛」から「駱駝」へ

そして大坂では、少し前にもう一つ別の呼び方が生まれており、そうした背景も「駱駝」の語の誕生に影響を与えていたのである。それは「土瓶《どびん》の鋳掛《いかけ》」またそれぞれをばらして「鋳掛」「土瓶」とも呼ぶいい方である。

この頃、大坂の街を年寄夫婦で連れ立って歩く、市中渡世の土瓶の鋳掛屋がいた。土瓶などのこわれた部分を「しろめ」や「焼接《やきつ》ぎ」で直す修理稼業だろう。文化十三年前後のことで「夫婦連れ」として知られていたが、その姿をモデルに当時人気絶頂であった歌舞伎俳優の三代目中村歌右衛門が演じて評判となったのである。文化十四年(一八一七)三月、道頓堀の角《かど》の芝居で大切に演じられた十二《じゅうに》変化所作事《へんげしょさごと》「莫恠踊化姿《またかいなじゅうにばけ》」であり、十二カ月仕立てで傾城、稲荷の修行者、白酒売、土瓶の鋳掛、鷺娘、関羽などを次々と衣装を変えながら踊り分けるものであった。土瓶の鋳掛は、親仁の身なりで出て、老婆の顔を大きく描いた団扇を手に持って、恐らくそれと顔を切り替えながら、文字通り夫婦一体で面白く踊ったと思われる。以降、「土瓶の鋳掛」は夫婦連れや男女同行を指していう流行語になったのである。この経緯は『広辞苑　第七版』の「鋳掛け」の項目にも簡潔に載っていて、「(文化末年、大坂に夫婦連れで歩いた鋳掛屋があり、三代目中村歌右衛門がこれをモデルにした所作事を演じたことから)夫婦一緒に歩くこと。男女の同行」と記されている。本来は「土瓶の鋳掛」なのだが、省略して「鋳掛」や「土瓶」だけでも用い、なかで最も使われて使用が近代にまで生き永らえたのが「鋳掛」であったようだ(夫婦漫才のことをしばしば「いかけ漫才」と呼んだ)。ともあれ、使われ出したのは、大坂にラクダがやって来る六年ほど前の話である。

この「土瓶の鋳掛」と重なり合いながら「駱駝」の語が使われ出していく徴候は、じつはさきほどあげたラクダ文様の着物で洒落る「ろ十」のラクダ尽くしの文句のなかに見られる。そこには「つがひとも中よくて一寸ともはなれず、日本のどひん[土瓶]の如く」と記されているのである。感覚的には、あと半歩で「駱駝」が同じ意味の通語、通言となりそうな気配である。この状況までくれば、もはやいつでも「駱駝」が「土瓶の鋳掛」と同様に使われ出して不思議ではないといえるだろう。

そしてさらに、ここからは筆者の推測であるが、ラクダの大きな体があってすっと首がのびる姿(とりわけ座った姿)と、土瓶のかたちは似ていないだろうか。右に述べた状況と合わさりながら、かたちの類似という意識もまた、巷間で実際に使われ出していく後押しをしたのではないかと思えるのである。もちろん流行唄に見るように、これだけ夫婦連れ、夫婦連れといわれているのだから、それだけで通語になってまったく不思議はないが、いわば駄目を押すように、先立つ「土瓶」の通語からの形状類推も後押ししたのではないかという想像である。じつは、後年の名古屋ではラクダが座った姿の水入(図28・一五〇頁)が作られ売られており、これはラクダの口から水を出す形状であった。

ともあれ、実際に「駱駝」の語が使われ出してしばらくすると、世の認識としては以下のようになっていたことがわかる。まず、天保五年(一八三四)に大坂に一年間滞在して街の様子や話題を記した江戸の戯作者、平亭銀鶏《へいていぎんけい》の『銀鶏雑記』(天保六年)には、「男女ふたり連れてあるく事をいかけでゆくといふ。コレハいかけやハ夫婦してあるくよし也。又ハちかころハらくだでゆくともいへり。コレモ男女うちつれゆくゆゑかくいふよし。今の大坂の通言也」(第四冊)と記す。また大坂の人で、歌舞伎作者にして考証家の西沢一鳳《にしざわいっぽう》の著『皇都午睡《こうとごすい》』(嘉永三年〔一八五〇〕)には次のように記されている。「前《さきの》老夫婦、土瓶焼鍋の鋳懸とて市中を歩行《あるく》職人有しを見て、男女連立《つれだち》歩行を土瓶の鋳懸と異名を附《つけ》、天竺より渡りし獣牝牡の駱駝を見しより、男女の連立を駱駝と呼変《よびかえ》たり」(初編上)。このように両者はともに、まず「土瓶の鋳掛」が使われていたところへ「駱駝」の語もあらわれて、夫婦連れ、男女同行を指す新たな通語、通言になったと記しているのである。

文人たちの「仲よしラクダ現象」――頼山陽と梁川星巌

「駱駝」の語は庶民だけではなく、文人や知識人のあいだでも使われた。「ラクダ現象」の影響はやはり幅広いのである。たとえば『日本外史』や『日本政記』で知られる儒者の頼山陽《らいさんよう》も、手紙のなかで用いている。当時、京の三本木に「水西荘」をかまえていた山陽が、画家の大倉笠山《おおくらりつざん》を聖護院前の萩見物に誘った文政八年(一八二五)七月十九日の書翰に、「聖護院前之胡枝残花を看申度、(中略)貴家御駱駝其儘に而、からだ計にて、御出会被成《なされ》まじくや」というものがあり、「御駱駝」が使われていたるのである。要するに大倉笠山に夫婦で来ることをすすめているもので、同じく世で使われていた「ラクダ=楽だ」の意も合わさり、どうぞお気楽にといったニュアンスもある表現である。山陽は他

の手紙でも「駱駝」を夫婦に当てて用いていることが確認できる。(18)

また、京坂の文人たちのあいだでは、大坂でラクダ見世物が始まってそれほど時をおかず、ラクダを目にして感興を賦《ふ》したとある漢詩作が知られるようになったといわれている。漢詩人、梁川星巌《やながわせいがん》の「駱駝歎［駱駝の歎き］」という作品である。星巌は、頼山陽と交わりのある人物だが、このときは故郷である美濃国、曾根を離れての西遊の途上で、月ヶ瀬の観梅から奈良大和路を廻り、ちょうどラクダがやって来た時分の大坂に到着したのだった。この後さらに山陽路から長崎へと至る長い旅であり、妻で女流詩人の張紅蘭《ちょうこうらん》（日本人）を伴っての「夫婦連れ」の道行きであった。「駱駝歎」(19)の冒頭は次のように始まる。原文、説明（詩形ではない）の順に掲げる。

考月鼓　　月鼓［満月のように見える太鼓］を打ち
鳴斗鑼　　銅鑼《どら》を鳴らす
何人開場看駱駝　　何びとが場を開いてラクダを見世物にするのか
紫毛茸茸衣可織　　紫毛茸茸《しもうじょうじょう》［細く柔らかい毛がもじゃもじゃ］で衣服が織れそうだ
肉鞍高聳金盤陀　　肉鞍《にくあん》が高く聳《そび》え、金盤陀《きんばんだ》［背に金更紗をかけて飾った駝］だ
云是紅夷之所齎　　これは紅夷《こうい》［オランダ人］がもたらすところのものと云う
転徙遠来従流沙　　転々としながら遠く流沙《るさ》の地［中国西北の大沙漠］からやって来た

本作には、妻を伴い浪華へやって来たところ、太鼓をたたくラクダの見世物場が開かれていて「感之

而作［これに感じて作った］」との序があり、ラクダ見世物が始まった文政六年七月十二日以降、恐らくは八月頃までに作られた一首と推定される。冒頭部は実際に眼前にしたラクダ見世物のとくに印象に残る要素を引き出して、象徴的に点描するかたちで始めている。以下、内容としては、中国におけるラクダの歴史的功績（燕《えん》［北京］に何度も重い貢物を運んだ、労役に服して南越に下ったなど、基本的に中国視点でのフタコブラクダの話で、このアラビアのヒトコブラクダとはじつは隔たりがある）をあげたのちに、「雌雄一緒」にはるばるやって来たラクダの労苦と境涯に、自らの人生と「夫婦連れ」の旅を重ね合わせ、ままならぬ生の悲哀を叙情している。最後のところは、当時ラクダについてよくいわれた優れた能力にふれながら、やはり自らを重ね合わせながら、次のように結んでいる。

乃知世亦有同科　　いまこうして知った、世界には自分と同類があることを
識風識水徒為耳　　風を識《し》り、水のありかを識るのも、役には立たない
嗟呼駱兮駝兮奈汝何　　ああ駱よ駝よ、汝を奈何《いかん》せん

最後は有名な、項羽が虞美人《ぐびじん》を前に歌ったという「虞や虞や汝を如何せん」のラクダバージョンであり、ラクダの伝説的能力である風を識る、水を識るをあげたうえで（星巌は後註に『格物論』をあげる）、それがいまは役に立たない、そんな「ラクダをどうしたものだろうか」という詩作であった（図15）。この賦し方もまた、前掲、阿部縑洲のラクダを憐れむという見方とともに、当時の知識人の漢詩作にまま見られるものである。[20] すでにふれたように、風を識るは、元来は沙漠で熱風が吹き出すのを予知

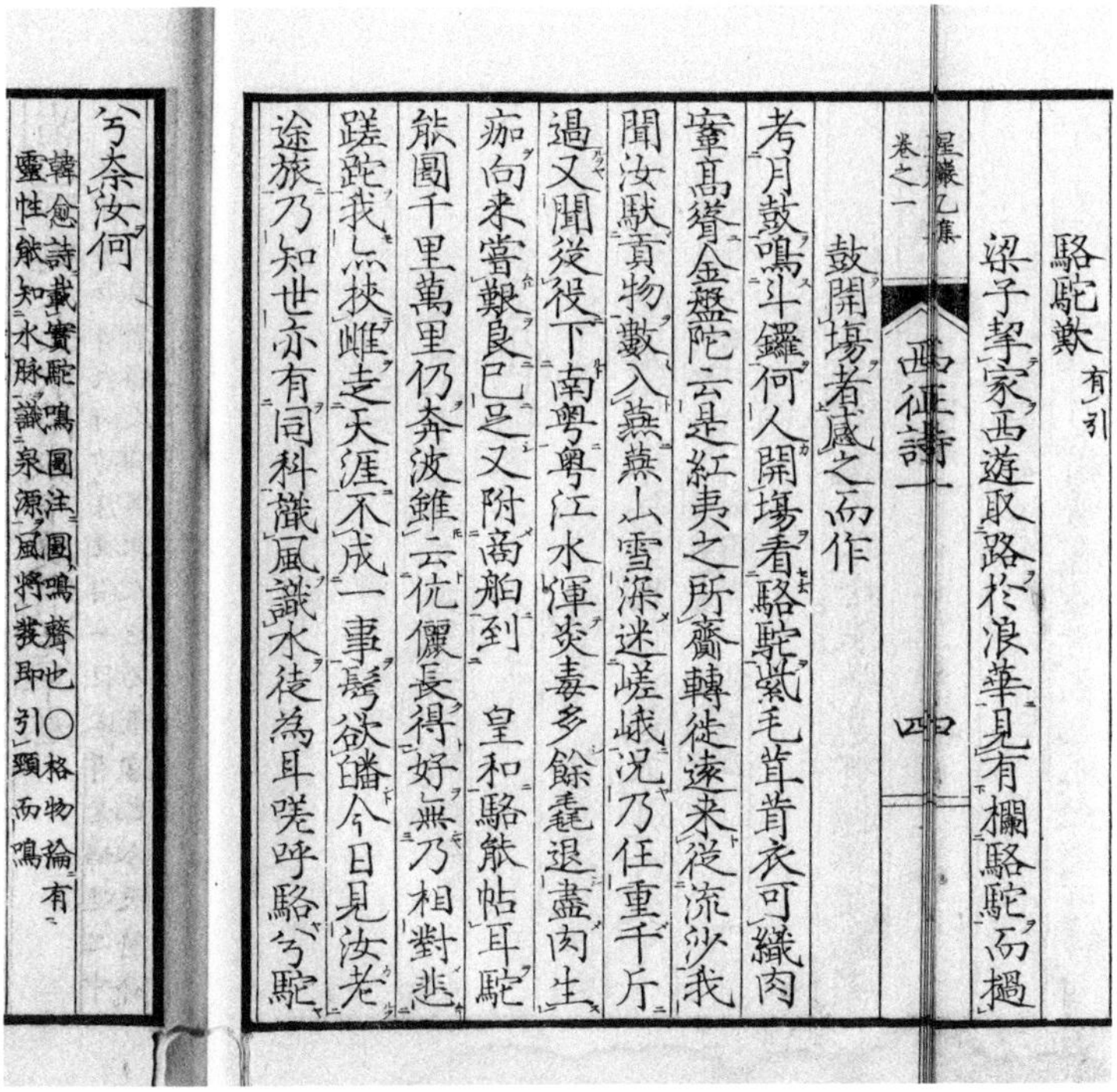
駱駝歎 有引
梁子孝家西遊取路於浪華見有欄駱駝而過
星巌乙集 巻之一
西征詩一 四
鼓開場者感之而作
考月鼓鳴斗鑼何人開場看駱駝紫毛茸背衣可織肉
峯高聳金盤陀云是紅夷之所齎轉從遠來從流沙我
聞汝駄貢物數入燕燕山雪深迷嵯峨況乃任重千斤
過又聞從役下南粤粤江水渾炎毒多餘毒退盡肉生
痂向来嘗艱良已足又附商舶到 皇和駱駝帖耳駝
能圓千里萬里仍奔波錐云伉儷長得好無乃相對悲
蹉跎我亦挟雌走天涯不成一事髩欲皤今日見汝老
途旅乃知世亦有同科識風識水徒為耳嗟呼駱兮駝
兮奈汝何
韓愈詩載實駝鳴圖注圖鳴聲也○格物論有
靈性能知水脉識泉源風将發耶引頸而鳴

図15　梁川星巌の「駱駝歎」（のちに刊行の『西征詩　星巌乙集』文政12年4月版より，筆者蔵．当該作が頁をまたぐため，便宜的に丁の表裏をつなげて掲載している）

する能力だが、その意味は自然に比喩的に広がり、たとえば中国においても北宋の詩人、梅堯臣《ばいぎょうしん》の「槖駝」と題する詩で、「当時識風候［時に当たって風候を識り］」と時節の風向きを察知する意で用いられている（前掲の図13・六十頁の右側にも記載されている）。水を識るにも同様の広がりがあり、両者併せれば、人が生きる土地の根底条件としての「風水」といった語も浮かんでくる。星巌がここで記す「識風識水」には、自己の境涯をラクダ夫婦に投影しながらの、こうした比喩的に能力をいう意味合いがこめられていた。

　この「ラクダは風を識る」の用い方でいえば、たとえば歌人で学者の谷川于喬《たにがわゆきたか》(『橐駝渉覧』の尾崎雅嘉の弟)が「をさまれる国の風をやしりぬらん らくたの馬のこゝに来るは」(『蘆汀紀聞』)と詠じるのも一つの比喩的用法であり、もう一方の水においても、前にふれた鹿都部真顔の「若水に蹄をあらひやまと迄 ひくやから〳〵草臥ぬこま」や、十方庵が記録した流行唄の「水に縁ある川たけの、両国橋の河原」さえも、ラクダが「水のありかを識る」ことの一つの広がりと思える。さきの梅尭臣の詩は「当時識風候」に続けて「過磧弁沙泉[磧を過ぎて沙泉を弁ず]」と、ラクダの「沙泉を弁ずる能力」(沙漠の先にある水湧くオアシスのありかを見分ける能力)にも当然ふれていた。漢籍故事を下敷きとした風と水に関わる同様類似のラクダ文芸作はほかにも見られ、そこではむろん憐れむだけではなく、ラクダが日本に来たことをポジティブに寿ぎ、詠じるものも確認することができる。

ラクダに自らの境涯と夫婦連れの旅路を重ね合わせた梁川星巌の詩作は、京坂、西国の文人たちのあいだでたちまち評判となって愛唱されたという。何といっても当時のラクダ見世物の話題性に加え、旅にいる星巌・紅蘭夫妻が各地の同好者のあいだを渡り歩いたという事情もあずかっていたと思われる。

ただ、当作を取り上げる諸書において、夫婦連れを「駱駝」と呼ぶ流行語が星巌の漢詩から生まれたとするのは誤解であり、これまで縷々述べたように、「駱駝」の語はラクダ見世物をきっかけに世間で広く使われるようになった通語、通言である。漢詩を作る文化は、たしかにこの文政から天保の時代に知識層においてより一層広まっていくし、同好の士のあいだでの詩作のやりとりもきわめて盛んであるが、庶民にとっては何といっても漢詩文は難しく、星巌の漢詩から世間全体の流行語が生じるというのは、無理な話といわざるを得ない。[21] 関係は逆で、世を挙げてのラクダ見世物ブームにより「駱駝」の語が世間一般の通語、通言となるなか、「駱駝歎」は漢詩の世界においてラクダ見世物の話題とともにより以上に評判となり、星巌・紅蘭夫妻の道行きもまたのちに「駱駝行」などと呼ばれたのだろう。だからといって別に星巌の詩作の価値が減ずるわけではないので、客観的に広い視野から状況はとらえておくべきだと思う。

そして、むしろ筆者がここで感じることは、江戸時代の全期を通じて、他の見世物でこれほど文人、知識人、上流層の関心をひいてあれこれの文辞を記させたものはない、ということである。

見世物は第一に庶民のものである。歌舞伎に比べ札銭(入場料)は格段に安い。この時代なら歌舞伎の最安入場料のおよそ四分の一の値が、見世物の最高入場料(三十二文)である。歌舞伎もむろん庶民芸能だが、見世物はもっとずっと庶民のものである。ところが一般庶民は文字での記録をなかなか残してくれない。これは研究上の難点であり、十方庵敬順のような見世物好き、筆まめな人物が一人いてくれると、大助かりである。定番で頼りとするのは、庶民も手にした絵番付(絵入りで内容が簡略に記された番付)と、比較的ヒットした場合に多く出版される浮世絵(錦絵)であり、あとはどこかに書かれた断片的な記録を探すしかない。

ところが、このラクダ見世物の場合、文人や知識人が見世物小屋に足を運んで多くの文字記録を残しており、しかもそれを記すのが、他の見世物の場合とはやや異なるタイプの文人、知識人を含むのである。「駱駝」の語を用いたというだけの縁ではあるものの、頼山陽のような人物は他では出て来ないし、梁川星巌もこれ以外で何か見世物に縁があるとは思えない。すでに儒者や国学者の名前も何人か登場させてきた。庶民ばかりではなくこうした層までを含め、世の人びとを幅広く巻き込んでいるのが「ラクダ現象」の面白さであり、そこではやはりラクダという存在が異国、外国へつながっているというファクターが大きい。

時期は異なるが、頼山陽も梁川星巌もそれぞれ長崎へ足を運んでいる。頼山陽の史観は、その死後に幕末の尊皇攘夷《そんのうじょうい》運動に大きな影響を与えたし、梁川星巌もまた、のち勤王の志士と深く交わって尊皇攘夷を唱えている(そうしたなか安政《あんせい》の大獄の直前に捕縛間近といわれながらコレラにかかって没している)。尊皇攘夷の根元には、一つの大きな要素として儒教的華夷思想に基づく「外国に対する強い意識」があり、外国への意識という点で、ラクダという存在もまた当然、視野に入ってくるものであった。

さらに語られ、描かれるラクダ

このように「仲よしラクダ現象」は庶民も、文人も知識人も、ともに巻き込みながら幅広く展開しており、一方に「よれつもつれつ」の俗なる流行唄があれば、他方には「駱駝歎」の漢詩作があって、両方がラクダの話題をそれぞれの場で共有し、両者を合わせて、世の中全体の話題として盛り上がっていたのである。夫婦連れの意の「駱駝」の語は、方言としての使用も確認されている(岐阜県、和歌山県)。さらにもう一歩進んで、ラクダ夫婦は「夫婦和合」「男女和合」の象徴ともなるのだが、それについてはまた後述したい。

大坂におけるやや後代の「仲よし夫婦連れ」の展開としては、図16のようなものもあらわれている。

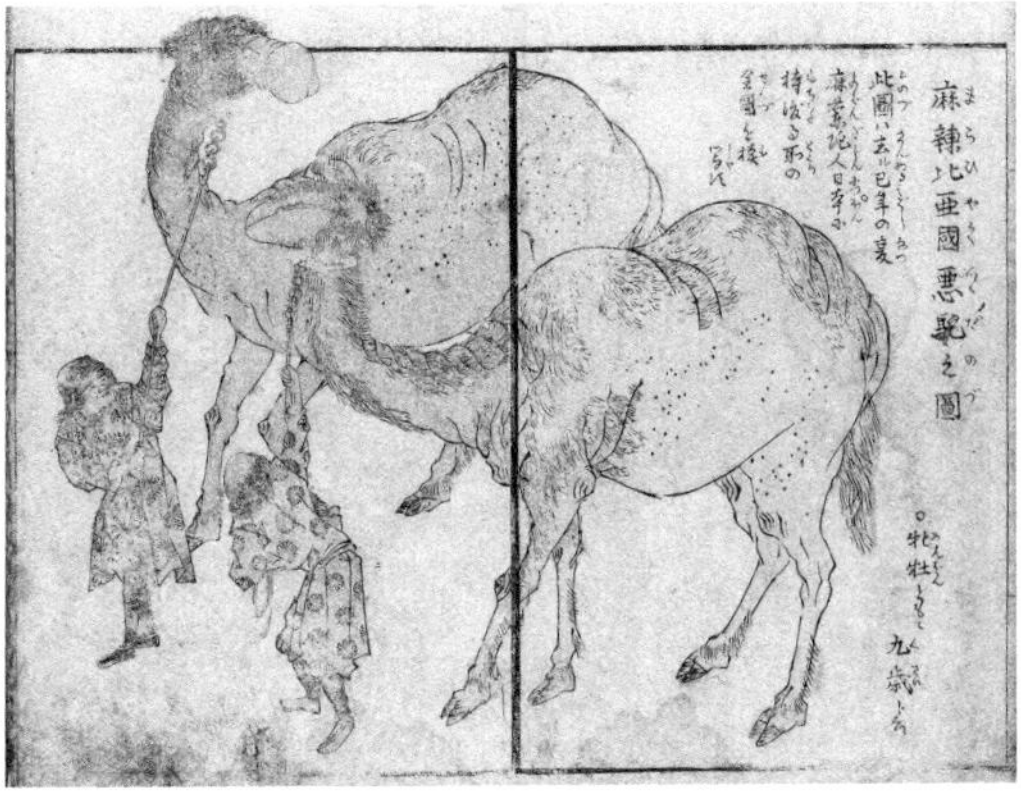

図16　艶本のなかのラクダ図(暁鐘成『万交区新話』より，国際日本文化研究センター蔵)

これは大坂で多くの著作をあらわし絵もよくした暁鐘成《あかつきのかねなり》による艶本《えんぽん》『万交区新話《ばんこうくしんわ》』(画文ともに鐘成)の一図であり、嘉永五年(一八五二)刊行である。このおふざけの「麻辣比亜国悪駝之図《まらひやこくあくだのづ》」ではラクダの顔が露骨に男女となっており、構図はあきらかに前出の丹羽桃渓による絵図(図6・四十四頁)を模倣したものである。また、たとえば葛飾北斎の著名な艶本『万福和合神《まんぷくわごうじん》』(文政四年〔一八二一〕)の上巻扉絵に和合神の顔を男女そのものに変えた先例がある。ただ、『万交区新話』の総体は、蘭学者で戯作者の森島中良《もりしまちゅうりょう》『万国新話《ばんこくしんわ》』(寛政元年〔一七八九〕)を素材にしてネタをひろい、いわば世界はすべて「男女和合」で成り立っているという一面では正統なコンセプトのもとにパロディ化した、壮大にして笑える秀作艶本ではある(個々の項によって出来不出来はある)。もともと『万国新話』自体、画図をまじえて記された万国の珍説を盛った書というべき内容で、巻之一に「護送軍　附　駝之説　亜刺皮亜」という項があってラクダの正面図が描かれており、このあたりを目にして、それならこちらはあの文政のラクダ夫婦をいっそう和らげてと発想したのかもしれない。この艶本で鐘成が用いた号は「鴛鴦亭主人《えんおうていしゅじん》」であり、「和合」の艶本にふさわしく仲よし夫婦定番の「おしどり」の名を用いている。

暁鐘成は文久《ぶんきゅう》二年(一八六二)刊の随筆『雲錦随筆』(鐘成の没

した翌年の「暁晴翁」名での出版、絵は松川半山)でも、文政のラクダを長文の絵入りで取り上げており、恐らくラクダのことは気になっていたのだろう。だが、肝心の難波新地での興行年を文政五年にしていたり(正しくは文政六年)、夫婦連れの通語についても「駱駝」がすたれて「土瓶の鋳掛(また省略形の「土瓶」「鋳掛」)」になったと順番が逆になっていたり、「土瓶の鋳掛」流行のきっかけとなる三代目歌右衛門の芝居興行年も文政七年にしていたり(正しくは文化十四年)、面白い内容もあるものの、記述が雑なことは否めない。そうしたなか『万交区新話』は、全体としては鐘成ならではの才能を発揮した珍なる艶本といえよう。なお、江戸時代後期の大当たりした見世物では、通例としてそれを題材とする春画や艶本がよくつくられており、ラクダと人が和合する画作なども世に存在している。

さて、そろそろラクダの旅を先へ進めたいが、じつは大坂、京だけでもラクダから生まれた文芸作、とくに俳句、短歌、狂歌、漢詩などの類や、ラクダに言及する文辞はまだ存在する。それがまさしく「ラクダ現象」ということである。たとえば「仲よし夫婦連れ」を突き放して見るような視線も、当たり前だがこの時代にもあった。見世物として単純に楽しむ人がたくさんいる一方で、福井棣園のようにラクダをあわれみ悲憤慷慨する人がいるのと同様で、人はさまざまである。この項の最後には、ごく短いものを一つだけ紹介しておこう。ラクダを描く秀麗な銅版画を入れた、文政六年(一八二三)八月頃に作られたと思われる上品な俳諧摺物に見える一句である。「駝も人も心ならねど寄添ひぬ　自乙」(22)。

伊勢を経て、中山道から江戸へ

京、四条道場における興行直後のラクダの道筋は、はっきりしない。翌文政七年(一八二四)に、すでに冒頭で述べた中山道から江戸へ入るところは明確なものの、前年冬からこの年前半の詳細がよくわからないのである。浜松歌国『摂陽奇観』は「京より南都へ行、故障有之、翌申の春[文政七年春]南紀へ行、夫より東部ニ至る」(原本書き入れの部分)と大まかな記述をしているが、奈良、和歌山での興行記録はいまのところ確認できない。思い出していただきたいのだが、文政六年の終わりから翌七年の前半は麻疹、流行風邪のダブルパンチに襲われた時期であり(土地によって時期は少しずつ異なる)、その影響もあったかもしれない。

また、全体で十年以上に及ぶ巡業の歳月のなかで、二月から三月の時期は、他の時期と比べるとあまり興行事例があらわれていない。ちなみに、見世物興行の世界では一般に一月下旬から三月が開幕シーズンである。これは筆者の推測で、また個体のからだの状態にもよるわけだが、発情期が関係して興行がおこなわれなかった時期もあるように思えるのである。ラクダの発情期は一般に冬から春とされる。実用に供する雄ラクダは去勢する場合が多いが、すでに掲載した図5には、「陰茎陰門ハ軀ノ割ヨリ小シ　陰嚢ハ牛馬同断」と末尾に記されており、去勢ラクダではなかったと推測される。長崎に船載された時点で雄は五歳、雌は四歳と記録されており(年齢を雌雄逆に記すものもある)、そこから文政六年末時点で約二年半が経過している。実際の個体の状態はわからないが、可能性として記しておく。

ところで、もとより小説でフィクションではあるが、矢的竜の時代小説『シーボルトの駱駝』(双葉文庫、二〇一五)は、こうした生身のラクダに焦点が当たる内容になっていてそこが面白く、哀歓こもごものストーリーであった。佐伯泰英の『らくだ』（新・酔いどれ小藤次シリーズ六、文春文庫、二〇一六）は、江戸でのラクダ見世物の繁昌ぶりとそれが金の卵であることを背景にラクダの盗難事件が起こり、元は豊後《ぶんご》森藩の厩番であった酔いどれ小藤次の出番となって探索が始まる。『シーボルトの駱駝』でのラクダの名前は楽太郎とかめであり、筆者のうちで勝手につけているコードネームはラクダのパルちゃんとメルちゃん、合わせてパメルである。ちなみに、十八世紀半ばにヨーロッパ中を見世物巡業したことで知られる雌のインドサイの名前はクララであり、動物好きとしてはラクダにも何か名前があったにちがいないと考えるのだが、実際にどうだったかは不明である。

徒《あだ》しごとはさておきつ、興行の道筋でむしろ確かと思われるのは、文政七年七月の伊勢での興行である。

吉田暎二《よしだてるじ》編『新補　伊勢歌舞伎年代記』（放下房書屋、一九三三）の文政七年記事に、以下のように載っている。「同年古市《ふるいち》休座　七月同芝居ニ而《にて》駱駄一双見せもの大当り〳〵」。この年は、伊勢を代表する古市芝居、中の地蔵芝居の両劇場があるなか古市芝居での歌舞伎興行はおこなわれなかったが、空いている古市芝居の小屋を使って七月にラクダ見世物が興行され、大当たりとなったのである。『新補　伊勢歌舞伎年代記』は近代に編纂された書ではあるものの、各所に存在する伊勢歌舞伎の芝居番付や見世物の絵番付また各種の記録類と照合するとき、筆者の経験では齟齬《そご》が生じることのきわめて少ない信頼性の高い書であり、この記事は確かなものと考えている。いつも大勢が参詣して人が集まる伊勢は、有力な見世物が頻繁に訪れた定番の興行地であり、大坂、京ののちにどこかを経由して（あるいは麻疹、流行風邪のダブルパンチの状況をどこかでしのぎながら）、神都伊勢へ廻るのは自然な流れであったといえる。六年後の文政十三年には四、五百万人規模の大群参の現象も起こっており、芸能巡業もせっかくあちこちを旅するならばと、しばしば伊勢へ足を向けたのである。[23]

この直後の時期に名古屋では、勢州から北上するラクダがやって来るという噂が立って期待されたようだが、名古屋、東海道方面には向かわずに北上し、恐らく八月はじめ頃に美濃、関ヶ原宿か垂井《たるい》宿で中山道に入って東へ進んだと推測される。資料が残るのは垂井宿の東隣りの赤坂宿(現、岐阜県大垣市赤坂町)の方面であり、宿内で往還の中心であった子安から数百メートル西の昼飯《ひるい》に二頭のラクダを描いた絵図などの資料が伝存し、現在は岐阜県歴史資料館に所蔵されている(昼飯村文書)。なお、垂井宿を東の見付から赤坂宿側へ出て相川を渡ると名古屋方面へ向かう美濃路の分岐がある。じつはラクダはのち文政九年に越前から名古屋(「最初」の名古屋興行)へ向かうときに垂井から美濃路のルートを行っており、つまり、この辺りは少なくとも文政七年と九年の二度通っていることになる(その点で資料の同定がやや難しい面もある)。ちなみに梁川星巌の故郷である曾根は、赤坂宿から東北へ三キロ半ほどのところであり、この周辺はラクダの軌跡が交差した場所ともいえる。

ラクダは東海道へ行ってもよさそうなものだが、のちに、「羽城《はじょう》〔熱田〕より船に乗せんとして、らくだ海へ落《おち》、大に騒動する由」(『寛政文政間日記(猿猴庵日記)』。文政十年一月の「二度目」の名古屋興行後の話)といった事件が起こっていることを考えると、もしかするとこのときも渡し船に乗せることに躊躇があって、桑名から七里の渡しで熱田(宮)宿へ向かうこと(東海道本ルート、海路)も、三里の渡しで佐屋宿へ向かうこと(東海道佐屋廻り、川船)もしなかったのかもしれない。じつは、この後に到着する板橋の加藤曳尾庵の記録にも「道中只《ただ》船を恐る」(『我衣』)と記されている。しかしながら、渡しをまったく通らずに各地へ移動することは根本的には不可能であり、回数を重ねればいくらか慣れたのかとも思えるが、やはりつねに大きな緊張感を伴ったことだろう。

かつての正保期渡来の将軍献上ラクダは桑名から熱田へ船で渡り東海道を江戸へ向かっているが、赤坂宿(こちらは東海道の赤坂宿。現、愛知県豊川市赤坂町)まで行ったところで、少し前から疲れの見えたラクダの体調がいよいよ悪くなり、一日歩かせずに休ませている。享保期渡来の将軍献上ゾウはかなり水を恐がり、京以降の江戸へ向かう道程のなかでは、東海道上の桑名から熱田への渡しと、新居から舞坂間の今切の渡し(浜名湖のところ)は最初から避けて、かなり迂回するルートをとった。具体的にはさきの中山道の垂井から入る美濃路ルートと、本坂通である。やむを得ず船で渡すときも、船の両側に幕を張ってゾウに水の流れを見せないようにした。江戸へ入る最後の六郷の渡し(多摩川)では、船を並べて橋とするいわゆる「船橋」を臨時につくって渡している(24)。将軍御用のラクダやゾウの場合、幕府の権力で種々の手段を講ずることができたが、もちろん、生ある生き物なので、その点での配慮や苦労は同じであった。

ラクダが環境のまったく異なる日本で長い年月にわたり巡業が可能であったことを考えると、興行集団は家畜としてのこの動物のありようを理解し、飯の種であるラクダを大切にしたものと思われる。一般に地方巡業は、ずっと各地で興行だけをやり続けるわけではなく、移動だけの期間や興行をおこなわない期間があり、恐らく馬などの扱いに慣れた者も集団のなかにいて「らくだの馬」の世話を焼いたのではないかと推測している。

ラクダは「紀州様の荷」

中山道を行くラクダの明確な記録は、次は伏見宿《ふしみしゅく》（現、岐阜県可児郡御嵩町《みたけちょう》）にあらわれる。同宿の「伏見西町御日待帳《おひまちちょう》」という文書に出てくるもので、文政七年八月六日に到着して七日、八日と足かけ三日の滞在で、これは興行関係者の病気ゆえの一時逗留であった。同宿の松屋八三郎家に泊まっている。ラクダの逗留を聞きつけた周辺の者たちがここぞとばかりに見物にやって来て、大勢が群集したという（「伏見西町御日待帳」『御嵩町史　史料篇』）。

「伏見西町御日待帳」は、同地で起こった出来事を備忘のために御日待帳（お日待行事の記録帳）に記したものだが、ラクダの記載の直前には麻疹と風邪のダブルパンチでの流行がちゃんと記されており、前後の記事にもこの頃に起こった地震や大雨などが着実に記されていて、信頼に足るものと判断できる。また、ラクダについては「女之方ハひげ有少々ちいさく、男之方ハひげなくまつげながく、此者おふよふ成事〔鷹揚なること〕老馬のごとく、前足ノうら八寸御座候由、あと足ハ七寸計《ばかり》も有之《これあり》」などと観察が細かくリアルである。

記録のなかで最も興味深いのは「此者紀州様御絵符《おんえふ》ニて参り」と、紀州様の荷であることを示す「絵符」（運輸交通上の一種の特権札）をつけていることで、しかも、「紀州様月脇才領《さいりょう》木村金右衛門」（「才領＝宰領」とは運輸荷物や旅行者集団を取締り監督する人）なる者の存在も記録されるのである。「絵符」は、じつは商人などによる借用や詐称なども横行していて資料上、注意して見るべきものであるが、この場合は「紀州様月脇才領木村金右衛門」の氏名もあげており、また何といってもこのあと現に江戸の紀州藩邸へ行っているわけで、正真正銘の「紀州様御絵符」であったと見るべきである。

恐らくこの少し前の時期に、江戸在の徳川斉順が強い意志のもとにラクダを呼び寄せていたと考えられ、中山道を江戸へと向かうラクダはいわば「紀州様の荷」なのであった。これは注目すべき記録であり、何かそれ以上の事情がある可能性もあるが、江戸以降では同類の記録を見出せず、江戸での「御親覧」を確実にするためにおこなっていたものと理解する。伏見宿の記録には、それでも近隣の村の悪い連中が興行側の金をゆすり取るといった事件(のち役人が入って返却された。木村金右衛門は激怒)も記されており、旅にはやはり苦労がつきまとったと思われる。なお、直前に伊勢にいた行程を背景に置くと、伊勢(宇治山田)は幕府直轄領だが、北上してすぐの松坂は紀州藩領の別府であり、あるいは勢州松坂で便宜が与えられ行路も指示されたのではないだろうか。最後は筆者の推測であるが、可能性として記しておく。

この先、信州では下諏訪に立ち寄っている記録があり、ずっと中山道を歩いて行くわけで、地方史料を博捜すれば、まだまだ各地に筆者の知らぬ記録が存在すると思われる。こうして地方の街道を進んでいく場合、大都市のように仮設小屋を建てて長期興行をするわけではなく、その場で簡易なかたちで見せるか、あるいは、とくにこの中山道の場合には最大の興行チャンスである江戸へ行くことを急ぎ、またいうまでもなく江戸在の紀州の殿様を目指して、通り過ぎていくかたちが基本であったと推測される。地方都市でも、一定期間以上の興行でやや陰影に富んだ記録があらわれることもあるが、一般に地方における記録は、断片的で簡潔な事実記録である場合が多い。ある意味では逆に、江戸の十方庵敬順のような記録が特別ともいえ、そうしたものが幾つも存在することが大都市江戸の文化であった。

中山道のみならず他地を含めての地方史料博捜は今後のさらなる課題としながらも、ここでは局面を変え、江戸で生まれた代表的な文化資料を取り上げて、いわば深掘りするかたちで「ラクダ現象」をさらに見つめていきたいと思う。江戸での「ラクダ現象」は、長崎、大坂、京などで三年のあいだ蓄積されてきた情報、知識、文化が総合された精華というべきものであり、それが庶民文化として浮世絵や出版物などのかたちであらわれるとともに、ラクダと「異国」をめぐる学問としても追究されたのである。また、すでに見てきたラクダをめぐるフォークロアも、江戸においてそのすべての要素があらわれ集大成されていく。

以下では江戸に戻って深掘りをおこない、その後にまた、各地を巡るラクダの旅路を最後まで追っていきたいと思う。

三　『駱駝之図』を読む

ここに江戸で出版された『駱駝之図』という浮世絵がある(図17)。大判錦絵二枚続の形状で、描いた絵師は歌川国安《うたがわくにやす》、また、戯作者の山東京山《さんとうきょうざん》による口上記文《こうじょうきぶん》(説明書き)が画面上に記されている。江戸でラクダ見世物の興行が始まった文政七年(一八二四)閏八月九日のタイミングに合わせて、江戸の版元である森屋《もりや》治兵衛《じへえ》からほぼ同時期に出版されたものである。(25) 絵番付とともにこうした浮世絵も見世物小屋で売られ、絵草紙屋《えぞうしや》の店頭でももちろん売られた。他の見世物で市中を売り歩いた例があり、このラクダ図も同様に売っていた可能性が高い。すでにふれたように、ラクダの姿は一点制作の本画、肉筆画にもいろいろ描かれているが、何といっても版画である浮世絵は、庶民を含めた幅広い層を購買者とする複製メディア商品であり、多くの人が気軽に手にすることができた。その意味で庶民レベルにおける受容のあり方を知り、また、浮世絵の「絵と文」を通じてラクダをめぐるどのような情報が流通したのかを知る格好の素材であり、詳しく紹介しておきたいと思う。

文字で記録を残すのはどうしても文人や知識人が中心になりがちで、筆者としてはなるべく庶民の側にも寄れる資料をと考えて、これまでも絵図、絵番付をはじめ流行唄や巷間の通語なども紹介してきたが、浮世絵もまたこの状況を補完してくれる資料といえる。

まず、絵師、口上記文作者、版元についてごく簡単に紹介しておく。

絵師は、左右両図に「応需　国安画」と見える通り歌川国安(初代)である。寛政六年(一七九四)に生まれ、天保三年(一八三二)七月六日没。初代歌川豊国門下で当時の歌川派の有力絵師であり、大量の作品が存在する。文化八年(一八一一)から作例が知られ、多くの戯作挿絵をはじめ、役者絵、美人画を中心に幅広い錦絵作画をおこなっている。そして、何といってもこのラクダを最も多く描いた浮世絵師である。

口上記文作者の山東京山(左図に「山東庵京山」)は、山東京伝の弟でやはり一流の戯作者である。明和六年(一七六九)六月十五日に生まれ、安政五年(一八五八)九月二十四日没。戯作の仕事は恐らく文化四年(一八〇七)頃から始め、兄京伝の知名度にも助けられて多くの読者を得た。庶民の生活感覚に基づいたわかりやすく教訓的な作風が特徴で、とくに「婦女子」を読者とする長編合巻に特色を示し活躍した。また同時に、以前からやっていた篆刻業ほかいくつかの稼業をおこなうなどマルチな商才を発揮した。京伝同様に考証癖があってのちには名著として知られる随筆『歴世女装考《れきせいじょそうこう》』(弘化四年[一八四七])も著しており、本図のような口上書きには似つかわしい書き手といえる。(26)

板元の森屋治兵衛(右図に「森屋治兵衛板」、左図に「森治板」)は、江戸馬喰町《ばくろちょう》二丁目南側中程にあった著名な書肆で、寛政期から明治初期まで活動した。庶民に近しい時事的なネタを、タイミングよくスピーディに刊行する例が割合と多い。森屋治兵衛がいた馬喰町二丁目はいわゆる公事宿《くじやど》(地方から訴訟等で江戸に出てくる人のための宿。やって来る人はかなり大量におり、公事宿は訴訟の世話はもちろん観光案内など

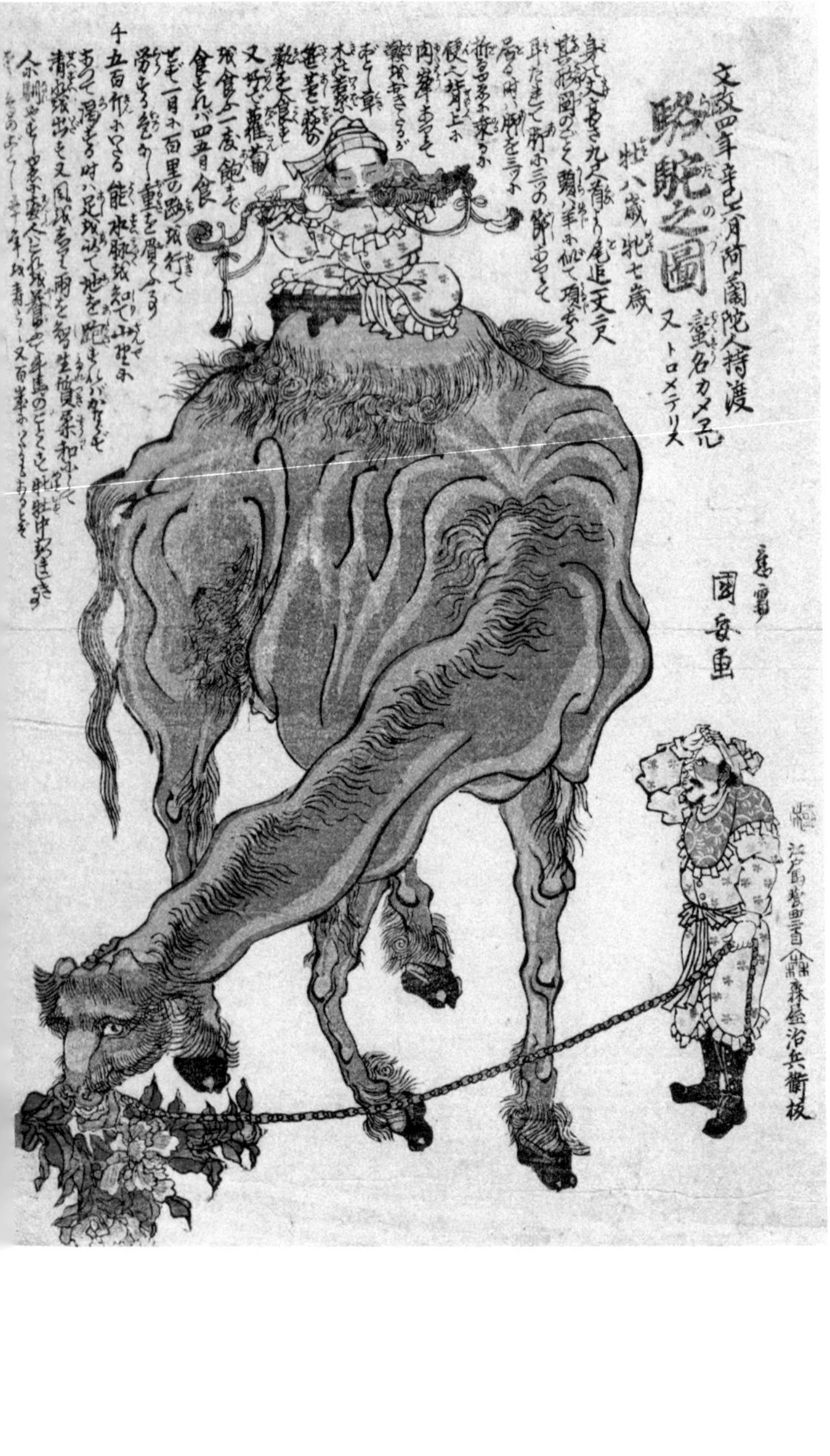
文政四年辛巳六月阿蘭陀人持渡
駱《ら》駝《だ》之《の》圖《づ》
蛮名カメール
又トロメテリス
牡八歳 牝七歳
應需
國安画
江戸馬喰町三丁目
森屋治兵衛板

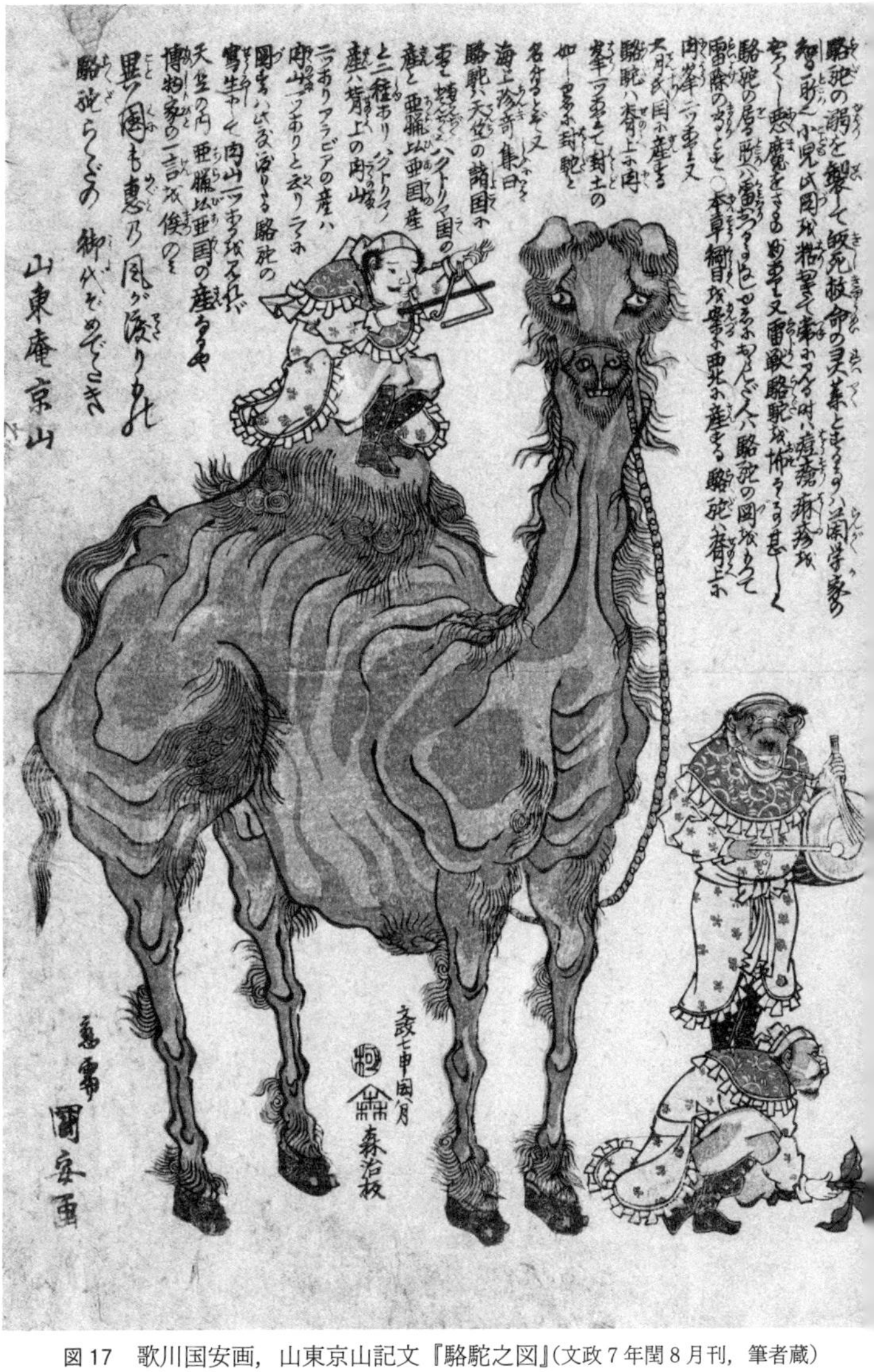

図 17　歌川国安画，山東京山記文『駱駝之図』(文政 7 年閏 8 月刊，筆者蔵)

もした)の中心地であり、話題の新ネタを土産として持ち帰ってもらう意図もあったと推測する。このラクダに関しても、当図を入れて少なくとも三点の錦絵に加え、絵番付、戯作も刊行しており、最も刊行点数の多い版元である。

以下、「絵柄を読む」「口上記文を読む」の順で話を進めるが、本章冒頭と同じように、人生初の「異国の珍獣」に目を見張った江戸の庶民と同じ気になって、読解にお付き合いいただければと思う。

絵柄を読む

まず、絵柄の特徴を見ていこう。全体の構図としては、中心主題であるラクダを左右に一頭ずつ配して大きく描き、右図では頭を下げて葉を食し、左図ではすくっと立ってこちらを見つめている。

現代人の頭の中にあるラクダのイメージと比べても、また図18、図19のような写生的な「駱駝図」[27]と比べても、ここでラクダを描く歪んだ描線はやや異色なものといえる。歪みながらも力強い、際立つような描線といってよい。じつはこうした輪郭線は、絵師国安が歌舞伎の役者絵などで用いる独特の持ち味であるのだが、ここではより以上に意識してその描法が用いられ、当時の人にとっての驚異的な「異国の珍獣」の感触が表象絵画化されている。近代的な意味でのリアリズムではまったくないが、錦絵版画ならではの一種リアルな描画であり、またそれ以上に役者絵を見慣れた目には、ラクダの夫婦ご両人が歌舞伎のように「見得」をする極《き》まった構図と映る。いわばポーズをとる動物なのである。そうした描線のうえに載るラクダの体色である柿茶、赤茶の色彩も、効果的にその姿を浮き立たせており、いろいろな意味で浮世絵らしい描き方といえる。本画のとくに「真写」を謳う作品はこ

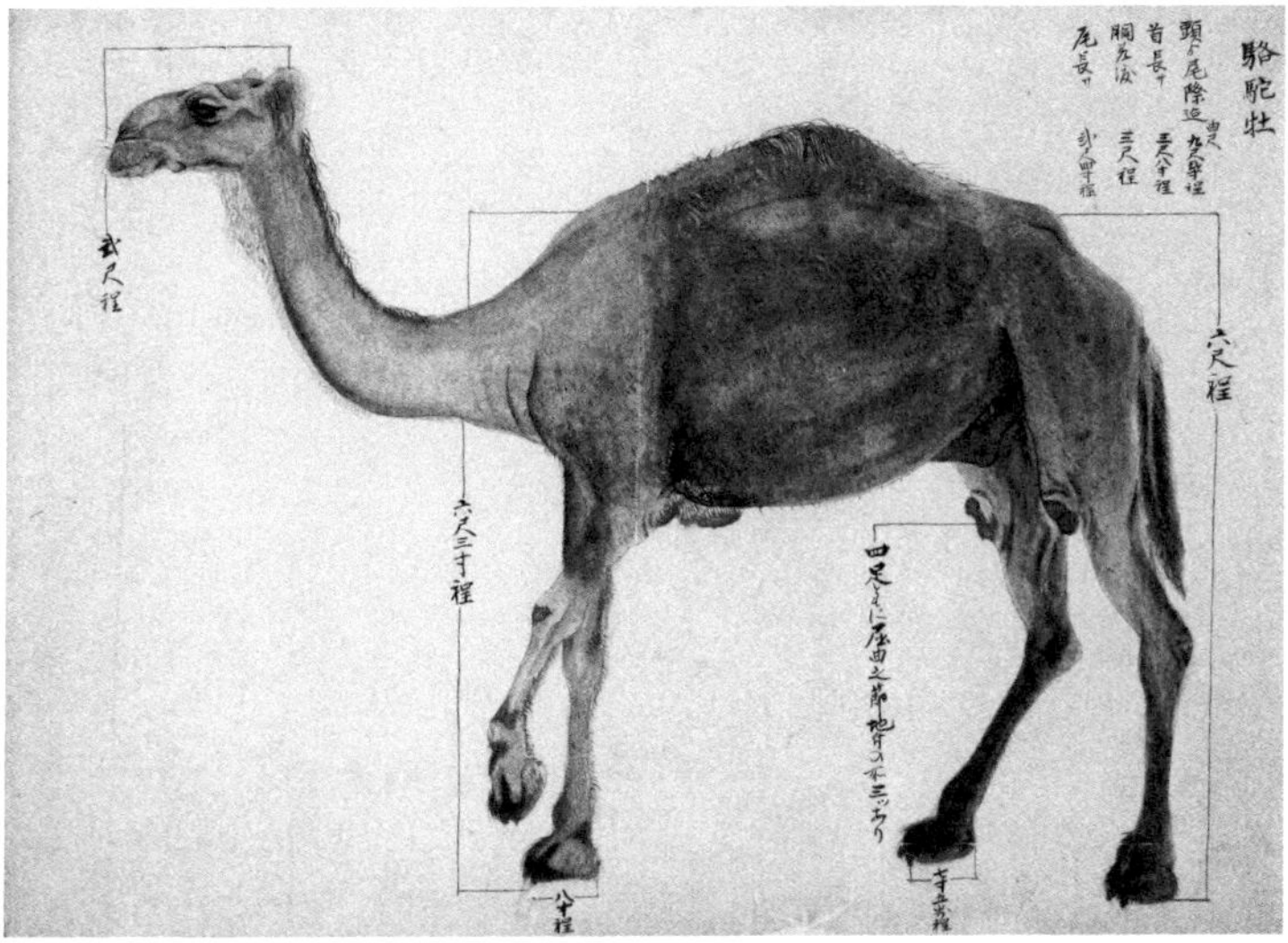

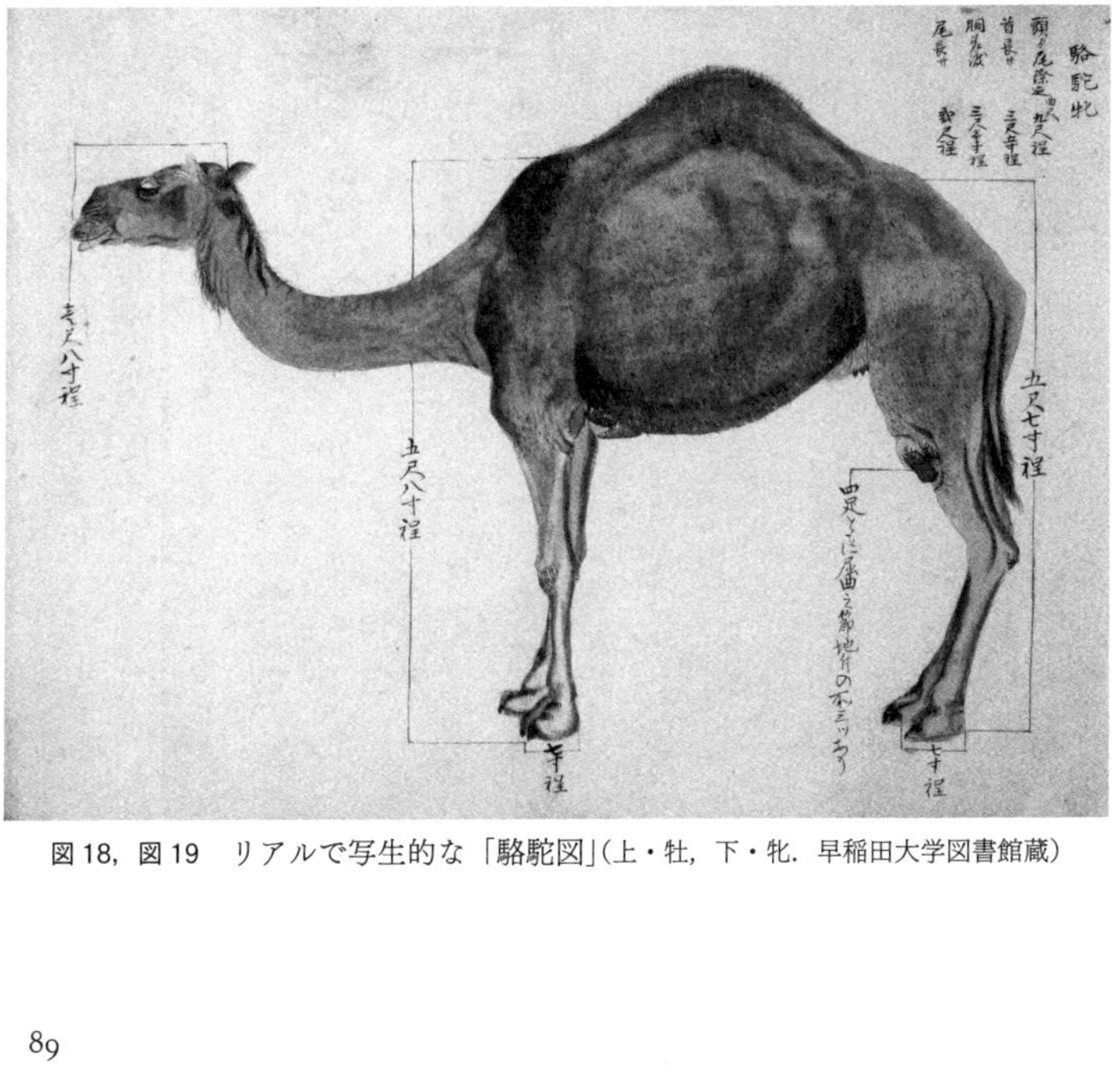

図 18，図 19　リアルで写生的な「駱駝図」(上・牡，下・牝．早稲田大学図書館蔵)

んな風にポーズを極めさせたりなどしないが、庶民的な絵図、絵番付ではほかでも類似の構図が用いられている。

「見得」のような構図とはまた別に、一頭を「見返り」(菱川師宣の有名な「見返り美人図」を想起された い)にして描く形式もかなり用いられており(たとえば図5、図6、図9)、文化伝統のなかで「単純に描く」ことは簡単なようで難しく、庶民絵画の職人絵師たちは何らかの「型」や枠組みにはめて描いているることがわかる。逆にそうしたものから抜け出ている(あるいは抜け出そうとしている)のが、「真写」の本画や博物学系の写生図といえる。

さて、図17の右図でラクダが食べているのは大根の葉であり、口上記文にも「好《この》んで蘿蔔《だいこん》を食ふ」と記されている。別に大根の白い根部本体を与える図もあり、薩摩芋、茄子なども食べさせている。すでにふれたように、これらは見世物小屋で代価をとって販売し観客が手ずから与えたものである。具体的な資料を示しておくと、「見物のもろ人、蘿蔔と茄子と薩摩芋の売《うれ》るを買て試に手づから与ふるに、甚《はなはだ》温順にして更に過《あやまち》なく、常に飼て馴《なれ》たるが如し」(『遊歴雑記』=江戸)とか、「初《はじめ》は大根なりしが後には薩摩芋を小《ちいさ》く切て、一切を四文宛《ずつ》にて見物の諸人に買せて、食《くわ》せて見せしなり」(『絵本駱駝具誌』=名古屋)といった具合であった。第一には大根がお好みで、名古屋の場合の薩摩芋一切れ四文のほかに、たとえば大根と茄子の組み合わせで八文といった売り方も江戸ではしたようだ。今日の動物園でも給餌タイムは特別な楽しみだが、人生初の「異国の珍獣」に自らふれるようにして餌を与える試みは、他では得られぬ喜びであったろう。『遊歴雑記』が記すようにラクダの性格が温順で人に馴れていて、あやまちや事故が起こらぬことがこの楽しい見物を支えていた。

当ラクダ図の大根の葉を食べさせる描画は、いま述べた給餌という観客の参加行為を含めて、見世物小屋での体験を想起させる絵柄になっている。これは大事なポイントであり、つまりこの浮世絵が描くのは、それだけが取り出されたラクダではなく、小屋内の状況や演出、周りにいる人物、また口上記文の内容までを包み込んだ、ラクダの見世物小屋にまつわる総体なのである。これは当図のような浮世絵（絵番付を含めこれらを通常「見世物絵」と呼ぶ）の特徴であり、絵のはずなのに、なぜこんなにごちゃごちゃ文字が入っているのかと思うかもしれないが、「ラクダ」ではなく、「ラクダの見世物」を表現するためには、この口上記文が不可欠なのであった。そして、こうしたラクダ図自体が見世物小屋で売られた事実を考えるならば、見世物絵というものが興行と密接に連関する生きたメディア、生きた仕掛けとして、娯楽空間のなかで機能していたことがわかる。

唐人姿の男たち

そしていま述べた視点から、この絵柄においてもう一つ誰もの目が行く特徴的な点は、ラクダの周りにいる不思議な「異装」の人物たちである。ラクダ二頭の背上に一人ずつと、手綱を持つ者、太鼓を演奏する者、給餌をする者の、計五名が描かれている。

彼らはラクダを連れ歩く興行の傭人《ようにん》で日本人なのだが、いわゆる「唐人」の格好をしているのである。独特の衣装、被《かぶ》り物のほか、顔に何らかの化粧も施しているようである。長崎版画では、ラクダとともに西洋人やアジア系の人物などが描かれているが、興行にかかって以降は、この唐人姿の男たちが連れ歩いたり、世話をしたりする姿が描かれている。文字による記録としては、「口上済て、駱駝をがくやより引出すに、唐人出立《とうじんでたち》の者つきそひ出るなり」（『絵本駱駝具誌』）、「口上済て、唐人出立の者ゑかいをするに、大根さつまいもを多くくわせる」（『寛政文政間日記（猿猴庵日記）』）と記されていて、下総水海道での興行中に起こったトラブルに関わる文書にも「駱駝組　外　八人」なる、その時点での存在が確認される（『水海道郷土史談　後編』）。彼らは前にふれた「大坂かうづ新地三丁目　駱駝持主武兵衛」（紀伊国屋武兵衛）による傭人と思われ、これについてはのちにまたふれる。

ラクダの存在自体が、誰もがはじめて接する「動く異国の驚異」なのだから、たんに見せるだけで十分でそれ以上の演出は無用と思うかもしれないが、「異国の珍獣」の見世物ではさらに「異国性」を際立たせ、「異国イメージ」を強化する演出がしばしばおこなわれた。その際、常套的に用いられたのが唐人姿であった。

唐人とは、元来は文字通り唐の人であるが、唐の滅亡後も中国人や大陸から日本へやって来た人を意味する語として用いられ続けた。そして十六世紀以降にはポルトガル人をはじめ広く西欧人をも指すことばとなり、結局、江戸時代においては、中国人をまず意識しながらも外国人一般を指すことばとなった。前にふれた唐物屋の場合と似たような経緯といえる。唐人そのものではなく、「唐人姿」「唐人風俗」における具体的な身拵《みごしら》えとしては、中心要素はやはり中国風で中国服もどきの誂えであるが、どこかに他の異国要素も混在する日本人とはあきらかにちがう異装の身なりであった。そうしたかたちが外国や異国を象徴する一種の社会文化上の記号として機能したのである。

ここでもう一度、図1（四頁）を是非ご覧いただきたい。観客が間近でラクダに見とれる最初の図である。ラクダの背にかけられているのは更紗染《さらさぞめ》で（『絵本駱駝具誌』）、これを取り去ってコブの姿形を見せる。この更紗は笹蔓手《ささづるで》(小花唐草)と呼ばれる意匠の白地の金更紗である。そして、左の「駱駝組」の唐人姿の男が着るのは、薄黄色地に恐らく鶏頭手《けいとうで》(花卉文様)の更紗である。笹蔓手も鶏頭手もよく知られた更紗意匠であり、贅沢ではあるがこの興行集団にとっては高価で入手困難というものではない。戻って、この浮世絵の方ではわかりにくいのだが、「駱駝組」の連中が着るのはやはり薄黄色地に赤い花と緑の葉がある文様であり(赤い花が退色して色が飛んでいるのでモノクロでは非常にわかりにくい)、服のつくりは異なるが、類似する何か花卉《かき》文様の意匠と見える。何通りかの衣装を誂えたり、季節で変えたりしている可能性もあって判断が難しいが、恐らくは、インドを中心とするアジア諸地域原産のこうした渡り更紗あるいはその意匠を用いたものによって、「駱駝組」の異装の基本を演出していたと思われる。いずれにせよ、その出立ちは国籍不明といえば国籍不明以外の何ものでもないし、いわばニセ外国人の演出であるわけだが、しかし「異国性」の記号としてはそれが充分に機能していたのである。

とくに文政頃の時代は、唐人の格好で歌い踊る「かんかんのう(看々踊)」の大流行(本章の最後に落語『らくだ』と絡めて詳しく述べる)や、唐人の格好をした飴売りの「唐人飴」などもあり、十年以上にわたって興行をおこなったこのラクダの演出を含め、唐人姿が頻出する時代である。少しあとになるが、見世物ではたとえば天保十二年(一八四一)のロバ見世物が、やはり唐人の演出をともなうものであり、にぎやかな唐人行列の最後列にロバを入れて連れ回った。(28) すでに述べたように、比較的大人しい家畜動物を見せる場合、それだけではもたないので華やかに演出するといった現実的な理由もあっただろうが、「かんかんのう」の大流行の状況を考えるならば、唐人姿、唐人風俗は、人びとが時代のなかで求め、安心して楽しめる伝統的認識枠のなかのお手頃な「異国」であったのだと思う。

そして、その唐人姿の男たちが楽器を演奏していることにも注目しておきたい。右上の人物は横笛を吹き、真ん中の撥《ばち》と簓《ささら》で太鼓を演奏する人物をはさんで、左上の人物はトライアングルを鳴らしている。トライアングルは当時見慣れぬ異国の楽器であったはずで、通常は「鉄鼓《てっこ》」と呼ばれた。また、日本の皿型の「摺鉦《すりがね》」とは形状がまったくちがうが、ときに「摺鉦」とも呼ばれている。別の幾つかの絵ではトライアングルの底辺に小さな鉄の輪を三つはめるものがあり、それは古形のトライアングルである。この古形のものを用いていた可能性が高い。いずれにせよ、トライアングルは舶来の品であり、横笛も派手な異国風の飾りがほどこされたものであることがわかる。なお、梁川星巌が「駱駝歎」の冒頭で「月鼓」と呼んだのは、円い鼓面が観客の側に満月のように見えるこの太鼓であり、太鼓を打つ者がラクダを先導してあらわれ、小屋の雰囲気づくりや演出でにぎやかに用いられた。

文献資料に見える記述を抜き出すと、すでにあげた「大鼓笛ニアハセテ、雌雄這出ヅ」(『田鶴舎日次記』)をはじめ、「徒絆文衣随鼓鑼「徒《いたずら》に文衣(模様のある衣、すなわち更紗のこと)を絆《ばん》して鼓鑼《こら》に随《したが》う」」(『良山堂茶話』雲渦鷗史の作中)とか、「笛太鼓にておかしく拍子を取《とり》、是をもて進退す」(『巷街贅説』)とか、また「唐人一人太鼓を打《うち》、先へ立《たつ》。らくた二ひき共に従かひあゆむ。一人の唐人ハ横笛を吹《ふき》、らくたの上に乗て一二度廻る。是にて追出しの太鼓にて」(『寛政文政間日記(猿猴庵日記)』)といった具合に記されている。すなわち、ラクダが引き立てられて登場するときから、場内を回って最後に退出するときまで、始終これらの楽器をにぎやかに鳴らしていたことがわかり、トライアングルを含めたその風変わりな音響もまた、唐人姿の演出とともにラクダ見世物の異国情緒を盛り上げたのである。

見世物小屋でラクダを見物した人がこの浮世絵を目にするとき、絵柄からはごく自然に、自身の「視覚の記憶」はもちろんのこと、「給餌の記憶」や「音の記憶」までを含めた「場《ば》全体の記憶」、つまるところは見世物小屋の体感そのものがよみがえるわけである。見世物絵とはそうした「紙上追体験、再体験」の手段であり、加えて同時にまた、まだ見ぬ者には実物を見にいきたい、足を運ばずにはおれないとの衝迫を与え、見世物小屋へと強力に誘う媒体でもあった。

口上記文を読む

見世物絵を「読む」ことの重要性について筆者はこれまでにも何度か論じ、その実践をしてきているが(29)、それは絵巻物における「絵」と「詞書」のごとく、見世物絵にも「絵、挿絵」と「口上記文、説明書き」が多くの場合に併置され、両者は密接に絡まり合って一つの資料、作品世界を構成する。「絵」と「文」、「文」と「絵」、どちらから見てもよいし、どちらから読んでもかまわないわけだが、この『駱駝之図』の場合、すでに見た「絵柄」が見世物小屋内の状況を象徴的に表現するのに対して、「文」はラクダに関わる異国の知識や博物学的知識、また庶民の気を惹く話題やラクダの「ご利益」などを記して、知識と情報を広げてくれるものになっている。

以下にまず口上記文の全文を掲げ、大事な点についてはあとでコメントを加えていきたい。なお、当該箇所を探しやすいように、口上記文の文章は敢えて追い込まずに原資料と同じかたちで改行している。また、ここでは原資料に振られた読みがなも、庶民に向けた見世物絵の様子を知っていただくため、そのままのかたちで再現した。必要な場合は、現代仮名遣いでものちの本文中で振り直す。

［右図］

文政四年辛巳六月阿蘭陀人持渡
駱駝《らくだ》之《の》図《づ》　蛮名《ばんみやう》カメヱル　又トロメテリス
牡《おす》八歳牝《めす》七歳

身《み》の丈《たけ》高さ九尺、首《くび》より尾迄《を》一丈二尺。
其形図《そのかたちづ》のごとく、頭《かしら》ハ羊《ひつじ》に似《に》て項《うなじ》長く
耳《みゝ》たれて、脚《あし》に三ツの節《ふし》ありて、
居《を》る時ハ脚《あし》を三ツに
折《を》るゆゑに乗《のる》るに
便《べん》也。背上《せのうへ》に
肉峯《にくはう》ありて
鞍《くら》をおきたるが
ごとし。草《くさ》
木《き》の若葉《わかば》、
笹葦荻《さゝあしをぎ》の

［極印］江戸馬喰町二丁目［版元印］森屋治兵衛板
応需
国安画

類《るい》を食《しょく》す。

又好《このん》で蘿蔔《だいこん》を食ふ。一度飽《あく》まで食すれバ四五日食せず。一日に百里の路《みち》を行《ゆき》て労《ろう》する色《いろ》なし。重《おもき》を負《お》ふ事、千五百斤《きん》にいたる。能水脉《よくすいみゃく》を知《しり》て、山野《さんや》にあつて渇《かつ》する時は、足《あし》を以《もつ》て地《ち》を跑《あしかき》すればかならず清水《せいすい》を出《いだ》す。又風をしり雨を知《し》る。生質柔和《うまれつきにうわ》にして人に馴《なれ》やすしゆゑに、蛮人《ばんしん》ハこれを養《やしの》ふて牛馬のごとくす。牝牡《めすおす》中むつましき事、をし鳥のごとし。五十年を寿とし、又百歳にいたるもあるとぞ。

［左図］

駱駝《らくだ》の溺《ゆばり》を製《せい》して皈死救命《きしきゆうめい》の霊薬《れいやく》とする事ハ、蘭学家《らんがくか》の知《し》る所《ところ》也。小児《こども》此図《づ》を粘《はり》おきて常《つね》に見る時ハ、疱瘡麻疹《はうそうはしか》をかろくし、悪魔《あくま》をさるの妙あり。又雷獣駱駝《らいじうらくだ》を怖《おそ》るゝ事甚しく、駱駝の居る所《ところ》へ《を》ハ雷《かみなり》おつる事なし。ゆゑにおらんだ人ハ駱駝の図《づ》をもつて雷除《らいよけ》の守《まもり》とす。○本草綱目《ほんそうかうもく》を案《あんづる》に、西北に産《さん》する駱駝《らくだ》ハ脊上《せのうへ》に

肉峯《にくはう》二ツあり。又
大月氏国《てんぢく》に産《さん》する
駱駝《らくだ》ハ脊上《せのうへ》に肉《にく》
峯《はう》一ツありて封土《はうど》の
如し。ゆゑに封駄《はうだ》と
名付るとぞ。又
海上珍奇集曰《ちんきしふにいはく》、
駱駝ハ天竺《てんぢく》の諸国《しよこく》に
あり 南てんぢく 北てんぢく也。ハクトリヤ国《こく》の
産と亜臘比亜国《あらびあこくの》産
と二種《しゅ》あり。ハクトリヤノ
産《さん》ハ背上《せのうへ》の肉山《にくのやま》
二ツあり。アラビアの産ハ
肉山《にくのやま》一ツありと云《いへ》り。こゝに
図《づ》するハ、此度渡りたる駱駝の
写生《せううつし》にして、肉山一ツあるを見れバ
天竺の内亜臘比亜国《あらびあこく》の産《さん》なるや、
博物家《ものしりびと》の一言《げん》を俟《まつ》のみ。

文政七申閏八月
[極印][版元印]森治板

異国《ことくに》も恵《めぐみ》の風が渡《わた》りもの
駱駝《らくだ》らくだの御代《みよ》ぞめでたき
山東庵京山　　応需
国安画

記述内容を大まかに追うと、右図ではラクダの形状紹介に始まり、食性と能力、性格を記し、左図に入るとラクダの「ご利益」、ヒトコブラクダとフタコブラクダの区別、生息域等と展開している。最後に狂歌を入れるのはこうした口上記文の通例で、ラクダ見世物を見られる喜びをあかるく素直に詠じている。「流行風邪」ではなく、こちらは「恵の風」であり、風を識るラクダがご当地へやって来たというわけである。以下、特徴的な点を幾つかひろっていく。

中国的認識枠と西洋知識

まず記述の一つの特徴は、博物学的な正確さを当時なりに追求しつつ、実態に即して解説しようとする姿勢である。もちろん誤聞や誤情報もある。しかし、新たにあらわれた「異国の珍獣」に向き合って、文献参照を含めて情報を仕入れ、それを簡潔にまとめて提供しようとする姿勢が山東京山の口上記文の全体にうかがえる。漢詩作者たちが漢籍故事に傾倒し、結果として中国視点のラクダ（中心的にはフタコブラクダ）の話になってしまうのに対し、京山は漢籍に加えて西洋知識も取り入れており、その点ではレベル高くまとめているといえる。

古代以来、第一の外国であった中国からの情報や中国的教養がわが国へもたらしたものはきわめて多大である。だが、その中国的教養だけでは理解できない対外的状況や、中国的教養がかえって理解の「壁」となるような事態も起こりだしていたのが、この時代であった。すでに述べた「唐物」「唐人」の語にビルトインされる認識枠組みもこれと連関するものであり、この「中国的認識枠」の問題に関してはこの後も何度かふれる。

具体的に右図冒頭のタイトル下から見ていくと、最初に「蛮名カメエル／又トロメテリス」と二行分ち書きで記されている。これはヒトコブラクダの学名である *Camelus dromedarius*(ラクダ属ドロメダリー種)に近しく、オランダ語なら kameel また dromedaris なのであり、それらに等しい書き方といえる。種名を弁別する *dromedarius* は英語の名詞形なら dromedary で、他のヨーロッパ諸語でもヒトコブラクダを区別していうときによく使われる系統の語である。ギリシア語の δρομάς(ラテン字転写は dromás)が語源で、意味は「走り、running」であり、走行に優れ「沙漠の船」として利用されて来たヒトコブラクダの社会的性格をよく物語っている。英語 camel、オランダ語 kameel の方の語源は、アラビア語を含めたセム語系の jamal(ラテン字転写)であり、したがってこれもアラビアのヒトコブラクダが元ということになろう。一般にラクダは、紀元前三千年頃にアラビア半島南部で家畜化されたといわれている。なお、英語でヒトコブラクダを区別していう際には Arabian camel「アラブのラクダ」のいい方もする。

ラクダには二種があって、主としてアラビア、北アフリカにいるこのヒトコブラクダと、主として中央アジアから中国西北部、モンゴルにいるフタコブラクダ *Camelus bactrianus*(ラクダ属バクトリア種)である。[30] 後者は英語ならBactrian camel「バクトリアのラクダ」であり、バクトリアとは中央アジアのヒンドゥークシ山脈からアムダリア川中流域にかけての地域を指す歴史的古名である。両種は生息する場所も、関わる民族も異なるので、それぞれのラクダにまつわる背景文化は異なっている(ラクダ属である点は同じなので共通要素もむろん多くある)。ヒトコブラクダを見慣れたアラブ人はフタコブラクダを見ると異邦にいると感じるくらい、そこには区別がある。このヒトコブラクダとフタコブラクダの区別について山東京山の文章は二通りの書き方で、文献に拠りながら説明を試みている。ヒトコブ、フタコブは当時も話題となっていたので、説明の必要を感じたのだろう。

一つ目は左図の五行目のところからで、「○本草綱目を案に」と、当時にあって定番中の定番といえる本草書、博物書である明の李時珍《りじちん》『本草綱目《ほんぞうこうもく》』[31]に拠ってまず記している。この『本草綱目』の受容により、江戸の博物学は起こったといってよいほど大きな影響を与えたものではあるが、当然ながら基本は中国的認識枠のなかの書であった。この文章でも、中国にとっての「西北」すなわち流沙の地にフタコブラクダを産するとまず言及し、次に「大月氏国」にはヒトコブラクダがいるとなるのだが、大月氏《だいげっし》が匈奴に追われて西遷する場所がさきのバクトリアで古代中央アジアの話であり、結局のところ、もっと西のアラビアのヒトコブラクダには認識がたどりついていないのである。

「大月氏国」云々は、『本草綱目』では「西域伝曰《いわく》」としたうえで記しており、つまり記述のそもそもの出所は『漢書』「西域伝」で、当時の漢詩作や随筆には大元の「西域伝」からこの「大月氏国」云々を引くものも見られる。たしかに「西域伝」の当該箇所には「出一封橐駝　師古《しこ》曰、脊上有一封也。封言其隆高」(「封」の原義は手で土を集めて盛り上げる意で、ここではコブを指す)とあって、バクトリアは東西交流の地域なのでフタコブラクダとヒトコブラクダの両方がいて不思議ではないものの、アラビアに話が至っていない点は変わりがない。結局、この部分は『本草綱目』の記述にしたがっているので、そこからは実際にやって来て目の前にいるアラビアのヒトコブラクダは出てこないのである。いや、正確にいえば『本草綱目』では、「大月氏国」云々の直前に「土番《どばん》有独峯駝」（土番＝土蕃とは、土着の蕃人、未開の土着民の意）とも記しているのだが、土蕃では華夷思想に基づく差別的認識以外の何ものでもなく、客観的な世界認識からは離れるものであった。しかし、たとえば『良山堂茶話』収載の一首で篠崎小竹は「西蕃《せいばん》雙駱駝、縁底到皇和［西蕃の番いのラクダは、どんな奥底のさだめによって皇和にやって来たのか］」と詠じ始めるのであり、こうした中国的認識枠に基づき自らも中華（中心）に擬すような表現は、漢詩人の脳裏にごく自然に浮かんで表出されるもので、それは何も漢詩人ばかりではなく、当時にあっては多くの人にとっての一般的な表現でもあった。

『本草綱目』に拠った一つ目の記述に続き、京山が記す二つ目は、左図のちょうど真ん中、十二行目の「海上珍奇集曰」から始まる部分であり、こちらは傾向のちがう記述となっている。ちょっと見るだけでも、「ハクトリヤ（バクトリア）」「アラビア」といったカタカナの地名が目に飛び込んで来る箇所である。ポイントとなる文章だけもう一度抜き出すと、「ハクトリヤ国の産と亜臘比亜国産と二種あり。ハクトリヤノ産ハ背上の肉山二ツあり。アラビアの産ハ肉山一ツありと云り」と記している。つまりこちらは、フタコブラクダを種名と同じ「バクトリアのラクダ」とし、アラビア産はヒトコブラクダだと説明しているのである。これは漢学的情報、中国的認識枠の情報ではなく、あきらかに蘭学的情報であり西洋知識である。

そして最終的に京山の文章は、図に写生されるラクダはヒトコブ、フタコブあるうちのヒトコブラクダだから、アラビア産であろうと正しい推論をし、あとは博物家の見解にまかせるとしている。最後のところは、アラビア産とする長崎舶来以来の情報も京山は聞き及んでいたはずで、断定してもよさそうなものだが、学者ならぬ戯作者の身としてはこのあたりまでと差し控えたのかもしれない。ともあれ、見世物絵の口上記文において、当時の定番で中国的認識枠の『本草綱目』を一方で押さえつつ、他方ではこうやって西洋知識を加えて記しているのは興味深いところである。

そこに「海上珍奇集曰」と明記される通り、山東京山が参考文献として拠った二つ目の書は志筑忠雄《しづきただお》の『海上珍奇集《かいじょうちんきしゅう》』(国立国会図書館蔵)であった。(32) これは刊行されずに写本としてだけ伝わった書であり、識者のあいだでは写しや貸借等のかたちで内容が伝わっていたのだろう。後述するいずれもラクダに関する知識集大成の書である堤它山『槖駝考』や山崎美成『駝薈』にも『海上珍奇集』は引かれており、『槖駝考』ではオランダの説に、と前置きするかたちでの引用がされている。

志筑忠雄は長崎の蘭学者で、とくに西洋天文学に関心を抱いた人として知られている。はじめ阿蘭陀稽古通詞をつとめていたが病身を理由に早くにそれを辞し、以降は蘭書の翻訳をしつつ、そこから得られる知識をまとめて天文学やオランダ語文法、また海外事情、世界地理の分野での著述を残した。ケンペルの『日本誌』を『鎖国論』として抄訳した事績がよく知られ、「鎖国」の語の生みの親ともされるが、そればかりではなく幅広い仕事をした人物である。すでに文化三年(一八〇六)に亡くなっていて文政のラクダ舶来時にはこの世にいないが、写本で残された海外事情書たる『海上珍奇集』は貴重な情報源であったにちがいない。

『海上珍奇集』は、人部、鳥部、獣部、魚部、虫部から構成される博物学的な本で、そのなかの獣部に「トロメテリス」の項があり、「駝ハ天竺等之諸国ニ多シ。二種有。ハクトリヤ国産ト亜腓比亜国産ト皆替リ有。ハクトリヤノ産ハ背上ノ肉山二ツ有テドロメタリスニ同シ亜腓比亜之産ハ唯一山有」と、口上記文と似たかたちで記されている。この説明部分はプリニウス『博物誌』の記述と基本的に同じであり、また、冒頭の人部を見ていくと「プリニース曰」と直接的に記すところもある。こうした状況から、『海上珍奇集』はプリニウス『博物誌』(正確には十七世紀の『五巻本博物誌』オランダ語版)をベースに取捨選択して抄訳し、いくらか他の書も参照しながら編纂されたのではないかといわれている。[33]「珍奇集」という書名に象徴されるように、それはプリニウス以来の西洋伝統の架空の人間、怪物、怪獣などを包含する珍談、奇談を含めた西洋知識であり、むしろそれを積極的に追い求める興味関心のあり方も感じられる。また、右のラクダ記事の場合もそうだが、たとえば「唐」の先にあるのは「天竺」といった、あまりにも使い慣れた伝統的枠組みは当たり前のように併行して用いられている点は、この時代共通の限界であった。

ラクダのコブはむずかしい

ラクダの背中のコブは、いうまでもなくこの動物の姿をいうときの最大の特徴である。古代からの日本の歴史のなかで、それでもまだ認識されていたのはフタコブラクダであり、現実にやって来たヒトコブの姿を前にして、いわば「腑に落ちて」理解するのには時間がかかった。恐らくこの時代に最もポピュラーであったのは、寺島良安『和《わ》漢《かん》三《さん》才《さい》図《ず》会《え》』(正徳二年[一七一二]序)の「駱駝」の項(記事本文は『本草綱目』を襲用していてほぼ同じ内容）に描かれた挿絵であり、それは馬の背中に二つのコブを貼り付けたような体裁のフタコブラクダであった。当時のラクダをめぐる既存イメージには、このフタコブの挿絵がかなり影響していると思う。

ヨーロッパで十七世紀半ばに出版されすでに著名な図譜であったヤン・ヨンストン『動物図説』には、ヒトコブ、フタコブ両方のラクダがさまざまに描かれており、その書を見ている者も一部に存在したし、画家の宋紫石《そうしせき》のようにそのなかの一図を『古今画藪《ここんがそう》』（明和七年［一七七〇］）に模写収録した例もある。ただ、ヨンストン『動物図説』の「和解《わげ》」（日本語での解釈説明）である野呂元丈《のろげんじょう》『阿蘭陀禽獣蟲魚図和解』（寛保元年［一七四一］）では、「形チ駝ニ似テ背ニ肉峯ナキモノヲドロムダレースト云」と、ヒトコブ、フタコブに加えて無コブの解釈も記されており、全体として混沌とした状況もある[34]。

ところで、今日においてもラクダの「コブの数」がなかなかむずかしい問題であることを、筆者はつい最近、再認識する機会があった。たまたまめくった雑誌に、与えられたお題を記憶だけを頼りに描くというコーナーがあり、そのお題が「ラクダ」で、読者投稿によるラクダの姿がじつにさまざまであったからである[35]。掲載されていたのは八歳から八十四歳までの十七人が描いたラクダ図で、三十代、七十代の人がいないだけで描いた人の年齢層は幅広い。ラクダといえばコブというのは当然意識されているわけだが、実際に描かれたコブの数は何と三十一コブから無コブまであり、人数でいうと、他を圧して多かったのがフタコブラクダの十人で、ヒトコブラクダは一人だけであった（残りは三コブ以上が五人、無コブが一人）。もちろん、三十一コブなどは面白い絵を選んだという側面があると思うが、このフタコブとヒトコブの十対一という差は象徴的である。

恐らく今日でも日本人の頭のなかでは、歴史的に接する機会の多かったフタコブラクダが優勢なのだろう。古代からの中国文物に見えるラクダも、その多くはフタコブラクダなのである。また、江戸時代の人びとのラクダの描き方が珍妙だなどと、上から目線ではいえないことも再認識した次第である。ラクダのコブは、なかなかむずかしいのである。

閑話休題。口上記文の読解に戻って、話は日本から天竺へ向かう。

「天竺カテゴリー」とハルシヤ、アラビア

流行唄で「唐から渡る夫婦連れ」とラクダが唄われていたように、外国、異国をすべて「唐」で代表させることは、当時の世ではふつうのことであった。考えてみれば、オランダがアラビアから持ってきたラクダを「唐から渡る」といって済ませるメカニズムは、事情を知らなければ目が点になるような話であるが(と、いったん突き放してみることは物事の本質を考えるうえで重要である)、今度はその「唐」の先に必要上から言及する場合、大まかに「天竺」というカテゴリーのなかに入れるのが通例であった。両者を併せれば、日本から見た「唐天竺」の認識枠組みということにもなる。京山の口上記文でも、「駱駝ハ天竺の諸国にあり」に続けてさらに「南てんぢく／北てんぢく也」と記しているし、アラビアにしても「天竺の内亜臘比亜国」なのであった。ラクダに関する他の諸資料でも「天竺渡り」という表現があちこちに登場する。

「天竺」は、狭義にはインドの古名であるが、しかしそれだけではなく、日本から見て「インドの向こう」「インド以遠」をさまざまなかたちで抽象的に指した用語である(距離的にはインドよりも近

いアジアの地域もしばしば含まれた)。特定の地域を指すのではなく、遠い異域、異界をいう際のさらに抽象化された用語ともなり、この世とはいえない宗教的、神話的な空間さえも指す超現実的な用語でもあった。ラクダが「ご利益」のある霊獣、聖獣といわれた背景には、こうした宗教的、神話的な空間からやって来たと受け取る感覚も存在していた。ちなみに「天竺の駱駝も仏《ほとけ》ちかうして　賤のた力[他力本願]をすくふなりけり　屯々舎田室」は、前にあげたラクダの狂歌摺物(図4・三十一頁)にあった狂詠である。

この何とも大まかな「天竺カテゴリー」のなかで、それでも個別に認識されていたのが「波斯」(ハルシヤ、ペルシア。イランの旧称)であった。古く平安時代中期の『宇津保物語』に「波斯国」へ漂着する話が記されており、また天文学者の西川如見《にしかわじょけん》による世界地理書『増補《ぞうほ》華《か》夷通商考《いつうしょうこう》』(宝永五年[一七〇八])では「ハルシヤ(百爾斉亜、婆羅遮国)」は「南天竺の西辺也、即西天竺ノ内也ト云」と説明されている。こうやってあくまで天竺を一種の空間基準にして記述するところが興味深く、それがまた「天竺カテゴリー」の本質であった。『増補華夷通商考』の「ハルシヤ」の項の最後には、「土産　ハルシヤ糸　ハルシヤ革(中略)金入織物　糸織物　色々　花毛セン　馬　諸国ニ勝ル　羊」と記されていて、ハルシヤはこうした物産を通して日本ではいくぶん馴染みがあったのである。「諸国ニ勝ル」ペルシア馬は、徳川吉宗が命じて輸入したことでも知られている。儒者の新井《あらい》白石《はくせき》による潜入宣教師シドッチへの訊問に基づくとされる海外事情書『西洋紀聞』(正徳五年[一七一五]頃)では、「ハルシヤ(巴爾斉亜、巴児西)」は「インデヤの西、アフリカ地方の東につらなれり」と説明されるが、これだとあいだにあるアラビアが飛んでいて、やはりこの時代、アラビアには馴染みがなかったというしかない。なお、ペルシアというい方は西洋人が古代から使っていた呼び名でもあるが(ギリシア語 *Περσία*、ラテン語 Persia)、日本における主流の認識はやはり中国経由のものであった。

人は一般に新たなことを知っても、それを既存の認識枠のなかで理解しようとするところがあり、「アラビア」のようなそれまで馴染みのなかった地名はなかなか定着しなかった。ラクダが長崎に舶来した当初は、ほとんど例外なくアラビアのメッカ産、アラビア産と本来の情報が斉一に諸資料に記されるのだが、大坂で見世物にかかる頃にはハルシヤ国産と記す資料があらわれ出す。そして江戸に至る頃には、誤情報のハルシヤ国産が本来のアラビア産に勝《まさ》っており、それがそのまま続くことになる。おかしなことに興行側の絵番付も、そちらの方がまだわかりやすいと思ってしまったのか、ハルシヤ国産と記すのである(図7、図8、図11)。

ここでは、新たに開けゆくはずの「アラビア」という認識の可能性が、既知でいくらか耳馴染みのあった「ハルシヤ」に、誤情報にもかかわらずすり替えられていくという事態が起こっているのである。残念ながら、人はいったん覚え込んだ固定観念を容易に変えられず、認識を更新して可能性を開くことがなかなかできないのであり、こうしたことは今日に至るまで日本の歴史のなかで繰り返されている。

じつは『増補華夷通商考』巻之五「外夷増附録《がいいぞうふろく》」中には「アラビヤ」の記述があり、「南天竺ノ西《にし》暹羅《しゃむ》ヨリ三千余里」と位置はおぼつかないながら、「此国ニ日本道三百余里ノ沙地アリ。大風起ルトキハ沙ヲ吹テ浪ノ如ク」と説明されている。こうして広大な沙漠についての然るべき情報もあるのだが、同巻之三に載る「地球万国一覧之図」では、世界地図上のアラビア半島の場所に「ハルシヤ」と記されているのである。さきの『西洋紀聞』の記述とも併せて、やはり認識上、アラビアの存在は遠かったのである。

そんななか、山東京山の口上記文はヒトコブラクダなのだからアラビア産ではと、誤った情報に異を唱えているわけで、その点では良質な口上記文というべきだろう。他のラクダ錦絵や絵番付の口上記文でこういう書き方をしたものはなく、これは考証の人、京山らしい優れた解説であった。またこの間、とくに初期の資料や博学多識の人の文章では正しくアラビア産と記しており(図版としてあげたものでいえば、図4、図5、図6)、ラクダを通じてそれまで馴染みのなかった「アラビア」という名が世に集中してあらわれ、それが数多くの庶民の目にふれたという事実は歴然と存在する。本格的な認識の広がりには至らなかったものの、名前があらわれることは認識の出発点であり、ラクダの到来はやはり文化交流史上、社会文化史上の意味の大きい出来事であったといえる。

誇張されるラクダの能力

ここまで見てきた左図から右図に戻ると、口上記文にはラクダの優れた能力が、後半のうしろから数えて七行目以降に記されている。そのなかの水脈のありかを知る、風を知るについてはすでに文芸作とからめて記したので、ここでは移動距離と荷役重量の点を取り上げておきたい。当該の文章を抜き出すと「一日に百里の路を行て労する色なし。重を負ふ事、千五百斤にいたる」である。

浮世絵の原図(八十六頁)を見ていただくとすぐに気づくことだが、当該箇所では「千五百斤」の「千」の字だけが、不格好に上端ラインからはみ出している。これはすでに凹に浚ってしまった版木に、あとから「埋《う》め木」「入れ木」の方法で「千」の文字をわざわざ足しているのである。版木はブツとして存在するので、文字直しのためには、直しの文字を別途彫ってその小さな木を埋め込むか、直しが多ければ版木全体を彫り直すことになる。よく見ると、「千」とそのあとの「五百斤」では彫りの調子が変わっていて、直したことがすぐに見てとれる版である(版本等で、たとえば「国」「皇」「神」「大」といった文字を意図的に上部に突出させる版面の作り方があるが、この場合は単純な追加修整と見るべきである)。

直した結果として、「五百斤」だったものが「千五百斤」に修整されたわけだが、いくらラクダが荷役運搬に優れているとはいえ、「千五百斤」はおおげさである。一般的な量目で一斤＝一六〇匁＝六〇〇グラムとして九〇〇キログラム、舶来量目の一斤＝一ポンド(一二〇匁)＝四五三・六グラムとしても約六八〇キログラムになってしまう。実際には、長距離輸送用のラクダが担う平均荷重が一六〇キログラム、近距離の最大荷重でも三〇〇キログラムといわれており、皮肉にも元の「五百斤」の方が実態に近かったわけである。ただ、あえて版を乱してまで修整させたのは、ラクダの驚嘆すべき運搬能力を何としても強調したいからであり、その表現意識に注目しておきたい。

同じように「一日に百里の路を行て労する色なし」も誇大な表現で、江戸幕府が定めた三十六町一里を用いれば一里が約三・九キロメートルで、百里は三九〇キロメートルになってしまう。これに対し、実際の平均的なラクダの一日行程は四十八キロメートルが目安といわれる。付け足しの「千(斤)」にしても、「百里」にしても、また右図の最終行で寿命をいう「百歳にいたるもあるとぞ」にしても、伝統的な切りのよい大数《たいすう》であり、いわゆる白髪三千丈式の強調表現といってよかろう。

そして、これらの数値の出所もまた『本草綱目』であり、さらには『本草綱目』が拠った諸漢籍であった。『本草綱目』には「其力能負重可至千斤、日行二三百里」、すなわちラクダの力はよく重いものを負うことができ「千斤」まで可能で、一日に「二三百里」を行くことができると記されている。すでに『良山堂茶話』の阿部縑洲の漢詩がらみでも記したが、さかのぼれば、たとえば『山海経』(郭璞注釈)に、日に三百里を行き千斤を負うとの記述がある。こうした誇大な数値に関しては文政期の諸資料、文献が揃って用いており、京山のオリジナルではなく世の趨勢にしたがっているといえる。大坂でも江戸でも幾つかの例がある。ともあれ全体としては、ラクダの能力はこんなに凄いのだと、「千五百斤」「百里」のパターンは、大坂の唐物屋がつくった絵図(図6)からすでに用いられており、皆で漢籍に拠りながら強調しているのは興味深い現象であり、それゆえ、せっかくの能力がもったいないとか、憐れむべきだとか、その長物を如何せんといった反応が出てくるのであった。

なお、前近代における度量衡《どりょうこう》の問題はなかなか難しく、なぜなら土地や国によってしばしば異なる基準があり、時代によっても変遷があるからである。つまり、同じ一里といっても、その実際距離は基準によって変わってしまうし、一斤という量目の実質がたとえば日中韓で同じとはかぎらない。ここでは口上記文を読む江戸の人びとが、最も自然に受けとめていた基準によって記している。この点では堤它山の『橐駝考』における記述のように、壮健なラクダは一日に三百里を行くと記したところで、いくら何でもそれは無理だと学究肌の人らしく思ったのか、この一里は「三十六町一里」ではなく「六町一里」の基準なのだと割書で補足する例もあらわれている。「六町一里」での三百里は、当時一般的な「三十六町一里」に直すと五十里だとも書き添えているが、残念ながらそれでもまだ通常の四倍強であり、まだまだ誇大であることに変わりがなく、それくらい全体が誇張モードであったわけである。なお、後述する大槻玄沢『橐駝訳説』でも、凡例において度量衡の換算にふれて説明している。

盛りだくさんの「ご利益」

さて、ここで視点を変えて口上記文の別種の特徴をあげると、博物学や地理情報、数値情報とは志向性の異なる「フォークロア」「俗信」にまつわる記述がかなり見られる。左図のはじめ、一行目から五行目の部分に集中して記されており、筆者は以前からこれをラクダの「ご利益」と呼んで紹介してきた。(36) 「ご利益」もまた誇張モードのなかで盛りだくさんになっており、それはラクダ見世物へ人びとを誘うための重要な要素であった。この箇所では次の三つの「ご利益」が順に記されている。

「駱駝の溺を製して皈死救命の霊薬とする事ハ、蘭学家の知る所也」
「小児此図を粘おきて常に見る時ハ、痘瘡麻疹をかろくし、悪魔をさるの妙あり」
「又雷獣駱駝を怖るゝ事甚しく、駱駝の居る所へハ雷おつる事なし。ゆゑにおらんだ人ハ駱駝の図をもつて雷除の守とす」

順番を変えて前にもふれた疱瘡麻疹除け、悪病除けのところ、ここでは「痘瘡麻疹をかろくし」(痘瘡は疱瘡と同)とある二つ目から取り上げていきたい。大枠でいうと、これはラクダだけではなく動物見世物の場では定番中の定番として謳われた「ご利益」であり、たとえば寛政二年(一七九〇)のヒクイドリ見世物の絵番付には「疱瘡麻疹疫疹のまじなひ」になる、万延《まんえん》元年(一八六〇)のヒョウ見世物の絵番付には「小児は疱瘡疹を軽くし五疳《ごかん》を押へ驚風《きょうふう》を鎮むといへり」などと、江戸時代後期には一貫していわれている。当時の人びとにとって(とくに小児にとって)疱瘡すなわち天然痘は乗り越えなければならない深刻な病であり、できれば退けたいわけだが、感染症はそうもいかず罹るときには罹ってしまうので、罹患しても軽くすませてくれるという現実的な「ご利益」がよく謳われている。倒れてもすぐに起き上がるだるまの張子玩具が、疱瘡対応で枕元に置かれたのと同じ心である。

「異国の珍獣」は文字通り「有り難い」ものであり、その「有り難さ」は西方世界、天竺からやって来たという宗教的要素ともからみながら、神仏のような霊験や、除魔招福の効能へとつながっていった。そしてこうした「ご利益」を盛んに謳うことで、「異国の珍獣」の見世物は子ども連れの観客をより多く惹きつけたのである。もちろん、この文政の感染症流行の時代には、子ども大人を問わず次々と襲来する感染症の不安にさらされていたので、絶妙のタイミングで江戸にやって来たラクダが万人に歓迎されたことはすでに述べた通りである。

注目すべきは、当ラクダ図の口上記文の場合、ラクダそのものに疱瘡麻疹除け、悪病除けの「ご利益」があることはもはや当然の前提として、さらに加えて、この図を家のなかに貼り置いて子どもに日頃から見せておくだけで効果がある、ラクダの絵姿を小児に見せておくだけでよいのだといってお り、これは能力あふれるラクダらしいより強力な「ご利益」であった。むろんそうなれば、ラクダの浮世絵がお札やお守りのように売れるわけで、商策とからまっていた。これはラクダの見世物絵に、いわゆる「疱瘡絵《ほうそうえ》」（疱瘡除けのおまじないとして鍾馗、桃太郎、為朝、だるまなどを描く赤摺りの浮世絵。赤は魔除けの効能があるといわれた）と同じ機能を担わせているといってよい。

そして、江戸の全見世物史を通じても最大級の興行であったラクダ見世物は、「有り難さ」においても最大級であり、定番の「ご利益」以外にも幾つかの効能が謳われた。すなわち、戻って一つ目はラクダの「溺《ゆばり》」（尿、小便）からつくった薬が死にそうな人を救う霊薬になると記している。

一見、荒唐無稽なようだが、ラクダの小便が霊薬になるという話からまず想起されるのは、八代将軍、徳川吉宗が呼び寄せた享保期渡来のゾウの一件である。ゾウはのちに幕府から民間へ払い下げられるのだが、このとき実際にゾウの糞便からつくった「象洞《ぞうほら》」なる薬が疱瘡麻疹に効があるとして江戸で売り出されており、習俗としては一貫しているのである。またじつは、本家本元のアラブの民間療法に、「肝臓が膨れたり炎症を起こしたりした時、ラクダの尿を飲めば癒る」あるいは「胸を患っている者は朝起きるとすぐに椀一杯のラクダの尿を飲むと効果がある」といったものがあり(37)、単純に荒唐無稽と退けるのではなく、むしろアラブ・本邦混淆のフォークロアとして押さえておく必要があると思う。ちなみに前出の『海上珍奇集』にも「溺リ水腫ヲ治ス」と記されている。

尿の効能はすでに大坂の興行からいわれており、絵番付には「彼が小便ハ、ひへ、しつ、はれ病等に別して大妙薬なり」と記されていた。その後にはこのいい方を踏襲するものが多いが、京山の文章は別途のものになっている。なお、十方庵敬順は『本草綱目』に記されるラクダの尿の効能として、「日に乾《かわか》して薬研《やげん》にておろし、粉にして鼻血を止《とめ》、火に入て焼烟《しょうえん》は蚊虱を殺す等の効験あり」（『遊歴雑記』）をあげており、たしかに『本草綱目』にはその通り記されている。この効能自体は怪しいものの、

『本草綱目』系統の知識やいわゆる漢方には、多くの動物体部から製するさまざまな薬が存在してきたわけで、歴史文化の伝統を負いながら語られている話といえる。西洋の歴史のなかにも同様の話はいろいろ存在し、むしろこれは人類文化普遍の伝統といえるのかもしれない。

最後の三つ目の「ご利益」は、「雷獣」はラクダを怖れるので、ラクダがいるところへは雷が落ちない、だからオランダ人はラクダの図を雷除けのお守りにするというものである。「雷獣」とは空にいて雷を起こすとされた想像上の動物で、たとえば『山海経』にその名が見え、江戸時代にはそれなりに信じられて随筆などに記される例が見られる。ここではまたもやラクダの図がお守りになるということで、ラクダ浮世絵の販売策と関連するわけだが、いうまでもなくラクダが生息しないオランダにそんな習俗は存在しない。ラクダに盛りだくさんの「ご利益」があるというイメージを創り出すなかで、加えられていったものと思われる。右図の最後から三行目に「雨を知る」も加わっているので、それと連関しているのかもしれない。

ラクダと七福神とのコラボ

以上では、ラクダの「ご利益」、とくに「除魔」のパワーを記してきたわけだが、魔去れば福来たるで、その福に満ち満ちることをラクダとともに祈念する面白い浮世絵も出版されている。ここまで俎上に上げてきた図の姉妹版ともいうべき、やはり大判錦絵二枚続の浮世絵である(図20)。

二頭のラクダのポーズは詳述してきた図と同じで、しかしまわりにいるのは唐人姿の男たちではなく、何と七福神になっているのである。絵師は同じ歌川国安で、版元も同じ森屋治兵衛であり、「除

図20　歌川国安画，江南亭唐立・古今亭三鳥記文『駱駝之図(七福神)』(文政7年刊，右図—早稲田大学図書館蔵，左図—『日本文学講座』7，新潮社，1927より転載)

魔招福」のうちのこちらはどちらかというと「招福」に焦点化して、製作し売り出したものである。タイトルも同じ『駱駝之図』で、いうなれば通常版と七福神スペシャル版の感覚で版元としては企画したのだろう。掲載の二枚続のうちの左図が、昭和はじめの出版物(前出の藤村作の文章が載る『日本文学講座』七、新潮社、一九二七)からの複写のため鮮明でないが、これまで二枚続のかたちで紹介されておらず、並べて見せることを優先しての処置とご理解いただければと思う。[38]

右図から見ていくと、まずラクダの背上で琵琶を奏でるのは弁天さまで、大きな袋をかついで米俵の積物の奥にいるのが大黒天、手前でラクダに二股大根を与えるのは頭上にのぞく杖からして寿老人である。二股大根は古くからの民俗において福と繁栄、男女和合の象徴で、大黒天への供物でもある。左図へ移って、ラクダの背上で大きな袋を抱えて福々しく円満なのは布袋《ほてい》さま、その手前の梯子上に長頭の福禄寿がいて、右側へ転じると財宝を守護する武将の毘沙門天《びしゃもんてん》、そして最後になるが、手前下に魚籠《びく》を手にする恵比須がいる。

　ここでは福徳をもたらす代表選手ともいえる神さまたちが「有り難い」ラクダと習合しており、霊獣、聖獣としてのラクダのパワーここに極まれりといった体の図といえる。恵比須以外はすべて「唐天竺」に由緒を持つ神さまであり、しかも七福神は宝船に乗ってやって来るわけで、舶来の「異国の珍獣」たるラクダとの収まりは非常によかった。お宝を船ではなくラクダに積んでやって来たというかたちであり、両側にその宝荷が積み上げられている。

　口上記文の作者は、右図が戯作者の江南亭唐立《こうなんていからたち》、左図が同じく戯作者の古今亭三鳥《ここんていさんちょう》(左端の記名が半分切れているがかろうじて読み取れる)であり、版元は手間をかけて二人に依頼している。唐立の口上記文は、例の一日に百里を行き千五百斤を負うや、水脈を知るを述べ、ラクダは「人世の重法［重宝］、希有の福獣なり」と謳いあげて、「世の中は楽だ駱駝と皆人の　口にとさゝぬみよ［戸ささぬ御代］ぞめでたき」とあかるく狂詠している。戸ささぬ御代は、文字通り戸締まりなしでも安心な世の中、心配や不安がない無事の世の意で、昔の常套句であり、もう一人の古今亭三鳥も最後のところで「実に戸さゝぬ御代のよき見せもの」と同じ表現を使っている。新型コロナ状況とウクライナ侵攻の世に生きる二〇二二年の現代人としては、感染症流行も戦争も過ぎ去った世という読み方も、加えてみたくなるうらやましい狂詠である。

　三鳥の口上記文(図が不鮮明なため判読し難いところがある)は、冒頭「禍福門《かふくもん》なし」というよく知られた文句で始まる。これはもともと『左氏伝《さしでん》』にある「禍福無門、唯人所召［禍福門なし、ただ人の招く所」で、そこからやや変形しながら「悪を見れば禍を増し、善きものをめづれば福徳を益《ます》とかや」と続けていく。いささか大上段なのでどう展開するのかと思うのだが、要するに、善きものであるラクダを見よとつながっていくのである。

ラクダは「めを[牝牡]の中むつまじく、柔和の霊獣なれば、福神もこれを愛すべし」とコラボの由縁をいい、以下はすでにお馴染みの「ご利益」を、「此像をはりおく家には悪事災難きたらず。疱瘡はしかをかるくなし、殊《こと》に彼が小便はひゑ、しつ、はれ病等に□□《難読》□大妙薬なり」とあげていく。そしてこちらもあかるく「太平の駱駝なりけりこと国の みつぎの舟に浪風もなし」と、ラクダがいて安泰の浪風(水と風)を入れて狂詠している。なお、三鳥はもう一つ別の浮世絵(横大判錦絵一枚、歌川国安画、森屋治兵衛板)でも口上記文を書いており、そちらの末尾には「豊《とよ》としのいさをしなれや太平のらくだとすめる民ぞかしこき」の狂歌を添えている。もとよりラクダ見世物の宣伝媒体で、ましてや七福神までいれば、戯作者たちの記述のトーンはあくまであかるいのであった。

さて、元の図(図17)の方へ戻り、ここまで詳細な検討を加えてきた口上記文で、あと最後に残る重要なフォークロアは右図の最後の辺りに見える「牝牡中むつましき事、をし鳥のごとし」の記述である。ただ、これ自体は夫婦連れの話ですでに一通りの説明をしたので、重ねて記すことはせず、代わりにその深化した展開としての「和合のフォークロア」を主題とする合巻『和合駱駝之世界』を俎上《そじょう》に上げ、戯作者のお手並み拝見のかたちで、ラクダをめぐるフォークロアの総仕上げとしたい。なお、フォークロアや俗信だけでは偏ってしまうので、続けて、ラクダに関する知識集大成の書、ラクダ研究書を取り上げ、江戸でさまざま広範にあらわれた「ラクダ現象」についてはいったんそこでまとめて、以降はふたたびラクダの旅路をたどることとしたい。

『和合駱駝之世界』

『和合駱駝之世界』は文政八年(一八二五)正月に江戸で出版された合巻である。前年秋からのラクダ見世物の大当たりを題材に年末に向かって準備を進め、めでたい正月に話題作を出版という当時定例のパターンである。作者はラクダ七福神図の右図で口上記文を書いていた江南亭唐立、絵師はラクダをほぼ一手に引き受けている歌川国安、版元は江戸ではラクダを独占する感のある森屋治兵衛であり、表紙のみ錦絵摺りのいわゆる摺り付け表紙、全十丁の体裁である(39)。これまですでに図2、図3として本書の図を取り上げ、全体の中味については後述としてきた通り、ここでまとめてストーリーを紹介し、庶民文芸の典型である合巻のなかでどんな風にラクダをめぐるフォークロアを展開させているか、くわしく見ていきたいと思う。

なお、作者の江南亭唐立《こうなんていからたち》の筆名は「唐好《からごの》み」があふれるもので、唐立が直接それを指し示すのはもちろんのこと、長江(揚子江)の南域を指していう江南は、江戸時代の人びとから見たときの中国文化(明清文化)の一つの中心であった。江南への憧憬から、江戸の南の品川あたりを江南に擬す例や、「漢土揚子江　日本隅田川」と相並べて記したうえで「茶の水に花の影くめ渡し守」と句作するような例も見られる(酒井抱一『軽挙観句藻』)。また、「江南の橘、江北の枳[カラタチ]となる」の成句(長江の南岸に生えているタチバナを、北岸に移すとカラタチに変化するの意で、人も環境によって変わることのたとえ。元は前漢の韓嬰《かんえい》『韓詩外伝』ほか)があり、これが江南亭唐立の筆名の下敷きである。その前には愚舎一得《ぐしゃのいっとく》(愚者一得の変形。愚者一得は、愚かな者からもたまにはよい考えや意見が得られるの意。元は『史記』淮陰侯伝《わいいんこうでん》)を名乗っていたとされ、なぜ江南亭唐立に変わったのかは不明である。この時代、戯作者もまた唐学び(漢学び)であるのだが、以下に見るようにその記述の志向性は、漢詩人たちとは相当に異なっていた。

『和合駱駝之世界』の内容は二部構成になっている。前半は長崎丸山遊廓の「こうようかん」という揚屋《あげや》が舞台でオランダ人が遊女にラクダを与える話、後半は江戸でのラクダ見世物のおかげで若い夫婦が和合、繁栄する話である。開巻冒頭には「南天竺ハルシヤ国霊獣」のラクダが紹介され、ここでは千斤でも千五百斤でもなく何と「弐千三百斤」を背負うと記されており、これが誇大重量の最高記録である。単純換算で一三八〇キログラムとなる。

南天竺から場面は変わり長崎の海を望む部屋で、オランダ人の阿野夫矢《あやふや》と猪口南浜《ちょこなんぴん》の両名が、丸山遊女の連山《れんざん》、呉竹《くれたけ》と宴の最中である。何ともあやふやな名前の阿野夫矢、猪口南浜とも、格好もあやふやな例の唐人姿である。酒はもういいから早く寝たいと床急ぎする様子が、そこにいる通詞の口を借りて描写される。阿野夫矢と連山は馴染みだが、オランダ人はいずれ帰国する身の上、遊女連山は心変わりしない証の「誓文《せいもん》」をと阿野夫矢に迫る。そこで阿野夫矢は、折から船中にいた「ふうふなかよいらくだ」を「誓文」がわりに遊女に与えるのである。ラクダを連れてやって来た阿野夫矢に、丸山揚屋の人びとはあきれ返る。

連山は物好きと笑われながらも「誓文」がわりのラクダを大事にするが、大食なので困りはてている。それを聞き込んでやって来たさる者がいうには、ラクダは稀代の霊獣でその「ゐすがたをかき、はりおくときはあくまよけ」となる。雷除けにもなる。ちょうどいま大坂辺で麻疹が流行の最中なので諸人を助けてほしいといわれ、連山は大金を与えられてラクダを売り渡すのである。ここには稀代の霊獣としてのラクダ、その絵姿の「お札《ふだ》的」性格、雷除けの効能、麻疹除けの効能といったフォークロア、俗信が入れ込まれており、当時の状況を踏まえた巧みなストーリー展開といえる。

ラクダはこうして見世物となり、まず大坂、京などで大繁盛する。上方では、たいこもちがラクダの落《お》とし噺《ばなし》を作っていいふらしているといった話も挿入される。オランダ人に見捨てられ、遊女大夫にも嫌がられたラクダ夫婦が、自分たちはいったいこれからどうなるのかと嘆いていると、日本の馬がやって来て案じることはないという。「その大きいなりをしては、めうと［夫婦］くらすぶんは、なにをしてもらくだはく」と、馬が一人笑うというのが落ちで、ラクダはいつも目立って「駱駝で行く」わけなのだし何でも楽だろうと、フォークロアを大元へ返すような再帰的な落とし方になっている。既述の「駱駝＝夫婦連れ」「ラクダ＝楽だ」がすぐに浮かばなければわからない噺で、絵組では、たいこもち「夢蝶」の噺を聴いている浪花新町の芸者「磯の」に、「なんじややら、わからんがな」といわせている。上方ネタなので江戸では面白くもないと、唐立は変な紹介の仕方をしている。それはともかくとして、話題のラクダをめぐる落し噺は実際に当時いろいろ作られていたのである。

そして、ラクダたちはついに花のお江戸の両国へとやって来る。噂のラクダを一目見ようと「人のやまく」の状態である（すでに掲載した図2・五頁）。ここがちょうど話の真ん中で後半部へと入っていく。

こちらは江戸の長屋で騒々しく喧嘩を繰り広げている若夫婦である。夫は商売そっちのけで酒ばか

図21　見世物絵を示しながら，ラクダを見習い夫婦仲よくとさとす大家(前出『和合駱駝之世界』より，部分図)

り食らっているというありがちなパターンで、まだ幼い子がおまんまが食べたいよーと泣き叫ぶ。あまりのことなので、大家の三太郎が見かねて意見をする。お前たちも両国の見世物に出ている、あの仲のよいラクダ夫婦を見習えというのである。「このあいだ、ちつとようがあつて国安のとこまでいきやした」という大家は、すでにラクダ見物をしていて、着物のたもとから見世物絵を取り出して二人をさとす(図21)。

ラクダの雌は、雄と離れればなれにされそうになったとき、あの大きい体でどうか一緒にと前足を合わせて拝んだそうだ。ラクダでもそれほど「めすはおすをおもひ、おすはめすをおもふ」。それなのに人間のお前たちが何だ、心を入れ変えて仲よくしろ、「とかくにんげんは、ふうふなかむつまじく、よるひるふたりでかせぎさへすれば、だんだんはんじやうして、しそんはますますしやわせになることは、しぜんのどふりさ」というのである（引用は本来もっと漢字を当てるべきだが、合巻が漢詩文とは異なる庶民に向けた「かな」中心の文芸であることを示すため、敢えてこのかたちで記した）。大家が示す見世物絵の下方にはちゃんと、「うちの子ぞうに、このゑを見せるがいゝ。ほうそうよけだ」と、定番の「ご利益」のことが台詞で入れ込まれていて、前出ではまだ麻疹しか出てこなかったのを補っており、フォークロアを押さえることには抜かりがない。

夫婦は早速、大家の意見にしたがって両国の見世物小屋へラクダ見物に出かける。そして「そのなかよきをみて、こゝろとりなをし」、仲よく働くようになったので、自然と繁栄し人柄も落ち着いたものになってきた。今はもう何不足ない暮らしで子孫も繁盛、めでたしめでたしと正月の景で話は終わっている（図22）。一家が繁栄し親子三人が仲よく幸せに迎える正月、これもすべてラクダから「夫婦和合の気」を得たおかげというわけなのである。

図22　大団円の背景に掲げられるラクダ和合神のごとき画幅（前出『和合駱駝之世界』より，部分図）

作者の唐立は、ラクダをめぐるさまざまなフォークロアや俗信を意識して盛り込んでおり、それが本作を同時代に生きる文芸作として成り立たせている。かなり時事的な戯作であり、ラクダをめぐる当時の文脈を知ることなしには理解し難い作品ではある。そして『和合駱駝之世界』の書名からあきらかなように「和合」が本作のキーワードであり、そこに収斂するかたちで話が組み立てられている。まず雌雄仲よいラクダがいて、長崎の遊廓における男女の仲にそれが「誓文」がわりとしてからみ、江戸ではラクダからその気を得て仲よくなった夫婦で大団円という、三重の和合がそこに取り込まれている。

すでに図8としてあげた大坂の興行絵番付に、ラクダの「夫婦中むつまじき事此上なし。一度是を見れば其気を得て、ともに中むつまじく成」と記されるように、夫婦和合、男女和合の気が、仲よしラクダから得られるというフォークロアは大坂からいわれてきたわけだが、それに肉付けをして全面展開し、ラクダ夫婦をいわば「和合のイコン」のように深化させたのがこの合巻であった。そして、そうした夫婦和合、男女和合の守護神のように、印象的なかたちで最終丁の正月の景に掲げられるのがラクダ二頭の掛軸であった。

この掛軸から連想されるのは、文化、文政の時代に流行した「和合神《わごうじん》」という俗なる神のことである。この場所にラクダ画幅ではなく、「和合神」の画幅がかかげられていてもまったく不思議ではない。「和合神」とは寒山拾得《かんざんじっとく》風の二人が並ぶ双神であり、中国から長崎経由で舶来し、吉原での男女和合を司る神から、夫婦和合の神、招福の神へと、流行していくなかで吉祥の範囲を広げた。和合神を描く図は「万事吉兆図《ばんじきっちょうず》」「和合万福吉兆図」とも通称されて、しばしば家内に掲げられたものである。(40) その形象は、河童頭にも似た蓬髪《ほうはつ》(よもぎのように伸びて乱れた髪)でにやにや笑うような表情が特徴だが、これまたラクダの頭部やコブの体毛形状、ラクダ特有の笑うがごとき表情に通い合うのである。

こうした連想が筆者だけの勝手な思い込みでないことは、じつは、大坂の漢詩人で儒者の篠崎小竹が証明してくれる。小竹は、前掲図13(六十頁)の上田公長ラクダ図のまわりに記載された漢詩作において、「幾家図出蓬萊背、恵是天然和合神〔幾人もの画家がラクダの蓬萊の背山を図に描く、その恵みは天然の和合神だ〕」と詠じているのである。(41)「天然和合神」とは、何ともいい得て妙な表現ではあるまいか。たしかに、一目見れば仲よしの気が得られるラクダ夫婦は自然そのままの和合神であり、その姿を描いた図は、ラクダ図であると同時に和合神の図なのでもあり、それはいわば「ラクダ和合神図」なのであった。

『和合駱駝之世界』においてはまさにその「ラクダ和合神図」が、象徴的な「和合のイコン」として作品の締めくくりに掲げられているのである。作者の江南亭唐立及び絵師の歌川国安の創作意識に、和合神が引き寄せられていることはあきらかである。雌雄仲よしラクダから展開してきたフォークロアは、ここにおいて一歩進んだ「和合のフォークロア」となり、別途、流行してきた和合神に比すべき信仰、俗信の領域へと深化したのである。すでに見たようにラクダ七福神図も出版されているわけで、こうした展開はまったく不思議なことではなかった。

雌雄番いの大型動物の見世物はラクダがはじめてで、その珍しさと親しみやすさゆえにこの方面のフォークロアが大きな展開をみせたのであるが、社会的背景としてはまた、男女の情愛や性的和合を神道理念として賞揚した増穂残口《ますほざんこう》『艶道通鑑《えんどうつがん》』の存在があり、現代人が考える以上に当時ポピュラーであったその心性が、「和合のフォークロア」をごく自然なかたちで後押ししていたと筆者は考えている。むろん、和合神自体もこの土壌のなかで流行したものであり、江戸時代後期における艶本や春画の盛行なども、同じ視野のなかでとらえる必要があると思う。

ところで、この大団円に見えるラクダ画幅と同じものが国安作品として実在すれば話はさらに面白いのだが、残念ながら今のところ見出すことができない(42)。ただ、別の絵師による「版画形式の画幅」が江戸では文政七年に作られており、これも興味深いものである。図23がそれで、絵師は南画家で山東京伝の戯作の挿絵なども描いた喜多武清《きたぶせい》である。一点製作の肉筆画は高嶺の花だが、量産される版画画幅なら気軽に手にすることができる。版画画幅は家内に掲げる神仏の図や吉兆図などに多くの例があり、わが天然和合神のラクダもそこに収まったことになる。

図の下部には、書家の市河米庵《いちかわべいあん》の書として記される、儒者の倉谷鹿山《くらたにろくざん》による由緒書きが載っており、

図23　喜多武清画の版画形式のラクダ画幅(文政7年刊，部分図，筆者蔵)

これもむろん版刻である。「駱駝一名槖駝、西域所産、背有突峯、其足三節、善負重至千斤（中略）江戸開場於両国橋西」等と、ラクダをめぐる要点がおさらいのように記され、もしもラクダが斃れたらもう見られない、よって絵師の武清に「其真」を写してもらい、漢詩人の菊池五山による三絶（三首の七言絶句。掲載図では省略したが画幅の上部にある）も付して、のちのちまでもラクダが見られるようにしたと製作の意図が説明されている。こうして版画画幅が作られ、家のなかに掲げられて、いつでもラクダの姿を目にすることができるようになったわけである。

ラクダ研究書の世界

見世物ラクダが注目を浴びるなか、知識人や文人のなかには自然にラクダに興味を持ち、探究を進めて書物にまとめる者があらわれた。すでに見てきたように、ラクダにまつわる漢籍故事への言及は文芸作や随筆類に多く見られ、それをもっぱらにして深めていけば漢学系の研究の書ともなったわけである。そして異国への強い関心が広がる時代のなかでは、漢籍のみに頼る限界を知り、その認識枠を乗り越えて西洋知識や情報を積極的につかもうとする者もいた。大槻玄沢《おおつきげんたく》『槖駝訳説《たくだやくせつ》』はその典型である。そこまで行かずとも、西洋知識や情報を補う必要があるという意識は、漢籍中心の研究書にも見出すことができる。研究書となるとさすがに一般的ではないので版にかけて公刊されたのは堤它山《つつみたざん》『槖駝考《たくだこう》』のみで、あとはすべて写本であるが、次に掲げるラクダにまつわる知識集成の書、ラクダ研究書を確認することができる。書名が類似するため便宜的に番号を振ってまず列挙し、それぞれの注目すべき点についてはのちに記していく。著編者名、書名、成立年、成立地、簡単なコメントの順に掲げ、所蔵先や特記事項は注に記す。[43]

0　尾崎雅嘉『槖駝渉覧』文政六年、大坂（漢籍中心。小冊だが江戸に先駆けてまとめられた）
1　堤它山『槖駝考』文政七年、江戸（漢籍中心だが西洋知識・情報もあり。唯一の刊本）
2　大槻玄沢『槖駝訳説』文政七年、江戸（西洋文献を中心にした唯一のもの）
3　松本胤親『槖駝纂説』文政七・八年カ、江戸（和漢蘭書の抄録。満州語辞書『清文鑑』も）
4　山崎美成『駝薈』文政八年、江戸（和漢蘭書の抄録。下巻の画図・詩歌の掲載が特色）

「槖駝」を用いる書名が多いのは当時の知識人たちがそれを「正名」と考えていたからだが、既に述べた通り、「駱駝」の語も別途、中国古代からの用例が存在する。尾崎雅嘉『槖駝渉覧』に0の番号を振ったのは、ここで述べる江戸の話に先立つ大坂のものだからで、江戸以前におけるものの代表としてあげた（「なかなか始まらない難波新地の見世物」の項ですでに同書の前書き文章を一部引用している）。全体で八丁の小冊ではあるが、『日本書紀』の記事をはじめにおき、以下は「漢土の諸書」を閲覧してラクダに関する記事を集成している。『漢書』「西域伝」、『本草綱目』、張華『博物誌』等の記事をあげ、また柳宗元に「種樹郭槖駝伝」があることにふれ、梅尭臣の「槖駝」の詩も引用するなど代表的なものをカバーしており、知識集成の先駆的な書といえる。筆者はかつて「大坂の見世物を見ずして、江戸の見世物を語ることなかれ」と記したことがあるが、[44] サブカルチャーを含めて大坂、京の文化レベルは高く、「ラクダ現象」においても多くのことが上方で先行して起こっている。もちろん、江戸よりも先駆けてラクダがやって来たという事情もあるが、たんにそれだけではなく、ラクダをきっかけとした豊かな「文化反応」が間違いなく上方で起こっているのである。

1　堤它山『槖駝考』

上方に比べラクダ到来があとになった江戸は、知識や情報の「蓄積」「集積」という点では有利といえた。また、あらゆるものと人が集まる将軍のお膝下は、人的ネットワークのなかでさらなる探究もやりやすく、この時代に至ると出版物刊行という点でも上方に勝る環境がすっかり出来上がっていた。そうしたなかで刊行されたのが、1の堤它山『槖駝考』(別書名『駱駝考』)である。

全体としては漢籍系の知識集大成の書であり、序などの前付四丁半に始まり本文が二十九丁半、引用した文献は七十点を越え九割以上が漢籍である。漢籍については文字通り網羅の感があるが、西洋知識の『海上珍奇集』も引いていることはすでに述べた通りである。また『日本書紀』『和名類聚抄』などの和書も引用している。著者の堤它山(巻首では「它山 唐公愷」を名乗っている)は、はじめ越前大野藩に仕えた儒者、漢学者で、のち江戸に出て考証学で知られた大田錦城《おおたきんじょう》に学び、後年には姫路藩にも仕えている。『韓非子』『孝経』などの注解書を著しており、広く学芸に関心を持つ人物ではあるが、『槖駝考』はやはり異例の著作であったといえる(ただ、筆名の它山はラクダにぴったり合うものである)。和泉屋《いずみや》金右衛門《きんえもん》(玉巌堂)からの出版で、誰にでも入手可能な唯一のラクダ研究書となった。伝存の諸本を見ると、巻末の半丁に載る「它山先生著述目録」の中味が異なるものがあり、また版元の蔵版目録収載の有無もあるところから、版を重ねたと推測される。刊記に和泉屋金右衛門だけではなく、京の植村藤右衛門、大坂の秋田屋太右衛門を加えたものも存在する。蔵版目録では、本書と『痘疹不求人方論』（中国、明の朱棟隆の著）が隣り合って掲載されているのが面白い。

本を売り出す際の書袋（包み紙）では書名をわかりやすく「駱駝考」としており、その説明文には、古今の典籍を引いてラクダの産する土地を考え、それに関わる「典故、事実、説話等を明細に挙げ、又異名同物、一封双峯［ヒトコブ、フタコブ］なるもの、土地に因て殊なるを弁証」すると記されている。また、たんに博物学的な同定考証だけの本ではなく、「博洽《はっこう》［広くいろいろな学問に通ずること］の助にもなるべき奇編也」とアピールしていて、たしかにラクダを切り口とした文献博捜学入門といった様相も呈しており、漢籍も原文ではなくほとんどを書下《かきくだ》し文にしているのは、読者にとっての取っ付きやすさを意識しているのだと思う。

七十点余の漢籍すべてを個々に渉猟し記事を見つけて記すのはいくら一流の教養人でも大変なことで、いわゆる「類書《るいしょ》」（漢籍の一つのタイプで諸書から採録した記事や語句を、同類の内容や近似する事柄、同じ韻・字などで分類編集した書物）と「字典」を利用したことが、明の『唐類函《とうるいかん》』や清の『淵鑑類函《えんかんるいかん》』また『正字《せいじ》通《つう》』といった書名もあげて、它山の文章には記されている。そこからの孫引きもあるが、它山のラクダに関わる引用書の総数はどの中国類書、字典の記載数をもはるかに凌駕しており、こうした先行書を大幅に増補して考究を加えたオリジナルな書といえる。[45]「博洽の助にもなるべき奇編也」といったのは、このあたりを意識し自負したものだろう。当時ポピュラーな類書や字典の活用は知識人にとっては当然のことで、それを含めて教養なのであり、これまであげてきた漢詩が作られる際にも大いに利用されていたはずである。ただし繰り返しになるが、それはいわば「中国的認識枠のど真ん中」なのであり、言及された対象の多くがフタコブラクダであったことは忘れてはならない。

『橐駝考』には随筆家で考証雑学をもって知られる山崎美成《やまざきよししげ》が序文を寄せており、美成自身も翌年に4の『駝薈《だわい》』をまとめることになる。『海上珍奇集』は美成からの教示により入れたことが、次にふれる「平武臣」の序に記されている。前付の部分にはほかに、姫路藩士の医師、儒者でのちに『墨水観花記』や『柳橋詩話』を著す加藤善庵の序(「書駱駝考首」)が入り、校合を担当した安西武臣(虎吉)の序も「平武臣」の名で入っている。安西武臣はのちによく知られた書画鑑定家、安西雲煙《あんざいうんえん》となり、両国薬研堀の店で書画を商い関連の著作も著すが、このときはまだ十代で本書版元の和泉屋金右衛門(両国の内といえる横山町三丁目にあった)に奉公する虎吉であった。前付にある堤它山の「附言」と虎吉の序の両方によると、它山の弟子ともいえる虎吉が主人とともに『橐駝考』の出版を熱心に推し進め、虎吉がかな文字の書下し文に綴り直す作業もおこなっている。いつの時点かはわからぬものの、它山が「家在東都両国橋」の陽刻印を用いる事例も確認でき、実際にラクダ見世物がおこなわれた両国辺りの土地から、『橐駝考』という本が

図24 堤它山『橐駝考』の口絵部分.「倣銅版図 東陽写」とある(文政7年, 筆者蔵)

現前していった様相もどうやら窺えるのである。

『槖駝考』でもう一つ重要な点は、ラクダを描いた美麗な色摺り木版画を巻頭口絵として入れていることである(図24)。この口絵は「倣銅版図」、つまり銅版画に倣って描いたとわざわざ記していて、書家の関思亮《せきしりょう》が東陽の号で描いている。

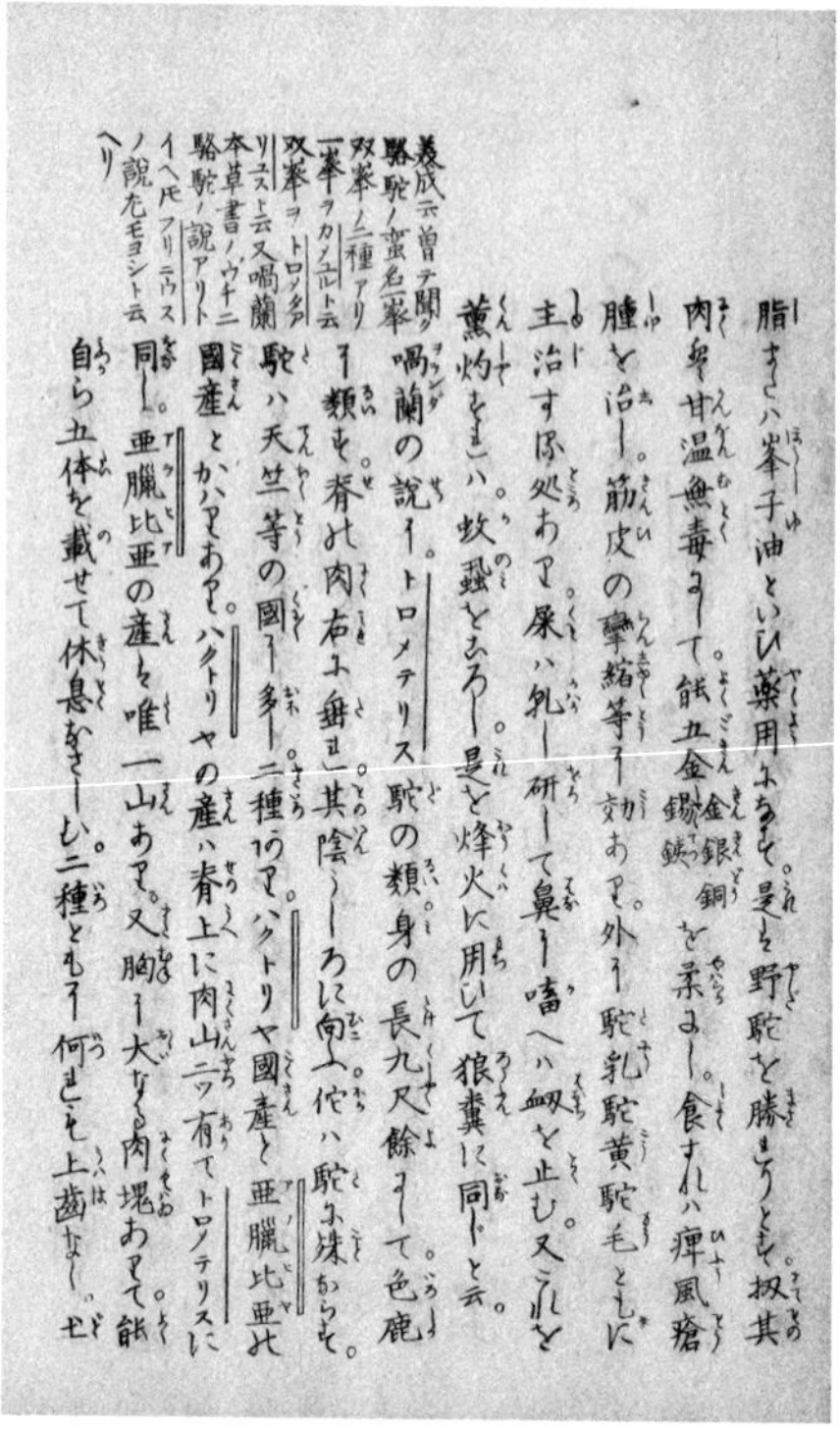

図25 『槖駝考』の『海上珍奇集』記事を引いた部分(左側). 直前の記載は, 十方庵敬順もふれていた『本草綱目』のラクダの尿の話で,「漢」と「洋」の知識が並び立っている(同前)

加えて、そこにはオランダ語で「Kameel pleister Zonder Weerga.」というタイトルが付けられていて、これは前にふれたラクダの狂歌摺物でオランダ語を記していた吉雄忠次郎によるものであり、下部に署名が見える。このオランダ語は「比類のないラクダの石膏」といった意味になるが、pleister(英語ならplaster)「石膏」は、恐らく本物そっくりの石膏像、肖像といった意味合いを意図して使ったものだろう。「倣銅版図」の倣った元は、既出の「駝も人も心ならねど寄添ひぬ　自乙」の句が載る俳諧摺物中のラクダ図と推定する。『槖駝考』口絵では足元の地面や草と遠景が省かれているが、ラクダの体の輪郭や構図は瓜二つでそっくりである(46)。

当時の人びとにとって銅版画は、異文化たる西洋がそこから感じられる新奇にして精妙な絵画表現であった。それゆえに、銅版画を目指して木版画で模写し、わざわざそのことを謳っているのである。じつは3の松本胤親『橐駝纂説』にもこの系統の銅版画を模写したものが収載されており、一部の人びとのあいだでかなり評判になっていたのではないかと推測される。

ともあれ、こうやって銅版画に倣ったラクダ図を入れ、吉雄忠次郎のオランダ語も入れ、また本文では『海上珍奇集』も引いているわけで(図25)、『橐駝考』がほとんど漢籍引用ばかりの本であるにもかかわらず、他方ではあきらかに意識的に西洋的なものも求め、西洋的要素を補っていることが読み取れるのである。ある意味アンバランスながら、そこには対象がラクダであるがゆえに生じた、これまでにない複合的反応が見て取れ、唯一公刊されたラクダ研究書ということを含め、非常に興味深い一書といえる。

2　大槻玄沢『橐駝訳説』

そして、西洋知識や情報という点でこの時代において圧倒的であったのが、2の大槻玄沢『橐駝訳説』である。大槻玄沢(名は茂質《しげかた》、磐水《ばんすい》とも号した)はいうまでもなく著名な蘭学者で蘭医であり、江戸に蘭学塾の芝《し》蘭堂《らんどう》を設立した当時の斯界における中心人物である。『橐駝訳説』の凡例に「漢籍説ク所、僅ニ塞外諸蕃《さいがいしょばん》ノ産ニ及テ、未タ西説ノ詳ニ産地諸国ニ論及シテ遺漏ナキガ若《ごと》クナラズ。(中略)現存ノ蘭書ニ就テ抄訳シテ異聞ヲ弘メテ、博物ノ一ニ充テントス」とあるように、あるところから先は「諸蕃」となって情報もわずかしかない漢籍の限界を越えて、「西説」すなわちオランダ語の書物によって、ラクダに関わる別途の知見、「異聞」を広めようというものであった。具体的には、ニコラ・レーメレイの『本草書』、ヤン・ヨンストンの『獣譜』(先述した『動物図説』)、ノエル・ショメールの『厚生新編』ほかからの抄訳引用の記事を載せており、ヨンストン『動物図説』に関してはラクダ図が載る箇所すべてを正確に記し、宋紫石が『古今画藪』に模写収録したのと同じ図(原書における図版番号四十二の上の図)及び恐らくその下の図も彩色で模写して綴じ込んでいる。

これは0から4までの五点すべてに共通していえることだが、当時のこうした考究の書は、ひたすら諸書からの記事や事項を抜き出して編集掲載する、類書そのものではないもののそれに準じるような形式を含んでおり、そこには現代人がふつうに考える結論やまとめといったものは存在しない。大槻玄沢『槖駝訳説』も形式はそれであり、もちろん「西説」はふんだんに補い、「異聞」はさまざまもたらしてくれるものの、今日の目で見てしまうと総体としては必ずしも明解といえるものではない。とはいいながら、漢籍系の教養をベースにして使い慣れた典籍を渉猟するのとはまったく異なる知的作業を玄沢はおこなっているのであり、そうした新たな知の認識枠を得ていくことの大変さが『槖駝訳説』の記事の端々から感じられる。

なお、玄沢の関連では、ヨンストン『動物図説』のラクダ部分の自筆訳稿とされる『加減乙鹿』(別書名『駱駝訳稿』)という書冊が別途存在し(早稲田大学図書館蔵)、その書冊前半部は下書きとメモの体裁で、まさに翻訳の苦闘の跡が見てとれるものである。既述のように『槖駝訳説』にもヨンストン『動物図説』の記事は抄訳引用されており、その点では両者併せて見るべき資料である。

3　松本胤親『槖駝纂説』

次の3の松本胤親《まつもとたねちか》『槖駝纂説《たくださんせつ》』は、所在が確認されるものすべてが『続槖駝纂説』と一緒になっており、ここでもまとめての扱いとする。本文の冒頭に記されたこの書の趣旨は、「奇畜駱駝」がやって来たが、産地や使用のされ方などが未詳なので「本朝及漢蘭書」から記事を抄録して一冊にまとめ、疑問に応じるというものである。そして早速、『日本書紀』(推古紀)の抜き書きから記事が始まっていく。漢籍では『漢書』をはじめ『博物誌』『山海経』『本草綱目』などの定番は当然入っているが、続の最後に満州語の辞典である『増訂清文鑑《ぞうていしんぶんかん》』の解説を引いて満州文字でも記していることは、他とは異なる目立った特色である。蘭学系では今ふれたばかりの大槻玄沢による『環海異聞《かんかいいぶん》』や、森島中良の『万国新話』ほかを引いている。

松本胤親(斗機蔵《ときぞう》)は武士で、八王子千人同心《せんにんどうしん》(江戸幕府の同心組織の一つで、直轄領である八王子の甲州境を警備するとともに日光勤番、蝦夷地の警固なども勤めた)の組頭であり、漢学、蘭学に通じて渡辺崋山や高野長英と交流のあったことが知られる人物である。また幕府天文方の高橋景保に学び、そこで満州語も教えられたとされている。

のちの天保八年(一八三七)には海防や開国を論じた「献芹微衷《けんきんびちゅう》」を書いて、水戸の徳川斉昭《とくがわなりあき》に献上している。松本は抜擢されて天保十二年に浦賀奉行に任命されるが、残念ながら赴任しないまま同年に病没している。こうした人物もまた異国からやって来たラクダに着目し『槖駝纂説』をまとめていたのであり、そこには新しい時代の気配に反応する一連の積極性を見てとれるように思う。

4　山崎美成『駝薈』

最後となったが、4の山崎美成『駝薈』は、その書名の「薈」（読みは「わい」または「かい」。集まる、茂るの意）の字に象徴される通り、「駝」すなわちラクダに関する記事、事柄、書かれた作品などをとにかく出来るだけ集めようとしたものである。「コト駱駝ニ及ヘルモノヲ、諸書ヨリ抄出シテ、駝薈三巻を編ス」とその附言には記されている。上中下三巻のうちの上中が和漢蘭書からの抄録で、下が画図と詩歌の採録である。抄録はやはり漢籍が中核となっており、どの程度かはわからぬものの美成は1の『橐駝考』の校閲もしたとされるので、その経験や情報も本書に活かされ利用されているのだろう。西洋知識系では、すでにふれた『海上珍奇集』が当然、引用されているほか、宇田川榛斎《うだがわしんさい》『遠西医方名物考』、森島中良『万国新話』、ヨハアン・ナスリア『亜夫利加物産志』なども取り上げている。

他と異なる特徴は、当文章でもふれてきた当時盛んに作られた漢詩、和歌、狂歌等のラクダ詩歌の採録である。たとえば以前ふれたラクダの狂歌摺物に載る狂詠も、大田南畝、鹿都部真顔から始まって五揚舎福富までの全員のものが収められている。山崎美成は他者の著作の内容把握に優れた人物で、ときに行き過ぎて今日のことばでいえばパクリのような作もあるが、ともあれ、これは美成の集成能力が活かされたものである。なお、『駝薈』には戯作者の曲亭馬琴による跋文《ばつぶん》があり、「文政八年乙《きのと》酉《とり》春二月初六」の日付で「蓑笠漁隠《さりつぎょいん》」号で記している。恐らく馬琴の自筆と思われ、じつは馬琴と美成はこの翌月の耽奇会での言い争いから絶交しており、その点でも興味深い資料である。

江戸の「ラクダ現象」をめぐって

さて、こうやって幾つものラクダ研究書を見るとあきらかなことは、当時にあっての錚々たる人びとや知的力量に溢れる人びとが、ラクダに真剣に向き合っていることである。それはやはり西洋知識、情報という新たな認識枠と密接に連関しているからであり、既存の中国的認識枠をベースにしながらも、見世物ラクダを契機としたそれまでにない知的反応があらわれているのである。書物や画図だけを通して間接的に知るのと、実物も直接目にしながらそれらを参照するのとはまったく次元の異なる知的行為であり、加えて、話題騒然の見世物として社会現象となったことがより以上に知的意欲を刺激して、こうしたラクダ研究書の創造の契機となったことはあきらかである。見世物として広く公開され話題になったことで、はじめてこの現象は起こったといってよい。

知識人の一部には見世物を見下す視線もあるが、しかし彼ら自身とて、見世物に行ってはじめてラクダに接近することができ、まさにそこから辛口の批評や感懐も生じているのである。またもちろん、ラクダは見世物になることで庶民にとっても接近可能なものとなり、文字通り誰もがラクダとその背後にある異文化に近づく機会となったのである。当時の見世物は、社会においてそうした機能も果たしていたのである。ラクダ見世物はその意味で、往時の日本の人びとを幅広く異国、異世界と結んだ従来にない媒介であったといえる。

「ラクダ現象」が総体として何をもたらしたかに関しては、あとでまたふれることになるが、江戸においては両国での興行が見世物史上空前のロングランとなったことに呼応するように、「絵」と「文」の両様での商業的な出版物と、また加えて随筆や記録類での言及が、他地よりもかなり大きな厚みをもってあらわれている。そして当然ながら、それまでの知識や情報の「蓄積」のうえに立って、記述がより詳細で深化していることも特徴である。

本パートでは、「ラクダ現象」の広がりを象徴的に示すものとして江戸で出版された浮世絵『駱駝之図』を取り上げてその「絵」と「文」を読み、さらに戯作と研究書を素材に加え、硬軟とりどりの角度から江戸における「ラクダ現象」を深掘りした。しかしいうまでもなく、まだ取り上げていない江戸にあらわれたラクダの影響は多く存在するのである。たとえば歌舞伎では、ラクダ見世物が興行中の文政七年十一月の河原崎座『男山 恵 源氏《おとこやまとりたてげんじ》』で、第一幕「江戸辺　市川街」の舞台に「らくだわら屋仮宅」（仮宅は遊廓の臨時営業所のこと）があらわれて七代目市川団十郎が「らくだわらや又太郎」を演じ、「らくだわらやのやりて」だとか「らくだわらやのわかい者」なども登場する。(47) 何とも珍妙な役名だが、これは話題のラクダ見世物を当て込んでいるのである。「駱駝評判近来頻、錦絵却勝役者新〔駱駝の評判近来頻《しき》り也、錦絵却って役者の新しきに勝る〕」とは、半可山人《はんかさんじん》による「題駱駝図」という狂詩(48)の一部だが、歌舞伎の新しい役者絵よりもラクダ浮世絵が評判となっている状況であり、歌舞伎の方はそのラクダ人気にあやかろうとしていたのであった。少しのちになるが、曲亭馬琴も自作の合巻『牽牛織女 願 糸竹《たなばたつめねがいのいとたけ》』に「宍鞍駱大夫《ししくららくだいふ》」「宍鞍駱《ら》九《く》郎《ろう》」なるラクダを入れ込んだ名前の人物を登場させている。

江戸の影響はじつは名古屋にも及んでおり、たとえば堤它山の『槖駝考』は、名古屋の高力猿猴庵『絵本駱駝具誌』のなかで「槖駝考と言へる書は、駱駝の事に於ては此上もなき委《くわ》しき本」と紹介され、同書の「図の内諸所に此本を抜書」したのに加え、附録のパートでは延々と『槖駝考』の記事を抄録、要約して掲載するのである。同じ名古屋ではもう一人、随筆家で諸事雑学をもって知られる小《こ》寺玉晁《でらぎょくちょう》の『見世物雑志』もまた『橐駝考』を紹介し、やはり長文で引用のうえで『橐駝考』が参照している書として七十八点の書名を列挙記載するのである。こうした影響力はやはり版本として公刊されたものならではであり、江戸でも藤岡屋由蔵の『藤岡屋日記』が『橐駝考』からの長文の引用を記している。

　年月を経たのちも、たとえば文政三年（一八二〇）に佐渡に生まれ、のち江戸に出て『新訂坤輿略全《しんていこんよりゃくぜん》図《ず》』など数々の革新的な地図を製作して名を残した柴田収蔵は、天保十四年（一八四三）の日記のなかで『橐駝考』を読んでいることを記しており（「癸卯年中日記」十一月十九日・二十日）、年月を経てもこうした然るべき人の読書対象となっていることがわかる。なお、『橐駝考』の刊記に京、大坂の書肆も入る版があることはすでに記したが、各地の売り捌《さば》き所でもかなり売られたものと推測される。『武江年表補正略』の著者である喜多村筠庭の随筆『きゝのまにまに』には、両国での興行がおこなわれるや江戸ではラクダの「草紙戯作一枚絵〔が出〕、小児玩物の類に作り、狂歌も色々有き」であったと記録される。注目すべきは、今日ならラクダグッズと呼ばれるような「小児玩物の類」まで作られていたのである。こうやって記しているときりがなくなるので、江戸についてはここで打ち上げとし、江戸から先の道程へ足を進めたいと思う。ラクダグッズに関しては少し先の名古屋に克明な記録が残されているので、そちらで記述することとしたい。

四　ラクダの旅路

江戸から先の道程は、どこにいたのかが隙間なくわかっているわけではなく、多くの場合には飛び飛びの記述となり、移動の道筋を追えないところもある。また、江戸や大坂のような濃密な記録があらわれたり、文芸作があったりするわけではなく、「ラクダがやって来た」という以上にはあまり記述があらわれない事例もある。そのあたりの記述状況は、今日よりも大都市と地方の差が大きいといえるのかもしれないが、ただ、地方巡業だからこそ見えてくる興味深い要素もいくつかある。この後の道程できわめて濃密な記録があらわれる例外は名古屋であり、それはやはり名古屋が大都市だからである。しかも名古屋には絵も描け、文も書ける「記録魔」の高力猿猴庵がいた。以下、現時点で具体的に判明しているラクダ見世物の巡業場所を、順を追って記していく。

水海道でのトラブル、そして八王子、大田原（文政八年）

既述の通り両国でのラクダ見世物は、文政八年（一八二五）春まで六カ月ほど続き、空前のロングラン興行を打ち上げた。筆者が知る江戸時代後期における大ヒット見世物の諸事例から考えるならば、上がり総高で千両、二千両といった規模の巨大興行であったはずで(49)、相当な利潤を得たことは間違いなく、しばらくのあいだ興行集団には余裕があったと思われる。
文政八年のその後に関わる記録としては、下総国豊田郡水海道《みつかいどう》村(以下「水海道」と略。茨城県南西部の旧水海道市、現在は常総市)のものと、奥州街道の大田原宿(現在の栃木県北東部、大田原市)、及び『槖駝纂説』の松本胤親の地元である八王子のものを知ることができる。時間順では大田原宿が先だが、興味深い資料があっていろいろなことがわかる水海道を先に述べ、断片的な記録の大田原宿と、詳細時期が不明な八王子をあとで述べる。

水海道の資料は興行そのものの記録ではなく、トラブルに関するいわゆる「済口証文《すみくちしょうもん》」(紛争の和解や内済を、当事者双方また関係者の連名捺印で届け出た証文。内済証文とも)である(50)。具体的には、文政八年十二月八日に水海道の「利兵衛裏」でラクダ見世物が始まったところ、「木戸口込合、混雑之砌《みぎり》」、喧嘩口論が生じてそこに来ていた者がとばっちりで怪我をする騒ぎとなった(誰が傷つけた犯人なのかは結局わからない)。そして村役人の検使も入ったうえで関係者が熟談し、この一件についての内済を公的に確認しておくという証文である。こうしたトラブルは興行にはつきもので、恐らく興行側がこの一件が何か尾を引くような事態となることを危惧して、怪我も「少々摺疵《すりきず》」程度であって大層なものではなく、誰にも「意趣遺恨」があるわけではなく済んだことなので、それを確認するという趣旨で予防策をとったものと推測する。

歴史の記録は、平穏無事だと何も記録されず、事件が起こると記録があらわれるという法則があり、このトラブルのおかげでいくつかのことがわかる。下総国北端の水海道は、村といっても当時江戸との舟運が活発で定期市も立った小都市というべき土地であるが、地方においてもラクダ見世物の木戸口に人びとが殺到したことを、まずは雄弁に証言してくれる文書といえる。証文には「銚子辺より駱駝見世物ヲ連《つれ》通掛リ」とも記されていて、これ以前には銚子辺におり、つまりは下総国の東端まで一度行き、そこから西へ恐らくは利根川、鬼怒川沿いに水海道まで巡業してきたらしいこともうかがえる。また、「大坂かうづ新地三丁目　駱駝持主　武兵衛」（紀伊国屋武兵衛）がここにおり、唐人姿であらわれる「駱駝組　外　八人」の存在も確認されることはすでに記した通りだが、証文の連名の顔ぶれからはさらに、この時点での興行者たちの「人的な組み立て方」を知ることができるのである。

興行において重要な場所は木戸であり、そこには木戸番がいる。人びとが殺到しても木戸銭《きどせん》を間違いなくとって無銭入場を防ぐ必要があるし、今回の一件のようなトラブルを防ぐ必要もある。その木戸番として「駱駝持主武兵衛身内　木戸番　太蔵」がいて、しかしそれだけではなく、ここでは世話人として「江戸浅草寺地中二長院地借清兵衛店　五平治弟　世話人久四郎」が加わっており、そちらからも「駱駝見世物木戸番　久四郎身内　与吉　同幸治郎」の二名が木戸に入っているのである。つまり水海道の興行では、紀伊国屋武兵衛だけではなく浅草の久四郎なる人物が相太夫元のように加わって現場を仕切っているのであり、その久四郎の身内と紀伊国屋武兵衛の身内の両方から、木戸番を出し合っているのである。わかりやすく敢えて俗ないい方をすると、こうして両方から木戸番を出すことは、売り上げのちょろまかしを防止する機能も果たした。この浅草の久四郎がいつから加わったのか、すでに両国興行の段階からなのか、あるいは江戸を出るところからなのか、そのあたりはわからない。大坂者の紀伊国屋武兵衛が見知らぬ土地を動いていくためには、事情を知る者と手を組む必要があり、こうしたあり方は芸能巡業の通例であった。

その点ではさらに、観覧場所の確保には土地の請元、請方が必要であり、それが恐らく興行場所として「利兵衛裏〔利兵衛の裏地〕」とあった利兵衛という人物で、済口証文では「日下十郎兵衛知行所　下総国豊田郡水海道村　百姓庄右衛門事《こと》　利兵衛」と記されている。利兵衛は恐らくこの種の仕事を兼業していた者と思われ、この利兵衛に続けて近隣の「常州筑波郡川又村　香具商人《こうぐしょうにん》　軍治」ほかが連名に加わっている。「香具商人」つまりは香具師《やし》ということである。証文にはこのほか、取扱人（仲裁者、仲介者）である村の神職の高原隠岐や名主などの名前が見えている。

ラクダ見世物の一行はこうして内済のうえ、水海道を去っていった。ところがこの後、「少々摺疵」で手当もして治ったはずの怪我人が持病の発作で亡くなるという事態となり、村にとっては悩ましいことが続くのだが、経過を追うかぎり、その累がラクダ見世物の一行に及ぶことはもはやなかったようだ。

さて、次に大田原宿だが、こちらの記録は簡単なもので、文政八年（一八二五）七月に大田原の正法寺《しょうぼうじ》の境内でラクダを見せたことを、「正法寺境内に於て、駱駝二匹の見世物あり見物人多し」（『大田原市史』前編）と記している。奥州街道の大田原宿は、旅籠が四十軒以上もあって飯盛下女《めしもりげじょ》もいた賑やかな土地であり、宿場の中心は今日の栃木県大田原市中央（街道北側）と新富町（同南側）、また山の手の辺りで、正法寺は現在の中央一丁目にある。こうして大田原宿に来ているということは、奥州街道（江戸から宇都宮までは日光街道と同じ）の他地にも当然、立ち寄っている可能性が高く、北はどこまで足を延ばしたのかという問題もある。

もう一つの八王子の記録は、塩野《しおの》適斎《てきさい》の『桑都《そうと》日記《にっき》』に見えるものである。桑都とは養蚕や絹織物に関係の深い八王子のことをいい、著者の塩野適斎は、『槖駝纂説』の松本胤親（斗機蔵）と同じ八王子千人同心の組頭である。大分年上で先輩の塩野適斎から斗機蔵は漢学を学んだといわれており、互いをよく知る関係である。この記録は、文政七年の条に両国のラクダ見世物大繁盛を記し、それに続けて追記する体裁で入っており、ラクダは「此の明年〔文政八年〕、八王子郷に至り福全院境内に於て之を観物す。居ること五六日。吾が門を過ぎ西のかた甲陽に向つて去る」と記されている。そのあとに『本草綱目』や『日本書紀』からの引用記事が記されるが、それ以上の記載はない。月日がなくやや扱いがむずかしいが、『桑都日記』の記述の総体は信頼性の高いものであり、また「吾が門を過ぎ」といった記し方のリアリティや興行場所が明記される点から、文政八年に八王子到来と考えておく。

文政八年春の江戸での興行終了後、ラクダはさほど遠方へは転じずに関東近国を回ったものと思われる。ただ、ここであげた土地は方向がばらばらであり、全体としてどういうルートだったのかがわからない。順番として七月の大田原宿が先で、十二月の水海道があとだが、八王子の月日が不明のため、全体の訪問順序は確定し難い。

金沢、鯖江を経て名古屋へと向かう（文政九年）

ラクダの記録は、次は翌文政九年（一八二六）六月に加賀百万石の城下町、金沢にあらわれる。記録された資料は加賀藩のもので、「年々珍敷事留」に次のようにある。「六月下旬、他国より唐国之羅《ら》具駄《だ》の馬と申す獣、卯《う》辰八幡宮《たつはちまんぐう》の門内に而大成こや懸《かけ》見物出る。（中略）毛色かはらけ、背に別にたかき所あり。是を生立《うまれだ》ちの鞍と申す。鳴声無し。男女至而睦《いたってむつまじ》く、女は小形なり。二疋共至而人に穏当之者。喰物者菜《は》、茄子類を喰ふなり。右獣、後に御大名方を引廻り申候。誠に珍敷獣なり」(『加賀藩史料　第十三編』)。およそこれまでに記してきた要素を復習するような内容だが、コブのことを「生立ちの鞍」と呼ぶのは面白い表現である。興行場所の卯辰八幡宮は金沢城から東北の卯辰山の麓で、周辺の山麓は芝居などもおこなわれた金沢では定番の興行地であり、少し前の文政三年には卯辰茶屋町(遊所)が藩によって新たに公認されていた。四十年後の慶応二年(一八六六)には同じ卯辰山麓でフタコブラクダの見世物もおこなわれている。

注目すべきは「後に御大名方を引廻り申候」で、これは同藩の別の記録「似寄留」では「大当り。御上覧有、所々屋敷方へも行」(同前)と記されている。見世物として大当たりで話題となり、在国中であったまだ若き十二代藩主、前田《まえだ》斉泰《なりやす》の上覧もあり、のち有力者の屋敷をあちこち訪問したのだろう。行けばご祝儀にあずかったはずで、地方の他地でも興行とは別に同様なことがあったのではないかと思う。

金沢からは南下して越前に入り、福井城下の資料が何かあってもいいところだが、現時点で筆者には見出すことができず、次は鯖江《さばえ》の資料を確認することができる。金沢同様に藩の記録で、こちらは「鯖江藩日記」である。[51]

文政九年十月四日の条で、明日五日からラクダ見世物が始まるので観覧場所の見廻りをするよう関係者に事前に申し渡したもので、次の通りである。「明五日、清水町於坂下駱駝見せ候に付、人立茂《ひとだちしげく》有之候間《これありそうろうあいだ》、右場所江為見廻可被差出旨」(文政九年下冊)。興行する前の段階から「人立茂有之候間」と、人びとが群集することを予期しての対策であった。興行をした清水町坂下は、現在の東鯖江交差点の西側の辺りで、さらに西側のやや高台にある街から見ると下がった土地であり、かつての堂田川に区切られていた。地元の地誌書『さむしろ』によると、ここは東鯖江村地内の「新創」の場所とされ、文政中期以降は芝居も含めて定番の興行地となっていた。のち一時は娼妓屋も建てられ、遊興の地であったという。

北陸街道(北国街道)における芸能巡業は一般に北上する例が多いが、ラクダの場合は南下しており、翌月の十一月にはもう名古屋で興行している。ここから比較的近いところでは若狭小浜の資料があるが、これはのちの天保三年(一八三二)のものなので後述することとする。逆にいえば、このときは若狭方面には行かず、北陸街道をそのまま栃ノ木峠越えで南下したと思われる。そして琵琶湖北東側の木之本宿(現、長浜市木之本町)から北国脇往還で中山道の関ヶ原宿へ出、前に述べた通り、東隣りの垂井宿の先から美濃路に入って名古屋へと向かったのだろう。

ついに名古屋にラクダがやって来た(文政九年十一月)

名古屋の人びとは本当に長いあいだ待たされていた。大坂と比べれば三年数カ月遅れ、ラクダが伊勢から桑名までやって来て肩すかしを食わされたときからでも二年数カ月が経過していた。名古屋では既出の小寺玉晁と高力猿猴庵が当時双璧というべき記録者であり(年齢は玉晁が二十代、猿猴庵が七十代で相当離れている)、二人とも長文の記録を残している。

まず、小寺玉晁は『見世物雑志』に「十一月十日より、大須門外ニおゐて、駱駝見する」と記し、北野山真福寺、通称「大須観音」の門前でついにラクダ見世物は始まったのである。いうまでもなく大須は名古屋の代表的な盛り場であり、札銭は江戸と同じ三十二文であった。『見世物雑志』は続けて「江戸表にて見せ候後東国を廻り、越前加賀廻り当地江来る。右已然《いぜん》三日之間、一之宮にて見する」と記し、名古屋がスキップされたのちの動向をちゃんと把握しているのが興味深く、またこの直前に三日間、尾張一宮で見せたこともわかる。玉晁は絵番付とラクダの詩歌、そして先の『橐駝考』を長文で紹介するものの、興行の描写には踏み込まず、猿猴庵に敬意を表したものか、興行の委細は高力猿猴庵の「日小屋文庫《ひごやぶんこ》二編」にありと紹介するのである。「日小屋文庫」(日小屋は仮設の見世物小屋のことをいう)とは、猿猴庵が著していた文政期の見世物を題材とする連作の名前であり、その名称にはならなかったものの、これは『絵本駱駝具誌』のことを指すとみてよい。玉晁は自分では記さずに、猿猴庵作が詳しいとわざわざいっているのである。

その猿猴庵は、日記の方で「十一日より大須門前にて、らくだの見せ物を出す。見物群集す。近年にての珍らしき見せ物にて、木戸口押合、仰山なる賑合也」(『寛政文政間日記(猿猴庵日記)』)と記し、興行開始が玉晁より一日遅いが、ともあれ、待ちわびた人びとでたちまち大賑わいとなったことを証言する。本命の『絵本駱駝具誌』では、江戸で「三が年の間はやりしといふ」と記していて、待たされた気持ちが影響したのかいくら何でもそれは長過ぎで、他地の過去の情報にはやや不確かなところもあるのだが、こと名古屋に関しては「記録魔」の本領を遺憾なく発揮するのである。

『絵本駱駝具誌』が再現する世界

『絵本駱駝具誌』(52)については、すでに本章の冒頭で観客がラクダに見とれる図を先駆けて掲げた通

図26　唐人姿の「駱駝組」の連中が楽器を演奏しながらラクダを連れて回る（高力猿猴庵『絵本駱駝具誌』より，名古屋市博物館蔵）

り（図1・四頁）、ラクダ見世物の現場を知るには、これ以上のものはないといえる出色の資料である。玉晁が「猿猴庵推し」をするのも宜《むべ》なるかなである。見世物好きの好奇心あふれる教養人が、「文」が書けて「絵」も巧みに描けるという稀有な例であり、実況レポートに深掘り取材を加えたような内容構成となっている。藩士として長く馬廻組（主君廻りの騎馬の侍衆、騎馬隊）を勤めて馬に慣れ親しんだ経験から来るのか、猿猴庵のラクダの絵は、どこか「らくだの馬」に対する親しみが感じられる描画である。

具体的な絵本の構成は、まず、かつて肩すかしを食わされた一件を前振りとして置いたのちに、夜陰にまぎれての名古屋城下へのラクダ到着、人びとが群集する見世物小屋前の様子、ラクダが登場する直前の小屋内の様子（「らくだの毛　疱瘡はしかの守り」の宣伝貼り紙が見える）と、すべて絵入りの見開きで展開して、いよいよラクダの登場となる（図1）。そして次の二見開きが、コブを隠した金更紗を取り去ったのちにラクダに大根を与える場面(このあと観客に薩摩芋の切れ端を四文で買わせた)と、唐人姿の「駱駝組」の連中が楽器を演奏しながらラクダを連れて回る場面(図26)で、これらが見世物のハイライトであり、やがて囃子が次第に早まるなかラクダが退場した。実況パートは、やや惚けたような表情もうかがえる観客たちが小屋から出てくる場面で終わっている。

つまり、この絵本をめくれば、順を追ってバーチャルにラクダ見世物体験ができるのであり、現代のわれわれにも追体験が可能な何とも素晴らしい絵本なのである。加えて実況パートだけでは終わらずに、以下さらに、世に生じた「ラクダ現象」を満載した深掘りパートともいうべき附録が続くのである。

附録は『槖駝考』の長文引用に始まり、種々の絵図や詩文がこの間に作られてきたことに言及する。そして異色なのは、それに続けて今日いうところの「ラクダグッズ」を絵入りで列挙紹介する点である。これによって、名古屋へラクダが到来する大分以前から、上方(京、大坂)で作られたグッズが名古屋でも売られていたことが判明するのである。まず、京下りの伏見細工のラクダ(土人形)が、文政六年頃から名古屋でも売られていた。やはり上方から伝わった流行で、文政七年頃には「駱駝櫛」(ラクダの背コブの形状をかたどった小ぶりの櫛)が名古屋でも売られていた。

そして続けて名古屋興行の際にあらわれた、こちらは地元製のグッズがあげられていく。土細工のラクダ人形、ラクダの絵を入れた獣尽しの双六、ラクダと唐人の雛人形(図27)、ラクダと唐人の姿を摺り込んだ凧、ラクダの扇面絵、ラクダと唐人を描いたタバコ入、ラクダが座る姿の水入(図28)が紹介される。とにかくたくさんのグッズが作られ、売られていたのである。「ラクダと唐人」がセットになる意匠が多く、これは見世物での演出が効いてイメージとして定着していたことを示している。こうしたグッズは、江戸では「小児玩物の類に作り」(『きゝのまにまに』)と記録はされていたものの、具体的な姿までは確認できておらず、その意味で貴重な描画といえる。ほぼ同類のものが江戸でも作られていたのだろう。

猿猴庵はさらに、ラクダの到来以前にあらわれた羽根細工によるラクダ模造見世物のことや、到来の翌年五月の「馬の頭」(飾り立てた馬や作り物の馬を寺社に奉納する祭り)にあらわれた見事な「らくだの馬」の作り物(台車に載せたこのラクダ細工を牽く連中は唐人姿になっている)にもふれている。翌年五月の事柄を記述することからわかるように、猿猴庵はあとからその後の影響に関しては増補を加え、自分

図27　ラクダと唐人の雛人形(高力猿猴庵『絵本駱駝具誌』より，部分図，名古屋市博物館蔵)

図28　ラクダの水入(高力猿猴庵『絵本駱駝具誌』より，部分図，名古屋市博物館蔵)

図 29　ラクダを描いた熱田遊廓，駿河屋の年始の狂歌摺物（文政 10 年，玉僊画，筆者蔵）

の日記からも拾い出して、「ラクダ現象」満載の深掘りパートを完成させているのである。また、他の大都市の場合と同様に、詩歌を中心とする文芸作が名古屋でも多く作られていて、それも何カ所かで掲載されている。面白いものでは、熱田遊廓の駿河屋(熱田神戸町南の海岸近くにあった店)が狂歌を入れたラクダの年始摺物を作ったことが紹介される。

『絵本駱駝具誌』では「駿河屋之年始状」として線画でそのラクダ図を模写して狂歌も紹介するが、該当する玉僊画の摺物が実際に存在しており(図29)、図と狂歌九首をほぼ正確に写していることが確認できる。現物では「駿亭芸子連」(駿河屋の芸子たち)の狂詠として記されているが、じつは榛園秋津(のちの本居内遠《もとおりうちとお》。狂歌師、国学者で後年紀州藩に仕える)の代作であるという内幕を猿猴庵は何気なく記している。摺物中の「いもせ仲よくてめでたき春にあへば　さぞ気らくだと人やいふらん　八重二」(三首目)も、「はつ春の来ても霞のかゝらぬは　らくだの脊山ばかり成けり　房吉」(四首目)も、駿河屋の八重二や房吉の作ではなく、榛園秋津の連作なのであった。なお、「いもせ[夫婦、愛し合う男女]仲よくて」の一首は、小寺玉晁『見世物雑志』にも紹介されている。

二度目はうまくいかず備前から徳島へ(文政十年)

名古屋での興行は好評であった。グッズを含めて一大ラクダブームを巻き起こしたといってよかった。いま記した狂歌の通り、仲よしラクダ夫婦のめでたい初春は「さぞ気らくだ」で、他のものに霞がかかろうともラクダの背コブのアピール力だけは「霞のかゝらぬ」はずであった。ところが、どうもこのあとから霞ならぬ暗雲がただよい出すのである。

ラクダは名古屋興行の直後、文政九年暮には岡崎と挙母《ころも》(現在の豊田市挙母町から小坂本町辺)へ短期間行き、翌十年正月に津島を経てまた大須へ戻って来る。小寺玉晁『見世物雑志』は、「正月九日より、又々大須にて駱駝見する。旧冬ハ岡崎にて見せ、当春津しまにて見する」と記す。前に記した一宮を含め、岡崎、挙母、津島と名古屋周辺をこまめに廻っているわけだが、問題は二度目の名古屋興行が不入りだったことである。猿猴庵は次のように記す。「大須門前へらくだ又来り、札銭も廿四文安直《やすね》にせしがはやらず。早く仕廻ふて伊勢へ行し也」(『寛政文政間日記(猿猴庵日記)』)。そしてこれに続けて既に紹介した、熱田から勢州桑名へ渡る船に乗せようとしてラクダが海に落ち、大騒動となった話が続くのである。

三十二文だった入場料を二十四文まで値下げしたのに不入りで、おまけに熱田では海に落ちるという不運に見舞われたのである。ともかく助けられて勢州に入ったが、興行集団には続く二月にもさらなる事件が起こっている。やはり猿猴庵による二月の日記に、「らくだの見せ物に添行し万松寺前《ばんしょうじまえ》の者、伊勢の上野[53]にて、からかいて殺され、殺せし人々召捕られ、茶屋に止宿」(同前)と記されているのである。万松寺はいうまでもなく大須観音すぐ東の寺であり、これ以上資料がなく推測するしかないが、殺された「万松寺前の者」とは恐らく水海道における浅草の久四郎と同じような存在で、名古屋がらみ、名古屋前後の世話人として加わっていた土地の事情を知る大須界隈の興行関係者と思われる。その者が何かの争いから殺されてしまったのであり、安泰を詠じた正月の狂歌とは真逆のようなことが一行に続いたのである。

先に猿猴庵が「伊勢へ行し也」と記したのは、伊勢国、勢州方面を指したもので、神宮のある伊勢(宇治山田)での記録は文政十年には確認できない。このあと行ったのは大坂であり、勢州北部から伊賀上野を廻って大坂へ向かったのだと思われる。大坂は紀伊国屋武兵衛の根拠地である。ところが、大坂でも二度目の興行はうまくいかなかったのである。「五月　駱駄、先年江戸へ下り又々上坂いたし難波新地ニおゐて見世申候へ共、不評ニ而早々仕舞」と『摂陽奇観』が記しており、最初の文政六年のときとはちがって、この記述を覆すような他の資料はない。名古屋の例からしても二度目の興行はやはりむずかしく、見物が一巡して多くの人がラクダを知ってしまうと、あれならもう見たとなって再訪する者は少なかったようだ。

この点では、じつは見世物の見巧者である江戸の十方庵敬順が、ラクダ見世物を楽しみながらも一面で冷徹に観察しており、「只悠々としてのろきもの也。殊に更に芸なく」(『遊歴雑記』)との感想を記しているのである。ラクダは実用的な家畜なので芸などしない。走行しなければ動作もゆっくりで、人と共生する大人しい動物である。それを補うための唐人姿の演出は、すでに述べたように人びとに強い印象を残していたが、逆にいえば一度見ればイメージが焼き付いてしまうような単純なものではあった。最大の強みは「人生初のラクダ体験」というところにあったわけだが、理の当然として、それは初回限りのことだったのである。

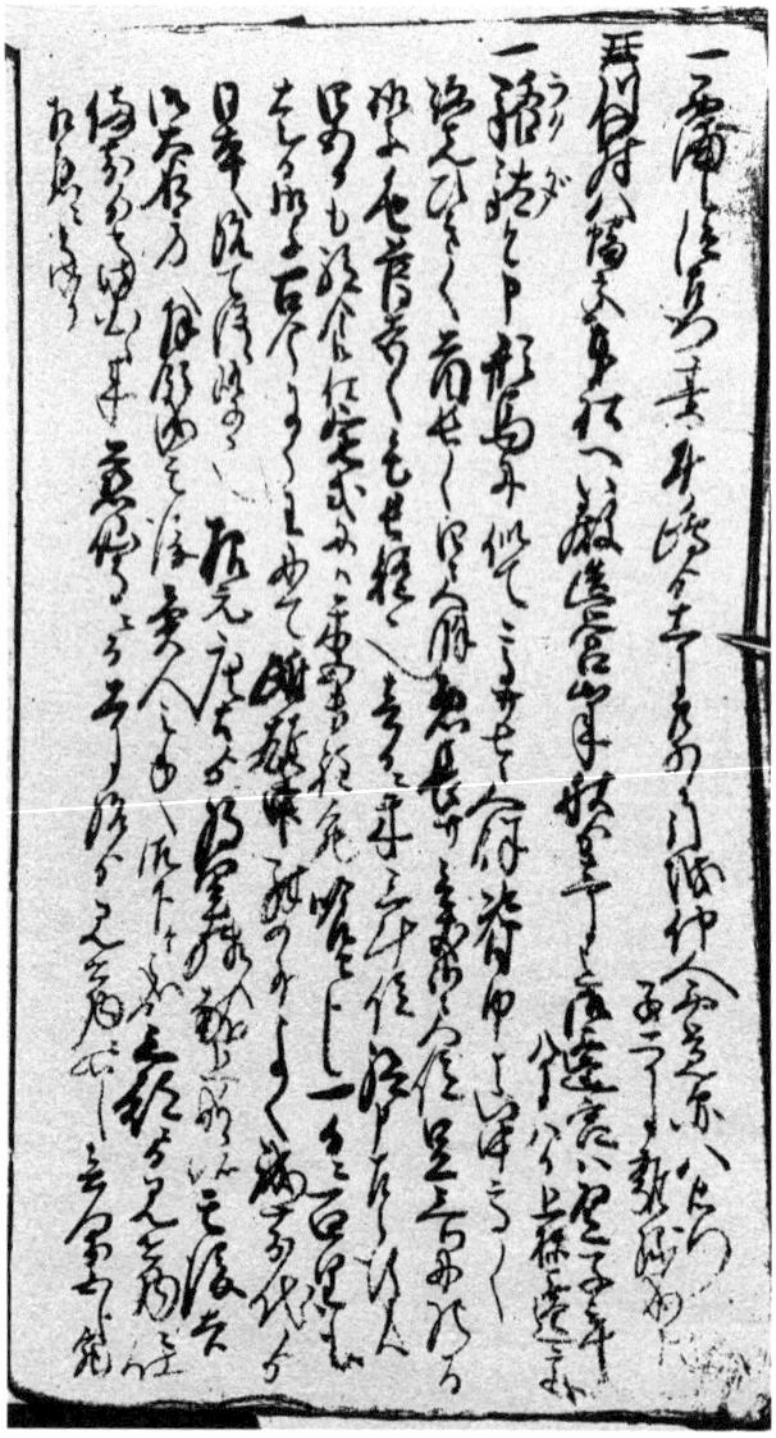

図30　文政10年，徳島でのラクダ見世物の記録が見える『元木家記録』(徳島県立文書館蔵)

興行集団も、名古屋と大坂での反応から二度目がむずかしいことを悟ったはずで、そうなれば、まだ足を踏み入れていない土地を目指す方向となったのだろう。それは具体的には中国地方、四国地方であった。

文政十年の記録でこのあと確認できるのは徳島のもので、『元木家記録』に十一月のこととして次のように記されている(図30)。「駱駝と申、形馬に似て高サ七尺餘、脊中真中高く後先ひきく、首長く四尺餘、惣長サ壱丈弐尺位（中略）三都ニ而見世物ニ仕、備前より当国へ来、慈仙寺《じせんじ》ニ而十一月始より見世物ニ出シ」。「慈仙寺」とあるのは慈船寺のことで、眉山《びざん》東麓の寺町にあって時に興行がおこなわれた場所である。末尾には「相応ニ当り」と記されており、はじめての土地へ来れば一定の当たりをとったのである。「備前より当国へ来」とあるところから、山陽路からまずは讃岐へ渡ったものと思われ、四国他地での資料があっても不思議ではない。このあとは山陽路へまた戻り、翌文政十一年には山陰も含めて広く中国地方を廻っている。

中国地方をめぐる旅——広島、岩国、天神渡、津山(文政十一年)

文政十一年に確認できる最初の記録は広島のものである。前に紀伊国屋武兵衛の名が載る絵番付の話でふれた、医師で儒者の野坂完山が記した『鶴亭日記』である。三月四日の条に「此日駱駝来広陵於鍛冶屋町本覚寺《ほんがくじ》境内」と記されている。本覚寺の位置は基本的に変わっておらず、正確には鍛冶屋町の西に隣接する左官町であったはずだが、第二次世界大戦前まではそのままであったこれらの地名は現在なくなっている。お城から見ると西南方向の街なかであり、原爆の投下目標とされた相生橋のすぐ西側の、いわゆる本川地区である。

ラクダはさらに山陽路を西へ進み、次は山口県の東端、かつての周防国《すおうのくに》岩国での記録が確認される(『御用所日記』『岩邑年代記』)。横山にある領主の居館から錦川をはさんだ北側の関戸でラクダを見せており、五月十二日に領主とその奥方に見せるために居館近くの白山神社《はくさんじんじゃ》辺りまで連れてこさせ、櫓《やぐら》の二階から見物している。やはりここでも、ラクダを一目見ようと多くの人びとが集まったようだ。この白山神社付近や関戸とは別に、実際にはそれらに先立ち、錦川対岸城下町の錦見《にしみ》の博労屋《ばくろうや》が五月四日から六日まで川原馬場で見せたのが最初で（「塩屋家諸控帳」）、そこから短時日で転じたようだ。(54)馬を扱う博労屋が、「らくだの馬」を見せたというわけである。

ちなみに、岩国領では文政四年二月に風邪流行のため白山神社と椎尾八幡宮《しいのおはちまんぐう》の両宮で祓除祈禱をおこない、文政五年十二月には疱瘡流行のため両宮で祈禱、文政六年八月には椎尾八幡宮で痢病送り（痢病は赤痢の類、あるいはコレラを指す可能性もある）をしており、文政七年春には麻疹流行に引き続いて風邪が流行している。以降は天保元年まで疫病の観点では平穏な状況であり、江戸とほぼ同様に文政四年春から文政七年春までがあきらかな「感染症流行の時代」であった。個別の地方巡業地についてはこれまで記してこなかったので、代表するかたちで岩国の一例をあげておく。

次に資料を確認できるのは鳥取藩領であり、どこからか山陰側へ転じたわけだが、具体的な道筋はわからない。なお、地名の理解のしやすさのために先に記すが、鳥取藩は、旧国名でいうと東側の因幡《いなば》（因州）と西側の伯耆《ほうき》（伯州）の両方を支配している。藩庁は因幡の鳥取（鳥取県東部）であり、伯耆の要地である倉吉（鳥取県中部）また米子（鳥取県西部）には家老を置いて支配し、藩内の東西の往還は盛んであった。

二つの資料があって、一つ目はこれも紀伊国屋武兵衛の名が載る絵番付の話ですでにふれ、図版としても掲載したものである（図7・四十九頁）。絵番付の右隅に見える「文政十一子九月二日於天神渡《てんじんわたし》見物之上求之」はそこでラクダ見物をした者の書込みであり、この「天神渡」とは倉吉平野を流れる天神川下流の渡船場の呼び名である。(55)正確にいうと、江北村《えきたむら》（西側）と長瀬村（東側）との間の渡船場であり、倉吉の人で鳥取藩に仕えた松岡布政が記した『伯耆民談記』の「天神川」の項では、「江北村の下にて海に入る、下流幅百三十間餘、因幡街道渡りを天神の渡といふ、舟渡なり、洪水の時は、長瀬江北両村より人夫出つ、又〔少し上流の〕上井村にも舟渡場あり、倉吉と因幡と往来の街道なり」と説明されている。なお、「因幡街道渡りを天神の渡といふ」の因幡街道は、鳥取と米子とを結ぶ「伯耆街道」のことであり、これを伯耆側の人びとは因幡へ向かうところから「因幡街道」「鳥取往来」と呼び慣わしていた。倉吉の北側ほど近くにあるその街道上に「天神渡」があって、ラクダは九月二日にそこで見せられていたわけである。

そして二つ目としては、鳥取藩士で御目付役も一時勤めた岡島正義が記す『因府歴年大雑集《いんぷれきねんだいざっしゅう》』(『新鳥取県史資料編　近世六　因府歴年大雑集』)にラクダに関する記事があり、これと絵番付とを併せて考えると、当地へのラクダ到来の様相がもう少し見えてくるのである。『因府歴年大雑集』では絵入りで二頭のラクダが紹介され、これ自体はいつ記したものか詳細不明であるのだが、「アラビヤ国メッカトいふ処の産」という正しい情報が紹介され、「此一図を画《えがき》て家の内に張おけハ、疫病、ほうそう、はしか、悪事、さい難まぬかれ、一度見る時ハ不老長生うたがひなきこと、寄代の霊獣也」と、お馴染みのご利益が謳われている。重要なのは、これに加えてあとから補足された頭注の部分であり、そこに倉吉辺でのラクダの動向が記されているのである。

次の通りである。「倉吉詰ノ侍某ノ咄《はなし》ニ、駱駄ヲ在所ニ牽来リ候ヘトモ、入ベキ所ナク、寺の木《き》ベヤヲ借テ、カモヰヲハヅシ、壁ヲ落シ、ソノ中ヲシツラヒテ入置タリ、予ガ見物ニ行タルトキハ、夜ノコトナリシガ、至極ブヰナル〔無異なる＝平穏で大人しい〕モノナレバ、内ニ入テ見給ト飼人ノ申ケルユヘ、クヾリ入テ見タルニ、少モ動ジヌル気色ナシ、毛色ハトチ栗毛ノ黒ミタル様ニ見シト云々」(第十五巻補遺二〕。

「至極ブヰナルモノ」で少しも動じないというのは、やはり見た人ならではの表現である。文中の「寺の木ベヤヲ借テ」の「木ベヤ」とは薪などを入れておく小屋、物置小屋のことで、ラクダは日本の馬よりも大分、大きいので、地方の興行ではこうした場所探しの苦労があったにちがいない。鴨居をはずして壁まで落としているとすれば、ある程度の期間はそこで見せ続けたはずで、これが倉吉界隈の「天神渡」であることは間違いないと思う。ただ、ふだんから夜見せていたとは思えず、侍なので特別サービスで見せたものであろうか。

山陰の他地にも何か資料がある可能性はあるが、目下のところ確認できず、次は美作国《みまさかのくに》の津山〔現、津山市。岡山県北東部〕における翌十月の資料になる。ラクダが鳥取藩領のどこから津山に向かったのかわからぬものの、津山は山陰と山陽のあいだに位置する枢要な中継地点であり、たとえば倉吉からなら、津山の側でいう「倉吉往来」があり、鳥取からでも米子からでもそれぞれ津山とつながる定番の往来があった。津山での興行場所は城下の徳守神社《とくもりじんじゃ》〔図31〕の社地であり、十月二十日から「晴天五日」の興行願いが出されている。なお、徳守神社は津山総鎮守で、本殿、拝殿の建物はラクダが到来した頃から基本的に変わっていない。いわゆる出雲往来のすぐ南側の街なかの位置にあり、津山では最もよく興行がおこなわれた場所である。

津山郷土博物館が所蔵する愛山文庫〔津山松平藩史料〕中の『町奉行御用日記』と『日記』(56)の記事を総合すると、実際には興行側に病人が出て延引し、十月二十二日が初日となって二十七日まで興行がおこなわれている。雨天の二十三日は興行を休んだと思われ、この状況は、興行場所に簡易な蔽いはあっても(何もないとラクダを只で見られてしまう)、長時間の雨をしのげるものではなかったことを示している。また、そもそも興行というものは雨になると客足が格段に遠のくので、とくに地方での興行願いは「晴天何日間」の出し方が通例のかたちである。

ラクダの持主として「大坂嶋之内津国屋武兵衛」の名が資料に出てくることはすでに記したが、ほかに「駱駝と申獣二疋并飼方之者四、五人共引受、唐人囃子方兼」がいることが記され、さらに「福《ふく》渡町《わたりまち》竹屋茂吉義借家住、倉敷屋《くらしきや》林太《りんた》引受駱駝見せ物、於徳守社地晴天五日願」と、倉敷屋林太なる津山の請元の存在を確認することができる。居所の福渡町は、徳守神社のすぐ東に隣接する町で門前といってよい。この倉敷屋林太は、文政期の徳守神社において「竹田細工人形」(からくり人形)の興行をはじめ、播州の「碁盤人形」、江戸の「貝細工」、大坂の「噺物真似《はなしものまね》」の興行の請元となって願い出ており、当時の津山の芸能興行では常連の人物である。少しのちには、居所がやはり徳守神社近くの上紺屋町の借家に変わっている。

図31　津山の徳守神社．奥の本殿，拝殿はラクダ到来の頃と変わっていない．ラクダがやって来た季節に訪れた(2010年筆者撮影)

ラクダ見世物自体の集客状況は記されていないが、津山の芸能興行には時に

四、五千人の観客が集まった事例が知られている。なお今日、津山に津山洋学資料館が存在するように、ここは洋学が盛んであった土地であり、宇田川玄随《うだがわげんずい》(漢方医から蘭方医に転向した)に始まる宇田川三代や、箕作阮甫《みつくりげんぽ》(幕末の外交交渉で大きな役割を担った洋学者)とその一門などを輩出している。山陰から恐らく大坂へ戻っていく経路としては、ちょうど頃合いの土地であったと思われる。

なお、この少し前にシーボルトが日本地図などの禁制品や葵の紋服をオランダへ持ち帰ろうとしたいわゆる「シーボルト事件」が発覚し、地図を渡していた高橋景保がこの十月に逮捕され、翌十一月には通詞の吉雄忠次郎が長崎で町年寄預けとなり尋問がおこなわれていく。かなり広範囲にわたった厳しい処分は、蘭学者たちを一時非常に萎縮させたといわれており、ラクダが天神渡、津山と興行していたちょうどその頃に、こうした大事件が起こっていたのである。

謎の空白を経て若狭小浜に(天保三年)

ここまでラクダ見世物の巡業地及びその経路を、飛び飛びではありながらも何とか続けるかたちで具体的に記してきた。ところが、翌文政十二年(一八二九)から天保三年(一八三二)八月までの長きにわたり、ラクダの動向を記した資料を今のところ見出すことができない。消息がぷつんと途絶えてしまうのである。あまりに記録がないので何か異変が生じて巡業がおこなわれなくなったと推測されるが、具体的なところがわからない。

わかっていることから順に記すと、次の興行は前に予告するかたちで記した若狭《わかさ》小浜(現、福井県小浜市)のものであり、これが天保三年九月である。小浜藩士であった須田家の文書(『須田悦生家文書』

「年々珍事書留」[57]に記録があり、「同年〔天保三年〕九月ニ異国ハルサノ国より駱駝馬申也連来《つれきたり》（中略）於立光寺《りゅうこうじ》見せ物ニ致ス」と記されている。前後の経路や興行の様子などは記されていない短い記録である。小浜はいうまでもなく港であり、かつて十六世紀に南蛮船が着船しており、幕末に向かっては海防警備の体制が整えられていく。城下西南部に丹後街道に面するかたちで街の人びとの崇敬を集めていた八幡神社があり、立光寺はそのすぐ近くの寺である。

そして、この小浜の立光寺でラクダが一頭だったのか、二頭番いだったのかは記されていない。なぜ、そのことが問題かというと、翌天保四年春に江戸で二度目の興行がおこなわれるのだが、そこではラクダが一頭だけになっているからである。前項で記した津山でははっきり「駱駝二疋」と記されていた。つまり、津山のあとか、小浜のあとかのどちらかに、一頭のラクダが斃れてしまったことになる。どこで斃れたかに関しては伝聞記述しかないのだが、それを記す前に、ラクダの旅路を最後のところまで、あと一年追っておこう。

江戸再来と信州飯田（天保四年）

小浜の次は、今ふれたように天保四年（一八三三）の春の末に両国広小路で興行している（『巷街贅説』）。なお、米沢で幽閉されていた通詞の吉雄忠次郎が没するのは、この年、二月二十九日のことであった。また、ラクダを最も多く描いた浮世絵師の国安は、すでに前年天保三年七月に没しており、長い歳月のなかで、多くの人がラクダの周りを通り過ぎていった。ラクダはこのあと江戸から出て、五月二十一日からは信州飯田の専照寺《せんしょうじ》（現、長野県飯田市伝馬町）で所定の七日間を興行し、加えて日延べもしたのち、少し北にある飯島（現、上伊那郡飯島町）でも二日間見せている。そしてさらに北上して下諏訪から甲州路に入って江戸へ戻っている（岡庭弥平次政興・下平政一『文化文政の頃』）。江戸では八月半ばから、今度は市ヶ谷八幡宮地内で見せており（『巷街贅説』）、これがラクダ見世物の興行を伝える最後の記録となる。なお、両国の記事では「此度一疋なり、其模様前の如し」と記されている。

江戸での二興行を記した『巷街贅説』は短い記事しかなく、飯田に関する『文化文政の頃』（別書名『右眉が真白　左は黒』山村書院、一九三四）は二次文献ながら詳細な状況が記されている。版元の山村書院は地元飯田の伝馬町にあった出版社で、本の成り立ちとしては、飯田藩で作事奉行も勤めた岡庭《おかにわ》弥平《へい》次《じ》政興《まさおき》が残した記録（「晩年叢書」と名付けられた目録共十九冊の記録）から「三面記事」様のものを下平政一が十七項目抜き出して、抜粋記事のあいだあいだを下平の文章でつないで一書としたものである。[58]その十七項目の一つに「紅毛産怪獣来」というラクダに関するものがある。抜粋記事は活き活きとしたディテールの理にかなった内容で、また引用部と下平の文章は区別されており、大枠として信頼できる記述と考えている。なお、この出版時点では、十九冊の記録は下平自身が所蔵している。

まず、ラクダがどこからやって来たかだが、飯田へは大平峠《おおだいらとうげ》方面から到着と記され、また「大井より広瀬飯田」との経路も記されるので、ラクダはふたたび中山道を通っていて、恵那の大井宿から中山道を北東へ進んで大妻籠（現、長野県木曾郡南木曾町吾妻）に至り、蘭川《あららぎがわ》を越えたところの分岐から飯田道（大平街道）に入って東進して来たことがわかる。ことばで書くと簡単だが相当な山道であり、地元を知る案内者がいたはずで、実際、飯田の直前から伝馬町《てんまちょう》の専照寺に入るまでの経路では、一目見ようと押し掛けた人びとを巧みに回避する複雑な迂回ルートをとっている。「意外の道を廻られし事故、折角迎へに出でたる群集も只々呆気にとらるゝばかり」などと記している。到着は五月十八日の夜であった。飯田は伊那街道(三州街道)の所定の伝馬に加え、いわゆる「中馬《ちゅうま》」(農民による駄賃稼ぎの馬背運送)が発達した本場中の本場で馬が縦横に動いており、「らくだの馬」もまた熟知の案内者にしたがったのだろう。

はじめての土地では、一頭だけでもかなり人気があり、待ちかねた人びとが「遠近振つて看物に来る」状態で、「二十一日より七日間見せ、其餘両三日も大入りの為日延べしたるが、御家中、御家老を初め役人衆も見物あり、六月朔日に発足、飯島にて二日見せ」と記している。飯田城下をあげてのラクダ見物となった様相であり、やはり人生初のラクダは皆が見たかったのである。専照寺本堂の軒下に筵囲《むしろがこ》いの小屋を掛けて見せており、筵の上の方や同寺で有名な枝垂れ桜の下枝先などをラクダが食べてしまったエピソードも紹介している。ちなみに、岡庭弥平次自身は江戸詰であった文政七年に両国で一度見ており、人生二度目の見物となった。国元と江戸を往来する勤番武士にはこういう人もいたのである。「十年を経て、近々此の山間の当地へ参らんとは。さて〳〵長き年月、何方をほつき廻りしものにや、よくも生き存《なが》へたるもの也」と感慨にふけっている。なお、江戸では興行が文政七年から翌春に入った頃には、「見物人も追々減じ」たとも記している。

岡庭弥平次は飯田興行での絵番付を入手していて、記録冊子の中に現物を添付していると記されており、それは「持主　大坂　きの国や武兵衛」と左下に文字が見えるものであった。その口上記文の全体を下平が書き起こしており、それはすでに紹介した図7(四十九頁)の絵番付と完全に同文である(あきらかな誤記は一カ所しかなく正確に読んで書き起こしており、これも当文献を信頼に足ると判断する理由である）。前に述べた通り、興行集団はずっとこの絵番付を巡業で持ち歩いていたのであり、ラクダが一頭になっても二頭の番いで描かれたものを用いていたわけである。なお、弥平次は「牝牡のわかりかねる獣なり」と記しており、飯田に雌雄のどちらが来ているのかはわからない。

『文化文政の頃』は二次文献ではあるものの、あきらかに一次資料に拠って記したものであり、ラクダが一頭になって以降の地方興行の様子がくわしくわかる貴重な文献である。なお、当然ではあるが飯田だけを目標に巡業することはあり得ず、この巡業経路と関わる他地での資料がまだ存在する可能性がある。

ラクダの行方

すでに記したように確認できる最後の興行は、天保四年（一八三三）八月半ばからの市ヶ谷八幡宮地内であり、現状ではこれ以降のものを見出すことができない。ラクダはどこへ行ってしまったのだろうか。また先に斃れたとされる一頭はどこでどうなったのだろうか。

いずれも伝聞的な記述ではあるが、ラクダの行方について何らかの消息を記した資料は四つある。

一つ目は、今ふれた飯田の『文化文政の頃』で、先に斃れたとされるものについて「牝牡知らねど、一疋は勢州とやらにて死にたりとの事にて、来りしは一疋」と記している。これはそれだけである。

二つ目は、最初の大坂興行でふれた岩永文禎『鍾奇遺筆』である。「難波村の内叶橋東にて観戯とす」と難波新地興行のことを記したあとに、次の通り記している。「後年伊勢、尾張にて観場しける。牝尾張にて死す。牡浪花難波村に両三年許《ばかり》居けるが、是も死せりと云」。岩永文禎は、この少しのちに自ら物産会を主催するなど幅広い情報ネットワークを持つ人物ではあるが、大坂の人なので尾張に関しては伝聞記述であり、また年代が記されないまとめ書きのため、やや扱いにくいものではある。もし牝が尾張で斃れていたとすると、それは文政九年や十年の話ではなく、その後の「三度目」の同地訪問になるわけだが、今のところそうした記録は名古屋や尾張では確認することができない。

三つ目は、『武江年表』の記述である。こちらは、前にふれた誤った記述の「文政四年閏八月」（正しくは文政七年閏八月）に西両国広小路で興行という話にそのまま続けて「後に北国へ牽行て見せ物とせしが、寒気にふれて斃たりと聞えり。堤它山といふ人、駱駝考一巻を著し、梓に行へり」と記している（堤它山『槖駝考』の出版は文政七年の年内）。これだと江戸の興行後あまり時をおかずに北国へ行き斃れたように読め、実際、朝倉無声は「駱駝の見世物」という雑誌『風俗図説』に掲載の文章[59]で「江戸興行後北国へ赴いて見世物となったが、寒気にふれて斃れたと『武江年表』に記してある」と記述している。なお、無声の著書の『見世物研究』の方では、二度目の大坂興行後に「関係者が協議の上、初見参の北国巡業を志して出立したのだった」でストーリーが終わってしまい、実際にその後に行っている徳島も、広島も、岩国も、天神渡も、津山も、小浜も、二度目の江戸も、飯田も、一頭が斃れたことも、すべて出てこない。いま記した先行する「駱駝の見世物」（大正四年）では、一頭のラクダが斃れた話と二度目の江戸興行の話だけはそれでも記しているのに、あとから出版された『見世物研究』（昭和三年。無声が没した翌年の出版）ではそれも抜け落ちている状況である。

話を戻して、最後の四つ目は、喜多村筠庭『きゝのまにまに』の記述である。これも北国で斃れたという話で、文政七年の最初の江戸興行を記したあとに、「又處々にて見せし後、北国へ引行しが斃れしとぞ」と短く記述している。なお、この『きゝのまにまに』と『武江年表』は、そのまま読めば北国で二頭が斃れたという話で、そこからもう事実とは異なっている。

さて、率直にいってどれも伝聞的な記述で決め手を欠くといわざるを得ず、どれかが正しいと断定できるようなものではない。現状では、天保四年の春の末に両国へあらわれる以前にどちらか一頭が斃れ、同年八月半ばからの市ヶ谷八幡宮での興行後は、残りの一頭の行方もわからないというのが、事実として明確にいえるところである。

それはそれとしてまず押さえたうえで、筆者の推測を記しておけば、最初の空白期間が始まる時期、すなわち文政十一年(一八二八)末から十二年の早い時期にやはり一頭が斃れてしまったのだと思う。『鍾奇遺筆』が記すように、恐らく雌が斃れたのだろう。興行集団はずっと「夫婦連れ」のラクダとして売ってきたわけで、これでは興行はむずかしいと考えて巡業をやめてしまう。しかし、その後何らかの事情で一頭だけでもやってみようという話になって、天保三年に復活する。それが筆者の推測する最初の大枠である。

一頭が斃れた場所は、勢州、尾張、また北国と場所があがるものの決め手がなく、大坂など他地も含めてさらなる検討が必要と思われる。大坂はいわば本拠地であり、最初の空白期間か、天保四年の最後の記録以降のどちらかで、『鍾奇遺筆』がいう「浪花難波村に両三年許居ける」という状態があったとしても不思議ではない。他の記録はすべて遠く離れた土地についての伝聞だが、この部分だけは大坂の人の大坂に関する記述である点に留意しておきたい。

また、天保四年の最後の記録以降に再び消息がぷつりと途絶えるのは、やはり巡業をしなかったのだと推測する。二度目の興行となるとぱっとしないことは江戸でさらにわかったはずで(随筆や記録類でも文政七年と比べるとまったくといっていいほど話題になっていない)、可能な打開策は、飯田のようなパターンで地方のはじめての土地を訪れることであったと思う。ただ、とりわけこの天保四年(一八三三)秋以降の数年は、「天保の飢饉」の影響がきわめて重くのしかかるのであり、餓死者と体力が落ちての疫病死者が大量に生じるなか、もはやラクダ見世物どころではない土地が多くあったはずである。東日本では冷害不作のなか、野山の草、木の実、根までを焼け野のごとく取り荒らし、犬、猫ほかの動物も食いつくしたといった類の伝承記録も存在しており、九州や四国は影響が少なかったとされるが、じつはこの時期、江戸でも大坂でも見世物興行の事例は目に見えて減少しているのである。こうした影響を受けて巡業はしていなかったというのが現状での筆者の推測である。

そしてラクダの最期は今のところわからない。

前にも記した享保年間に渡来のゾウや、最幕末の文久年間に渡来のゾウの最期は具体的な記録が残っているのだが(60)、ラクダはそこがわからず、そのあたりが大人しい家畜である「らくだの馬」と「巨象」との存在の仕方のちがいなのかもしれない。ただ、実物のラクダの行方が人びとの意識から少しずつ遠のいていくなかにあっても、すでにふれたように平亭銀鶏の『銀鶏雑記』(天保六年)は夫婦連れの通語について、「ちかころハらくだでゆくともいへり。コレモ男女うちつれゆくゆゑかくいふよし。今の大坂の通言也」と記していたし、また、これも既述の通り、地図製作の世界を革新した柴田収蔵は天保十四年(一八四三)の日記のなかで『槖駝考』を読書中であることを記していた。ラクダの到来はやはり社会文化史上の大きな出来事であり、後述する落語『らくだ』の成立を含め、世の中にさまざまな影響を残していたのである。
以下では、長崎舶来以来のラクダの動きを簡略な年表として掲げたうえで、ラクダの到来と「ラクダ現象」を通じて見えてくる日本人と異国・自国の形象の問題を少しまとめてみたい。そして最後に、落語『らくだ』についてふれることとしたい。まず年表は以下の通りである。

文政四年(一八二一)
　七月二日　長崎渡来(この日に下船指令)
　十月　大坂で茶碗屋吉兵衛がラクダ絵図刊行
文政五年(一八二二)
　一月　江戸で南畝、真顔、福富らがラクダ狂歌摺物披露
　一月十五日　ブロムホフ江戸参府に出発(四月十六日に長崎帰着)
文政六年(一八二三)
　二月九日　長崎で富山屋文右衛門へ譲渡される
　三月または四月　大坂、木津川の炭屋新田辺りに着船
　七月十二日〜　大坂、難波新地で興行
　九月十九日〜　京、四条道場で興行(二十三日からの可能性も。のち南都カ)
文政七年(一八二四)
　七月　伊勢、古市芝居で興行

八月六日　名古屋へは行かず中山道へ(赤坂宿西の昼飯に資料)
閏八月五日　中山道、伏見宿に三日間逗留(この後、信州に入り下諏訪を通る)
閏八月九日～　中山道、板橋宿へ到着
閏八月十九日　江戸、西両国広小路で興行(翌年二月四日までは興行が確認できる)
閏八月　江戸、紀州赤坂邸で徳川斉順の「御親覧」
秋～冬　江戸で国安画・京山記文の二枚続錦絵『駱駝之図』刊行
江戸で堤它山『槖駝考』刊行
文政八年(一八二五)
一月　江戸で唐立作・国安画の合巻『和合駱駝之世界』刊行
七月　奥州街道、大田原宿の正法寺で興行
十二月八日　水海道で興行(銚子辺から来る。喧嘩口論、怪我人のトラブル)
月日不明　八王子、福全院で興行(五、六日間)
文政九年(一八二六)
六月下旬～　金沢、卯辰八幡宮で興行(「御上覧有、所々屋敷方へも行」)
十月五日～　鯖江、清水町坂下で興行
十一月　尾張一宮で興行(大須の前に三日間)
十一月十日～　名古屋、大須で興行(十一日からの可能性も)
十二月　岡崎、挙母で興行

文政十年（一八二七）

一月　津島で興行

一月九日〜　名古屋、大須で再興行（のち熱田の渡しで一頭が海へ落ち騒動）

伊勢上野（万松寺前の者が殺される）、伊賀上野で興行

五月　大坂、難波新地で再興行

十一月初　徳島、慈仙寺で興行（備前からやって来る）

文政十一年（一八二八）

三月四日　広島、本覚寺で興行

五月十二日　岩国、横山の白山神社辺で見せる（錦見博労屋が川原馬場、関戸でも）

九月二日　伯耆、天神渡で興行（倉吉の北方）

十月二十二日〜　津山、徳守神社で興行（晴天五日で二十七日まで）

（記録があらわれない空白期間、恐らく一頭が斃れたカ）

天保三年（一八三二）

九月　小浜、立光寺で興行（一頭か二頭かは確認できず、恐らく一頭カ）

天保四年（一八三三）

春の末　江戸、両国広小路で再興行（「此度一疋なり」）

五月二十一日〜　飯田、専照寺で興行（七日間に加え日延べ、六月一日出立）

六月　飯島で興行（飯田の北、二日間）

八月半ば　　　江戸、市ヶ谷八幡宮で興行
（参考、年代不明）
三月カ　　　仙台、木ノ下白山神社（ぼんぼこ祭）で興行カ(61)

ラクダの到来と異国・自国の形象

文政から天保の時代にあってのラクダの到来は、当時の人びとにとってまさに一つの事件であったといってよい。その具体的な反応は、とくに江戸や大坂、京、名古屋といった大都市において多くの記録や資料から窺い知ることができるが、前項までに見てきたように、地方でも土地によっては特色ある反応があらわれていた。いわゆる「鎖国」下の江戸時代にあっても、中国文化圏やオランダを通じてのヨーロッパ文化圏との文化接触は想像される以上に多く存在したし、「鎖国」以前からの歴史的蓄積もあったわけだが、アラブ世界となると文化接触の事例は非常に少なかったといえる。そんな状態のなか、アラビアからやって来たヒトコブラクダが長年にわたり全国を巡業して歩き、数多の庶民に直接的な衝撃を与えたことの文化史的な意味は大きく、特異な事例ではあるものの、日本の中東文化接触史における一大事件といえると思う。

一大事件なるいい方は、いささか大袈裟と思われるかもしれないが、人びとの口の端に「アラビア」や「メッカ」といった地名がのぼるだけでも、以前にはない新たな世界認識なのであり、それが眼前にあらわれたラクダとともに広がっていったのである。その意味で、日本人の「異文化認識」あるいは「他者認識」を歴史的に考えていく際の、興味深い事例といえる。もちろん、すでに述べたように「アラビア」が「ハルシヤ」に置き換わってしまったり、オランダ人がラクダ図を雷除けのお守りにするといった伝承があらわれたりするなど、情報の歪みは生じているものの、ラクダの家畜としての役割や能力などは十二分に伝わっており、ラクダを通じたアラブ世界認識の「芽」があらわれていたことは、間違いなく指摘できると思う。

しかしその一方で、人びとがラクダ出現の事態をとらえようとするとき、他者認識における既存の伝統的枠組みが強力に動員されたこともまたあきらかである。すなわち、歴史的に形成されてきた「中国的認識枠」である。知識人や文人たちの多くは慣れ親しんだ漢籍や類書を参照し、結果としてそこでは、現に目の前にあらわれたアラビアのヒトコブラクダよりも、中央アジアと中国のフタコブラクダの話柄が多く語られることになる。「唐」「天竺」という地理把握の枠組みも強力であり、ラクダは「唐渡り」「天竺渡り」の珍獣で「天竺の諸国」にいるという話になる。異国人といえばまずは「唐人」であり、ラクダを連れ歩く連中は見世物の演出として揃いの「唐人姿」となってトライアングルなども掻き鳴らし、「異国」と「異文化」のショーアップをおこなう。現代人はこの演出に違和感を抱くかもしれないが、当時にあってはその枠組みが至極当然であるがゆえに、なぜ「唐人」なのかと訝《いぶか》る者はいない。

もちろん、折々に「アラビア」や「沙漠」といった新たな認識も浮上してくるのだが、そこではむしろ先入観に沿った「異国」がより以上に捏造されたのである。

新たな世界認識の「芽」はあっても、圧倒的にメジャーなものとして存在するのは以前からの「中国的認識枠」であり、たとえば『本草綱目』の大きな影響力に、蘭学、洋学の海外異聞書や西洋博物系の書は、全体としていえば太刀打ちできていない。しかしそれでも、大槻玄沢『槖駝訳説』のような「西説」に拠った書が、「漢籍説ク所」だけでは充分でないとして写本ながらもたちまち著されていたことは重要であり、また漢籍中心の堤它山『槖駝考』においても、西洋知識の『海上珍奇集』が引かれ銅版画を模したラクダ図と吉雄忠次郎によるオランダ語が付されていたことは、やはり新たな知の動向を示している。漢籍だけでは状況に対処できない、それだけでは足りないといった意識もあきらかに存在し、新たな世界認識の「芽」も膨らみつつあったのであり、「ラクダ現象」からはそうしたことも読み取れるのである。この傾向はその後のアヘン戦争とそこから生じた強い危機意識を反映しながら、最幕末に向かってさらに大きな展開を見せていく。

そしてまたもう一つ、当時の社会に根強くあったのは、珍しい舶来動物をめぐる「ご利益」、民間信仰の世界である。

先にふれた「唐」「天竺」という地理把握の枠組みは遠ざかるほど抽象化し、仏教信仰上の「西方《さいほう》世《せ》界《かい》」と重なり合っていく。ラクダはその遠い西方からやって来た「有り難い霊獣」であり、「有り難さ」ゆえにさまざまな俗信や「ご利益」が付会されていく。この文化メカニズムはきわめて強力であり、疱瘡麻疹除けを典型とする悪病除けをはじめとして、さまざまな除魔と招福の効能がいわれ、また雌雄の番いであったところから夫婦和合、男女和合のフォークロアも生まれていく。いうまでもないことだが人間の力には限界があり、自然の猛威や流行感染症を意のままに制御できるわけではない。その手に余るところとどう精神的な折り合いをつけるかの一つの方法として、人間集団の知恵が生み出した信仰や俗信があり、西方からやって来た「有り難い霊獣」のラクダは、感染症流行の時代背景とも絡みながらちょうど頃合いのアイドル(偶像)となったのである。

総じていえば、ラクダの到来をきっかけとした異国や異文化に対する認識は、自国や自文化のレンズや鏡またフィルターを通しておこなわれているのであり、自国や自文化のあり方がしばしばそこに投影されて、一種、リフレクシヴ(reflexive 再帰反射的、自己投影的)な関係が成立しているのである。本書の副題に「日本人と異国・自国の形象」と対《つい》にして掲げているのはそのことを意識したものであり、他の章を含め、こうした事象の幾つかのかたちについて具体的に論じている。

また実際にはそれに加えて、すでに述べた中国的認識枠のようないわば「借り物」の認識枠も、擬似的な自己認識枠(かつ他者認識枠)として非常に長いあいだ機能してきたのであり、それが明治近代においては、すべてではないもののかなりの部分が西洋的認識枠に急速に置き換わり、日本人の「異国・自国の形象」のあり方に大きな影響を与えていく。さらにいえば、第二次世界大戦後のアメリカ的認識枠の展開もむろんあって、より正確にいえばそれぞれへの「アンチ」を含めて、幾つかの認識枠が相互的に刺激し合いながら、あるいは戦い合いながら、「異国・自国の形象」を紡ぎ出してきたのである。こうした認識枠は、ときに純粋で孤高のものと誤解されていることがあるが、全体として見ればそのありようは混成的(ハイブリッド)で可変的なものであり、歴史的に形成されてきたその混成、調合の具合に、日本らしさがあるのだと思う。

ところで、次に論じる落語『らくだ』ではオランダがアラビアから持って来たラクダという元型がほとんど消し去られて、きわめてローカルでヴァナキュラー(vernacular 土着的、土俗的)な日本化を遂げている。こうした変形生成も文化が持つダイナミズムであり、非常に興味深いところである。知らなければいったいどこに関係があるのかと思ってしまうほどだが、大元にはあきらかに見世物ラクダと文政期の時代文化が背景にあり、トリネタとしてその成立の様相を探っていきたい。それは「江戸にラクダがやって来た」時代を語ることにほかならず、また、われわれがかつて根っこに持っていた生と死の感覚を語ることにほかならないのである。

五　落語『らくだ』の時代

落語『らくだ』は不思議な噺である。そのタイトルからは即物的に、ここまで述べてきたラクダの大きな姿が目に浮かぶ。ところがその動物のラクダ自体は出てこずに、出てくるのは「らくだ」と呼ばれるのらくらしている男である。しかも出てくるといっても、噺の最初からフグに当たって死んでいるのであり、その死人《しびと》に「かんかんのう」(＝看々踊。くわしくは後述)を踊らせるといったシュールな展開なのである。

人気のある大ネタなので多くの噺家がやっていて、第二次世界大戦後では八代目三笑亭可楽を筆頭に、古今亭志ん生、三遊亭円生、六代目笑福亭松鶴といった錚々たる師匠連が勢揃いし、さらには五代目柳家小さん、桂米朝、また柳家小三治の三人の「人間国宝」や、立川談志、立川志の輔、立川志らく、桂文珍、六代目笑福亭松喬、笑福亭鶴瓶、桂南光、四代目桂文我、あるいは三代目橘家文蔵、三遊亭歌武蔵等々と、多士済々の口演を、録音も含めてこの半世紀余りは楽しむことができた。昨二〇二一年には鶴瓶の『らくだ』への挑戦を十七年間追ったドキュメンタリー映画『バケモン』が公開され、また、この二〇二二年春に南光が『らくだ』ほかで芸術選奨文部科学大臣賞(二〇二一年度)を受賞したのは、『らくだ』絡みでの記憶に新しい話題である。録音も豊富にあって、いま筆者の手元にあるCDを数えただけでも二十数枚になるが、たいていの噺家は前置きやまくらで、「江戸時代にラクダがやって来て見世物になったらしい」といった程度の話しかしない。全体の噺がうまければ、それはそれで結構なことで、小三治のようにエチオピアでのラクダ体験談を入れる例もある(たとえば一九八九年三月三十一日独演会、鈴本演芸場)。

しかし、なぜラクダなのかと気になる人は世の中に多くいて、筆者は江戸の見世物についての講演会などで、実際に何度か質問を受けたことがある。そこで本章では最後に、落語『らくだ』の成立をめぐる謎解きを可能なかぎりしていきたいと思う。

＊

落語『らくだ』の概要

まず、読者の落語歴はさまざまなはずなので、大雑把に落語『らくだ』の概要を記すこととする。噺家によって少しずつやり方がちがうが、あらすじはおよそ以下の通りである。なお、念のために記しておくと、落語『らくだ』はあらすじを知った程度でつまらなくなるようなヤワな噺ではない。

落語ではお馴染みの裏長屋に、「らくだの馬」という名の、図体が大きいのらくらしている乱暴者がいる。本当は馬吉とか馬太郎といった名前なのだろうが、あだ名が「らくだ」である。兄弟分の男が一人住まいの家を訪ねてみると、きのうの夜食べたフグに当たって「らくだ」が死んでいる。仕方がないので、かたちばかりの葬式を出してやろうと思っているところへ、運悪く通りかかったのが屑屋である。この人相のよくない兄弟分に呼びとめられ、弔いの費用のために家財を買ってくれといわれるが、買えるような代物は何一つない。それではどうするといっているうちに、兄弟分の男にあごで使われるはめになる。

まず、長屋の月番のところへ香典を集めに行かされ、「あの厄介者が死んだのならめでたい。赤飯を炊くと思って香典ぐらい集めてやろう」となる。次は大家のところへ行って、酒と肴をせしめてこいとの命令である。そんなことができますかと屑屋がいうと、もしくれないのなら、やり場に困った「らくだ」の死骸をかついで乗り込み、死人に「かんかんのう」を踊らすといってやれという。大家は案の定、「店賃《たなちん》を一度も入れないあいつに、そんなものが出せますか」との返事。そこで本当に「らくだ」の死骸をかつぎ込んで、目の前で死人に「かんかんのう」を踊らせるのである。これではひとたまりもない。顔色の失せた大家から、みごと酒と肴をせしめてしまうのである。

あとは、八百屋で早桶がわりの菜漬の樽を強引に手に入れて、一通り揃ったところで、弔い、ならぬ酒盛りとなる。酔いが進むうち、弱気だった屑屋がだんだん強気になって、仏の髪を剃って坊主にするのに剃刀が必要だ、近所で借りてこいと、逆に兄弟分の男に命令するようになる。兄弟分が、貸してくれなかったらどうするとぐずぐずいうと、貸さないといったら「かんかんのうだ」と、立場が逆転した一幕となる(途中で切る場合は、この逆転の妙をもって終わらせることが多い)。

こうしてさんざん酔っぱらった末に、二人で菜漬の樽の早桶をかついで火屋《ひや》(火葬場)へと向かう。大阪落語では千日前の火屋、東京落語では落合の火屋というのが定番である。途中で桶の底が抜けて「らくだ」の死骸を道に落としてしまい、気づいて戻ってくるが、今度は間違ってその辺で酔っぱらって寝ていた半裸の願人坊主《がんにんぼうず》(他人に代わって願かけや代参などをする坊主姿の門付芸人)をひろってきてしまう。火屋に着いて、火をつけられたところで生酔いの願人坊主が起き上がり、「ここはどこだ」「ひや(火屋)だ」「ひや(冷や酒)でいいからもう一杯」で落ちとなる。

*

何度も聴いていると慣れてしまうところもあるが、こうやって改めてストーリーを文章化すると、何とも驚異的な噺で、一種、異様でパワフルな肉体性、身体性を誰もが感じるところだろう。それがこの噺が好まれてきた理由でもあるはずで、図体の大きいのらくら者の死を、酔いと哄笑で吹っ飛ばしてしまう感覚の、過去の庶民の生命力が感じられる噺である。

ラクダ見世物と「かんかんのう」

近代の落語史では、これはもともと『らくだの葬礼《そうれん》』という上方にあった噺で、明治から大正にかけて異才を知られた四代目桂文吾から、東京の三代目柳家小さんが口伝で譲りうけたものとされる。京都の寄席を中心に活躍した文吾は非常な酒好きであり、晩年は酒毒による壊疽から足首を切り落とし、大正四年(一九一五)に五十一歳で亡くなったときも家には酒樽しかなく、噺家仲間で何とか貧乏弔いを出してやったというから、「らくだ」を地でいったような人物である。一方の小さんは、夏目漱石が「天才」と絶賛した噺家で、今日伝わる東京落語の『らくだ』には三代目小さんの工夫が入っているのだろう。

しかし、それはあくまで近代の系譜であり、問題のラクダ見世物にせよ、「かんかんのう」にせよ、あるいはまた願人坊主にせよ、事柄も内容も江戸時代の歴史的な話である。じつはこの落語にあらわれる中心要素は、文政期（およそ一八二〇年代）を明確に指し示すものであり、その具体的な様相を順に押さえていきたいと思う。

最初に、ラクダ見世物については、もういやというほど記してきたわけだが、要点の確認と重要な補足をしておきたい。ラクダ見世物は大坂、京、江戸、名古屋の大都市で興行したほか、長年にわたり日本全国を巡業して各地で話題となった。したがって筆者が把握するかぎり、このラクダ見世物こそ累計総動員数では江戸時代最大級の見世物であり、万人周知の「社会的事件」としてラクダの到来はあったという認識が必要である。これは日本人とラクダとの人獣交渉史上における、最大のエポックメーキングな出来事といってよく、こうした当時にあって誰もが知っているという大前提が落語『らくだ』の成立に深く関わっている。

当時の資料ではよくラクダを「らくだの馬」（「らくたの馬」「羅具駄の馬」「駱駝といふうま」など）と呼び、この呼び方は本草書や博物書の正式名称とも共通で、十世紀の百科事典的な漢和辞書『和名類聚抄』（略して『和名抄』とも）における「良《ら》久《く》太《だ》乃《の》宇《う》末《ま》」以来の伝統を持つ。つまり、「らくだの馬」とはたんにラクダの意に過ぎないのだが、後世、「らくだの馬」という呼び方に不自然を感じるようになると、「本名を馬と申しまして」（八代目可楽）とか、「本名は馬さん」（志ん生）とか、「本来は馬さんという。馬太郎とか馬吉とかいうんでしょうが」（円生）といった、一見、合理的な説明が付加されたのだと思われる（なお、大阪落語ではいつからか「卯之助」の名を用いることが多い）。

また、図体の大きいのらくら者という落語における人物設定に関連しては、ラクダ見世物が出て以降「物の大にして鈍なるやうなるをらくだと云」と喜多村筠庭『武江年表補正略』が記しており、大いに注目されるところである。これについては四壁庵茂蔦の随筆『わすれのこり』が、この意味合いの成立プロセスをわかりやすく説明している。以下の通りである。「[ラクダは]彼の国にては物を負はせ、遠きに達して国用を便ずるよし、此国にてはつかふことを知らず、形ちの大にして無能なるものを駱駄と異名す」(巻下)。じつはすでに紹介した『良山堂茶話』でも、阿部縑洲が「古来材大難為用[古来、材の大なるは用を為し難し]」とラクダを詠じ、また篠崎小竹は「其如長物何[其の長物を如何せん]」と詠じていた。そこではせっかくの有能なラクダが勿体ないといった感覚もまだあったのだが、それがネガティヴな方にだけ傾いてしまったわけである。ちなみに福井県の方言では、「駱駝」を「怠け者」の意で使うかつての用例が記録されている(『日本国語大辞典』)。ラクダには気の毒としかいいようがないが、しかし、そうやってネガティヴな方へ傾き出せば、十方庵敬順がいっていた「只悠々としてのろきもの也。殊に更に芸なく」(『遊歴雑記』)や、見世物のラクダは食っちゃ寝、食っちゃ寝で「楽だ」といった語呂合わせ(『巷街贅説』)もかぶさってくるのであり、図体の大きいのらくら者という落語の設定は、確実にこれらと通じ合うものである。

また、動物学関連の本をひもとくとわかるように、沙漠で暮らすヒトコブラクダは頑丈な動物で、すでに述べてきたように通常はとても大人しく見える反面、暴れ出すと手がつけられず、人間に噛みついたりもする。先にあげた小三治のエチオピア体験談でも、実際のラクダは思った以上に巨大で、凶暴なところのある動物だという話を入れており、あるいは、過去のラクダが何かで見せた同じ一面が、乱暴者のイメージにつながったという推測も不可能ではない。

ともあれ、文政期の見世物のラクダが、落語の「らくだの馬」を生んだことは間違いなく、現実に

図32　看々踊の短冊錦絵．やや遠景で一団を描く（北崇画カ，文政4年頃，筆者蔵）

はそれに加えて、「かんかんのう」の流行もぴったり重なり合ってくるのである。

作品としてみた場合の落語『らくだ』の魅力とは、

一　「らくだ」という即物的で訴求力のある名前の男
二　「らくだ」の死をあっけらかんと喜ぶ人びと
三　死人に踊らす「かんかんのう」
四　酔いどれの生態（屑屋と兄弟分との関係の逆転、及び願人坊主の火屋の場面）
五　裏長屋や大道の庶民世界のディテール

の五点に集約されると筆者は考えるが、なかで最もショッキングなのは、やはり「死人」に踊らす「かんかんのう」の場面であろう。そしてその「かんかんのう」とは、じつはラクダ見世物にわずかに先立ち、同じ文政期に流行した見世物であり、大道風俗なのであった。

これは元々、明清楽《みんしんがく》の『九連環《きゅうれんかん》』から派生した外来の俗謡であり、見世物としては「かんかんのう、きうのれんす……」というその中国語もどきの歌に合わせて一団で踊って見せたものである。「かんかんのう」の呼び方は歌詞から取ったいわば愛称、通称で、興行での名称としては看々踊であり、またときに唐人踊、鉄鼓踊とも呼ばれた。具体的にどんなものかは、やや遠景で一団を描いた短冊判錦絵(図32)と、部分をアップにして「かんかんのう」の歌詞も入れた大判錦絵(図33)の、二つの図版を見ていただきたい。ご覧のように唐人姿でトライアングル(鉄鼓。やや見にくいが短冊判錦絵の下から三人目)、胡弓、蛇皮線(三味線)、またここには描かれていないが太鼓や銅鑼なども賑やかに演奏しつつ、独特の振りで踊った。本来、「かんかんのう」は前芸であり、蛇踊《じゃおどり》(龍踊)とそのダイナミックな玉取り、玉追いが本芸なのだが(今日でも長崎諏訪神社の秋祭「長崎くんち」でおこなわれるものや、横浜中華街の春節などにおこなわれるものが有名)、誰でも手軽に振りをまねられる前芸の「かんかんのう」が大人気となった。

図33　大判錦絵『看々踊之図』. 部分をアップにして「かんかんのう」の歌詞も入れている(英泉画, 文政4年頃, 筆者蔵)

　これはそもそも長崎から上った芸人一座が、文政三年(一八二〇)から四年にかけて大坂、名古屋、江戸で次々と見世物興行して評判となったのが流行のきっかけで、場所を変えながら二年近く看々踊の興行が継続し、街なかでは大勢の子どもがまねて踊り歩き、遊廓、料理屋では大人が興じてまねる大ブームとなった。文政五年春には禁令が出て、興行としてはそれをもって終息となるが、個人の振りやしぐさは止められるものでもなく、庶民文化のなかにいろいろなかたちで浸透して定着、当時の社会に影響を及ぼしたのである。

その様相は、これまた十方庵敬順が記録していて「猫も杓子も諷《うた》はざるはなく、錦絵、団扇、張子の小人形、手ぬぐひ、児輩《こども》の紙鳶《たこ》の類までも、かんかん躍りの形を作り、世上皆弄《もてあそ》ぶ事となりけり」(『遊歴雑記』)といった状況であり、ラクダ見世物と同様に、大坂でも江戸でも一種の社会現象となった出来事なのである。「かんかんのう」の広範な波及に関してはくわしい研究があり、(62) 替え歌を含めて長年それが庶民のあいだで歌い継がれたほか、各地の民俗芸能や祭り囃子のなかにも伝存が確認されている。

ここで一度わかりやすく、看々踊とラクダ見世物との文政期における前後関係を相並べるかたちで整理しておくと、

看々踊　文政三年大坂、名古屋興行〜文政四年江戸興行〜文政五年市中禁令〜浸透、波及

ラクダ　文政四年長崎舶来〜文政六年大坂、京興行〜文政七年江戸興行〜全国を巡業

という状況であり、一言でいえば、両者は相前後して重なり合うようにあらわれた、文政期の一大流行風俗なのであった(念のために記すと、『武江年表』は文政五年の項に江戸での看々踊の興行を記しているが、これも年代の混乱で正しくは文政四年である)。前に大田南畝『あやめ草』の記事で、文政四年の神田祭の頃にラクダ狂歌摺物の相談が来ている話を記したが、ちょうどその直前に「かんかんの神田祭に唐人の踊もいでんとしま町より」の狂歌が載っており、このとき豊島町から神田祭に「かんかんのう」の趣向を出していることがわかる(「かんかん」は鉦の音とも掛けている)。看々踊と

図34　ラクダと看々踊(渡辺崋山『喜太郎絵本』より，古橋懐古館蔵)

ラクダとは、南畝においてもこうして実際に重なり合ってあらわれていたわけである。死人の「らくだ」に「かんかんのう」を踊らせるという一見、途方もない噺は、こうした背景を知ってみれば、わかりやすいものとなるはずである。

そしてすでにお気づきの読者が多いはずだが、ここで前に掲載した『駱駝之図』(八十六〜八十七頁)と、今あげた二つの図版とを交互に眺めていただきたい。視覚的にも両者が連繫する必然が見えてこないだろうか。そう、これらの見世物ではともに日本人が唐人姿になっており、楽器としてトライアングルを用いる点、また長崎から上ってきた点も共通なのである。つまり、両者は「唐人風俗」「異国趣味」を味付けとする相互に響き合う見世物なのであり、それが連続してあらわれてごく自然に結びついているのである。当時の人にとってラクダと「かんかんのう」とが連結していたことは、画家で田原藩士の渡辺崋山《わたなべかざん》が描いた絵にも象徴的に示されている(図34)。これは『喜太郎絵本』という渡辺崋山が甥の喜太郎のために描いた絵本のなかの一図であり、(63)ご覧のようにヒトコブラクダの前で唐人姿の男が「かんかんのう」を踊っているのである。対外的な危機意識を強く持ち、のち蛮社の獄に巻き込まれてしまう崋山もまた、当然のごとく両者をともにとらえていたのであった。

また大坂では、文政五年(一八二二)に「駱駝踊」なるものが興行されるが、これは「ラクダの皮を着しおどるカン〳〵踊のごとし」(浜松歌国『摂陽奇観』)といったものであった。こうしてみると、「らくだ」と「かんかんのう」との連結は、文政の時代に接近すればするほどはっきり見えてくるのであり、落語『らくだ』はいささか特異な表現ではあるものの、じつはこの両者の連結をそのままに表現しているといった側面も、間違いなく持っているのである。

同時代文化が交響する落語

さて、これまでのところでおよそ、落語『らくだ』が文政期に相前後してあらわれた二つの流行風俗、すなわちラクダ見世物と「かんかんのう」を直接的に反映するかたちで、時代のホットな文化として立ち上がったメカニズムが見えてきたと思う。芸能における「当て込み」というものの本質を考えるなら、年月が経って忘れられた頃に(たとえば七十年後とか八十年後の明治後期に)それが立ち上がることはあり得ず、噺の骨格の成立は前述の文政期の数年間を出ることはないと思う。

その点を突き詰めるためにさらに見るべきポイントは、落語『らくだ』に出てくるのはたんに「かんかんのう」なのではなく、「死人」の「かんかんのう」であるという際立つ特徴であろう。何といってもそこに落語『らくだ』の真髄があるからである。また加えていえば、火屋に入れられる願人坊主（あるいは、演出によっては入れられそうになる願人坊主）の存在も印象的である。

　そしてもう一つ、江戸時代の落語が成立していく形成史を考えるならば、一般にいちどきに長い噺が完成するわけではなく、よく見られる形成パターンとしては、短い小噺《こばなし》から長噺《ながばなし》になり、あるいは二つの噺が合わさり、あるいは先行する文芸、説話等が付加されといった具合に、歴史の過程における複合生成を経て長編化していったものが多いのである。これは明治になってからの三遊亭円朝が、有名作家が小説を書くように作品を創作口演したイメージとは異なるものである。

　現時点で、落語『らくだ』の生成過程を筆者も完璧に絵解くことはできないが、いま述べた視点からもう少し幾つかの事柄を記しておきたい。「死人」の「かんかんのう」は話が長くなるのであとにして、複合生成のプロセスに関わる事項から記す。

　それは、かつて延広真治《のぶひろしんじ》氏が紹介した江戸の喜《き》久亭寿暁《くていじゅぎょう》の落語ネタ帳『滑稽集』に、文化五年（一八〇八）の新作として「生ゑひ〇火屋」というネタが存在することである。延広氏はこれを落語『らくだ』につながるものと同定しており(64)、筆者もその考え方に賛成である。つまり、今日の『らくだ』の最終部における、生酔いの願人坊主が火屋に入れられて「ひや（冷や酒）でいいからもう一杯」というところである。これを前提にすれば、先立つ文化期に新作としてあった「生ゑひ〇火屋」のネタの上に、文政期に流行したラクダ見世物と「かんかんのう」が合わさって、落語『らくだ』が形成されたという有力な可能性が浮かび上がってくる。

そして、もう一つの「死人」の「かんかんのう」である。じつはこちらは、同じ時代に大活躍していた歌舞伎作者、鶴屋《つるや》南北《なんぼく》の一連の趣向を想起させるものなのである。最も近接するのは、文政四年(一八二一)七月に江戸の河原崎座で上演した『玉藻前御園公服《たまものまえくもいのはれぎぬ》』であり、その第二番目序幕にまさしく「死人」の「かんかんのう」が登場するのである。ちなみに文政四年七月とは、江戸で「かんかんのう」が流行の真っ最中であり、長崎にラクダが舶来したその月である。南北の場合、幾つかの芝居で死人が踊る「盆踊り」の趣向を見せており、文化六年(一八〇九)刊の南北作の合巻『復讐爰高砂《かたきうちここはたかさご》』にもその場面がある。つまり、南北にはまず亡者が陽気に踊る盆踊りの趣向が先行してあり(南北はこういう趣向が大好きなのである)、折からの「かんかんのう」の大流行を眼前にしながら、『玉藻前御園公服』では「かんかんのう」に変えたというわけなのである(65)。

落語の「らくだ」の葬礼もなかなか凄いものだが、南北は輪をかけて破茶滅茶である。この芝居のなかでは、おかんという一人の女が亡くなる。深川の遊廓で二階廻し(二階座敷の部屋、寝具、器物などの一切を取り仕切る仕事)をしていた女で、蛤《はまぐり》の天ぷらと西瓜の食い合わせに加え、蟹を食べ過ぎて頓死したのである。食べ物に当たるのは「らくだ」と同じだが、フグに当たるよりも大分、手が込んでいる。おかんは金をそれなりに貯めていて、死ぬ間際に家主に「すてきに弔いを賑やかにして下され」と遺言して果てる。そこで長屋の連中が施主となって、弔い、ならぬ大騒ぎとなる。おかんの戒名は「おめこう院おかんこ信女」(「おかんこ」も女陰の異称)とふざけたものである。

家主が弔いの口上をいう。「住持とも相談仕り、むかし天竺にて、釈尊おもひつかれましたる葬礼の義は、かん〳〵のきうれんすと申スもの、唐韻にて相つとめましたるを、今日吊《とむら》ひに取組み仕り、御覧に入れまする」。こうして所化《しょけ》の僧と長屋の連中が「かんかんのう」で賑やかに弔いをやっていると、早桶がだんだん動き出す。と、早桶のなかから坊主頭にされたおかんが飛び出し、自ら踊り回るのである。その場の皆が揃って「イヤア、仏がいきたわく」。いかがであろうか。

落語『らくだ』同様の弔いに絡んでの「かんかんのう」であり、こちらは正確には死人から生き返った「かんかんのう」であるが、きわめて近しいものを感じるし、早桶から飛び出すこのおかんと、火屋から飛び出てくる願人坊主も、心象が類似するのである。落語『らくだ』における「死人」の「かんかんのう」や、珍葬式の様相は、それだけを見ていると世から浮き上がった異常なものとのみ映るだろうが、こうして先立つ南北劇と並べて一緒に見ると、死人の踊りも、死を笑う乾いた感覚も、この時代が共有する一つの文化としての相貌をあらわすのである。

そしてわずかに時間をさかのぼるが、市中を徘徊する願人坊主もまた、時代が共有する一つの文化としてあった。落語『らくだ』における願人坊主のとぼけた味は、やはり芸能として形象化されていた歌舞伎の「願人坊主」(「浮かれ坊主」)を想起させ、これは三代目坂東三津五郎の七変化所作事の一として文化八年(一八一一)に初演され、人気を呼んでその後に定着した演目なのである。そこでは、早桶、ならぬ手桶の底を抜き、その底面に書かれた「悪」という字をくわえて「悪玉おどり」をする演出があることも印象的である。

落語『らくだ』には、あきらかに文政頃の同時代文化が交響している。それは総じていえば、都市の片隅でしたたかに生きる者たちの、なるようにしかならないといった極度に現実肯定的で楽天的な、その分、グロテスクとも見える文化であり、落語『らくだ』とは、そうした同時代文化の交響を母胎とし、「かんかんのう」とラクダ見世物という連続してあらわれた流行風俗の刺激によって立ち上がった、みごとな傑作と筆者は考えている。それは近代人が知的に創作するようなものでは到底なく、また、あとから過去を発掘して作るようなものでももちろんなく、文政期という時代の産物なのである。(66)

少しことばを換えていえば、流行感染症を含めて人が簡単に死んでしまう時代における、逆説的な生命賛歌ともいえ、同じ時代のなかで双子のように存在する南北劇も、落語『らくだ』も、それをドライな感覚で芸能化して表現しているのである。だから、死んだはずの「おかんこ信女」は「かんかんのう」で踊り回り、火屋から飛び出た願人坊主は「ひや(冷や酒)でいいからもう一杯」というのである。不真面目といわれればそれまでだが、しかし、それはこの時代の生きるエネルギーである。

『らくだ』のパフォーマンス

かなり長く続いたこの第一章の終幕が見えてきたので、いまDVDを取り出して歌舞伎『らくだ』を観直したところである。松竹のいわゆるシネマ歌舞伎作品(本作は山田洋次が監督)で、元は二〇〇八年八月の歌舞伎座の舞台である。「紙屑買《かみくずかい》　久六」を中村勘三郎が、「らくだ」の兄弟分の「遊び人　手斧目《ちょうなめ》の半次」を坂東三津五郎が、そして「駱駝の馬太郎」を片岡亀蔵がやっている。元の舞台も観ているが、こうやって観直せるのは有り難いことで、勘三郎、三津五郎をその後に続けて喪ってしまった今は、なおさらである。この二名優とちょうど同学年の筆者にはいろいろ感慨があるが、歌舞伎座の客席の方では何度も爆笑の渦が巻き起こっている。勘三郎も、三津五郎も、映像のなかでは生きているのである。敵役では独特の存在感を見せる亀蔵が「らくだ」の死骸となっていて、死骸なのにときどき動いて演技をするコミカル感は秀逸で、そこに客席が反応する。小柄な勘三郎の屑屋に亀蔵の死骸が覆い被さるところや、もちろん「かんかんのう」の場面は大盛り上がりであり、『らくだ』の魅力を堪能した。

ちなみにエッセイストの椎名誠氏はこの『らくだ』について、「歌舞伎も『らくだ』をやる。主役のクズ屋を勘三郎。ヤクザに三津五郎。らくだを亀蔵が演じているのを昨年［二〇〇八年］の八月に見た。（中略）歌舞伎は笑えた。この十年ほど、毎月歌舞伎を見ているが、あんなに笑った歌舞伎ははじめてだった。そののち舞台そのものの映像を自宅で見ても同じぐらいおかしかった」と記している（「風まかせ赤マント　九五九『らくだ』の解釈と鑑賞」『週刊文春』二〇〇九年十一月五日号、文藝春秋）。

話の順番が逆になったが、このように歌舞伎には落語『らくだ』を舞台化した作品が存在する。その元は、明治から昭和戦前に活躍した劇作家、岡鬼太郎《おかおにたろう》による『眠駱駝物語《ねむるがらくだものがたり》』という落語に基づく芝居一幕で、昭和三年（一九二八）に東京の本郷座で初代中村吉右衛門の屑屋役で初演され、その後も何度も好配役で上演されてきた。おそらく、誰でも一度観たら忘れられない舞台であろう。そういえば、二〇〇〇年十一月に歌舞伎座でやった時の市川団蔵による「駱駝の馬太郎」も、団蔵の体の大きさが活きる怪演の死骸であった（この時は「屑屋久六」が尾上菊五郎、「遊人半次」がまだ八十助だった三津五郎である）。

加えて落語『らくだ』は、かのエノケンこと榎本健一一座によっても『らくだの馬さん』の名で喜劇化されており、エノケン版の『らくだの馬さん』は二度、映画化もされている(大曾根辰夫監督・一九五〇、石原均監督・一九五七)。『らくだ』は、じつは現代の演劇舞台との親和性も高く、折々にさまざまなかたちで上演されていて、たとえば既述のシネマ歌舞伎以降でいえば、二〇〇九年十月の劇団民藝『らくだ』(別役実作、大滝秀治主演＝屑屋役、紀伊國屋サザンシアター)や、二〇一七年五月の前進座『裏長屋騒動記――落語「らくだ」「井戸の茶碗」より』(山田洋次監修・脚本、嵐芳三郎主演＝紙屑屋の久六、国立劇場大劇場)などが、筆者の記憶に残るところである。

大元の落語『らくだ』も、すでに記したようにこの半世紀だけでも数多くの噺家たちが芸と個性を競い合ってきた。名演かどうかは読者の判断に委ねたいが、気になった演じ方は立川談志のものである。たとえば「立川談志ひとり会」でやった『らくだ』(一九九三年三月八日、国立劇場演芸場。DVDもあり)では、まず「らくだ」の頭を坊主にするところから談志流である。髪を剃って僧形にするのは、御髪剃《おこうぞり》といって江戸時代の厳格な寺檀制度《じだんせいど》とも絡む風習の反映だが、談志は手に持った剃刀をろくろく使わずに、ほとんどの髪を身ぶりたっぷりに引っこ抜く感じでやる。たとえば小さん、小三治も髪をむしる演技をするが、談志が最も乱暴である。これは剃刀でていねいに頭を丸めていた円生とは、対極の演出である。そして談志は最後の火屋の場面で、火に放り込まれた願人坊主がたまらず飛び出てくると、死人なんだから大人しく死んでいろと殴りつけ、コブだらけにしてしまう。そこで、「ラクダだから」と落とすのである。談志独特の「理屈」と形状連想とが合わさった演出とでもいえようか。

これに比べると、かつての志ん生の『らくだ』はグロテスク味があまりなく、からっと明るい身体感覚で展開していく。屑屋が酔っていくところの運びは、やはり志ん生らしくて素晴らしい。八代目可楽の『らくだ』は、同じテンポで淡々と歩くような感じで、とにかく小気味よい。何かを飛ばしてやっているわけではないのに、時間は短めである。六代目松鶴の『らくだ』はいかにも大阪風で、本当に酔っ払っているのではないかとも思わせる、巧みに演出された柄の悪さが心地よかった。

二〇〇四年十一月十一日、木曜日。

当時、横浜から「毎週、伊勢参り」で伊勢の皇學館大学に勤務していた筆者は、早めに仕事を切り上げて、東京有楽町のよみうりホールを目指していた。伊勢の大学から有楽町までは四時間かかる。何を目指していたかといえば、笑福亭鶴瓶が東西落語研鑽会でやる落語『らくだ』である。鶴瓶の『らくだ』は、関西で少し先駆けてやっていたが、東京ではこれがはじめてだったと思う。本格的に落語に回帰しつつあったテレビの人気者が、ついに師匠である六代目松鶴の十八番をやるというので話題であった。

前半が終わり、仲入り後に鶴瓶が登場。会場からは物凄い拍手であり、皆が期待でいっぱいなのがわかった。鶴瓶は出る早々、あんまりプレッシャーかけないでといったようなことばを発して、早速笑いをとっていた記憶がある。もちろん、最後の火屋のところまでの通しであり、一時間を越える口演をかなりていねいにやった。六代目松鶴を感じさせるところもあったが、鶴瓶独特の人懐っこい感じのキャラクターから来るのか、屑屋と兄弟分との人と人との絡み方や、絡むなかでの人間のおかしさ、不思議さ、悲しさが表現されていて、随所で笑いに誘われながら、いわば「屑屋が酒に酔うように」噺に酔って筆者の頭は解放されていった。

鶴瓶の『らくだ』はその後も展開していて、歌舞伎座でやった時は舞台上に早桶が置かれ、自らの珍葬式をやるという趣向を絡めて口演がおこなわれた(二〇〇七年十月二十七日、二十八日『第一回落語大秘演會　鶴瓶のらくだ』歌舞伎座。前後に嘉穂劇場、旧金毘羅大芝居、八千代座、内子座、康楽館、南座、大阪松竹座を巡演)。ポスターやチラシには、早桶から顔をのぞかせて一杯やる鶴瓶の亡者姿がイラストで描かれていた。そしてこのとき鶴瓶は、最後に「らくだ」を生き返らせる演出をやったのである。やっぱり『らくだ』は、逆説的な生命賛歌なのではあるまいか。これは生き返って「かんかんのう」を踊りまくる「おかんこ信女」への先祖返りともいえ、ちょうど会場もすべて芝居小屋であり、鶴屋南北的な猥雑《わいざつ》な生のエネルギーが再生されるような演出であった。のちにご当人は、あれは作りが「ちゃっちい」と自己批評しており、それならもう一度工夫を加えてやってほしいなあとも思う。ちなみに、かつてのエノケン一座にも「らくだ」を生き返らせる演出があった。

昨二〇二一年に公開されたドキュメンタリー映画『バケモン』(山根真吾監督)には、こうした鶴瓶と落語『らくだ』をめぐる十七年間のエッセンスが詰め込まれ、新型コロナ状況下だからこそ『らくだ』を高座にかけようとする鶴瓶の姿がおさめられている(なお、二〇〇四年の有楽町よみうりホールは入っていないが、それに先立つ東大阪の会のエピソードが入っている)。筆者はこれを観ながら、感染症が連続して流行していた二百年前の文政の時代を思い、そこにやって来たラクダのことを思った。落語『らくだ』に入れ込まれた独特のエネルギーは、たしかに今こそ求められるものなのかもしれない。

人は一代、名は末代。ならぬラクダは一代、名は末代。

二百年前の文政四年(一八二一)に舶来したラクダは各地を長いあいだ巡ったのちにどこかで斃れてしまったが、その名を落語『らくだ』のなかで末代にまで残し、今も生きているともいえる。これもわたしたちの文化が持つ、人間の不思議さを映し出した大変興味深いダイナミクスなのである。

第二章

船来動物と見世物

人は生涯に何度、動物園に足を運ぶのだろうか。

よほどの動物園嫌いでないかぎり、ふつうの日本人なら少なくとも五、六回は訪れているだろう。したがって多くの人は、ゾウやトラ、ライオン、キリン、ラクダなどといった異国の動物たちを、何度も繰り返し目にしていることになる。最初は親に連れられて、次は幼稚園や学校の遠足で、あるいは長じてからのデートで、そしてのちには我が子や孫の手をひいてといった具合の経験は、一般的なものかと思う。ちなみに筆者自身は動物園好きで、地元横浜の野毛山《のげやま》動物園には幼い頃から通い続けているし、外国を訪れた際は機会を作って動物園に足を運んできた。これまで二十箇所以上を訪れているが、繰り返し足を運んだのはハワイのホノルル動物園、北京動物園、シンガポール動物園(昼、夜とも)で、この十年ほどのあいだにも新たにオランダ、アムステルダムのアルティス動物園、エストニアのタリン動物園、フィリピンのマニラ動植物園、ポルトガルのリスボン動物園などを訪れている。

こんな書き出しをしたのは理由あってのことである。以下、本章では、海外から日本にもたらされた舶来動物とその見世物興行について前近代を中心に叙述していくが、その前提として、ゾウやトラ、ラクダなどといった動物に対する感覚が、昔と今とでは根本的に異なることを強調しておきたかったからである。

われわれ現代人は誰でも動物園へ行って、異国の動物たちと出会うことができる。しかもその気になればいつでも、何度でも、動物園を訪れることができる。さらにテレビなどのメディアを通じても、動物たちを目にする機会はより以上に多いのである。

それに対して、江戸時代の庶民がこうした異国獣を目にする機会は、多くの場合に一生に一度あるかないかであった。実際、江戸時代の二六五年間を通じ、江戸に住む庶民が実見する可能性のあったゾウといえば、享保十三年(一七二八)に長崎舶来のアジアゾウと文久《ぶんきゅう》二年(一八六二)に横浜舶来のアジアゾウのわずかに二度、そしてすでに見てきたようにラクダにしても、文政四年(一八二一)に長崎舶来のヒトコブラクダと、文久二年に横浜舶来と推定されるフタコブラクダの二度にしかすぎない。トラにしても、江戸の庶民が見た可能性のある本物のトラは文久元年に横浜舶来の個体のみであり、ライオンも慶応元年(一八六五)の横浜舶来が初渡来、キリンに至っては前近代には一度たりと舶来していないのである。

したがって、もし僥倖にもこれら異国獣を目にする機会に恵まれれば、いわば「今昔未見」の珍獣をむさぼるように眺めたのであり、この文字通りに「有り難い」動物との稀有なる出会いといった条件が、舶来動物と見世物をめぐる種々の現象を理解するための前提となるのである。

まずはそうした点を押さえたうえで、以下、日本における動物舶来の歴史を古代からさかのぼって述べ、続いて見世物に話題をしぼりながら江戸時代後期に焦点を当て、そこに見られる特徴を論じていきたい。

一　動物舶来の歴史

日本における海外からの動物舶来に関しては、通史的な概要研究としてこれまで白井光太郎『日本博物学年表』(改訂増補版、大岡山書店、一九三四)、高島春雄『動物物語』(増補再編・改題版、八坂書房、一九八六)、上野益三『年表日本博物学史』(補訂摘出・改題版、八坂書房、一九八九)、また磯野直秀『日本博物誌年表』(平凡社、二〇〇二)など、動物学、博物学系の仕事が著されてきた。その一方で、古代に舶来したクジャクとオウム、戦国時代に舶来の朝鮮のタカ、江戸時代に舶来のゾウやラクダなどを中心に、具体事例とその背景や享受の様態にも切り込んだ共時的、文化史的な歴史研究がおこなわれており、全体の研究レベルは高まってきていると思う。

なかで磯野氏の年表は、「博物」(動物のみならず植物、本草、鉱物などを含めた自然物万般)に関する文献を博捜した、年表形式のなかでは現時点において最も良質なものであり、ここでは同年表を基礎的土台としながら、他の秀でた文化史研究や歴史学の知見によってその欠を補い、また筆者の知見と考え方も加えて、動物舶来の史的概況とその特徴についてまず述べることとしたい。全体をお読みいただけるとわかることだが、通史的なマクロな視点は、江戸時代後期の状況理解のためにも重要なのである。

古代の動向

日本における動物舶来の「歴史記録」をさかのぼると、およそ推古《すいこ》天皇の時代が始まりとなる。具体的には、最古の勅撰史書である『日本書紀』中の推古紀に見える記録で、新羅へつかわされた使者が推古六年(五九八)に「鵲〔カササギ〕二隻」を持ち帰り、「難波杜」で養育したとの記事が見える。なお、大阪市中央区にある現在の鵲森宮《かささぎもりのみや》(通称、森之宮神社)がこれを社名の由来としている。また同じ年、新羅より「孔雀一隻」を献上、翌七年には百済より「駱駝一疋、驢〔ロバ〕一疋、羊二頭、白雉一隻」を献上、同二十六年(六一八)には高麗より「駱駝一疋」を献上といった、朝鮮半島から本朝への「貢物」「調物」に関する記載を確認することができる。

いうまでもなく『日本書紀』の記述は、時代をさかのぼるほど史実としての信頼性が弱まるが、推古紀は一定の信頼性があらわれ出す境目の時期といってよく、また古代中国における異国からのさまざまな動物献上の事例が想起され、おろそかにはできない貴重な記述といえる。なお、この時期はちょうど外交面での遣隋使派遣と重なり合う時代でもある。ただし、のちの天武紀、持統紀と比べれば、全般に推古紀の記述に関し、史実としてのより慎重な検討が必要であることも間違いなく、もとより断片的な記録であり、詳細は不明という点も一方で押さえておきたいと思う。

続く七世紀半ばから九世紀に至る時代には、新羅を中心とする朝鮮半島からの動物舶来(「鸚鵡」「騾〔ラバ〕」「驢」「狗〔イヌ〕」「馬」など。多くは「貢物」)に関する記述が、『日本書紀』さらには『続日本紀《しょくにほんぎ》』『日本紀略』などに散発的に見られるが、九世紀半ばから十二世紀の時期になると、東アジアの国際情勢を反映して、中国からの動物舶来(入唐僧またおよそ十世紀以降は中国系海商がもたらしたもの)が中心となっていく。そして舶来する動物が、クジャクとオウムを一つの特色とするようになる。

クジャクとオウム

このクジャクとオウムに関しては、皆川雅樹氏が「孔雀《くじゃく》の贈答」(『専修史学』四十一、専修大学歴史学会、二〇〇六)及び「鸚鵡《おうむ》の贈答」(矢野建一、李浩編『長安都市文化と朝鮮・日本』汲古書院、二〇〇七)の二論考において、詳細な研究をおこなっていて注目される(のち両論文ほかを改訂合体のうえ皆川雅樹『日本古代王権と唐物交易』吉川弘文館、二〇一四、に「動物の贈答」として収録)。皆川氏は六、七世紀から十二世紀までを射程に、秋山謙蔵、森克己、新川登亀男、小島菜温子、服部英雄の諸氏らの先行研究を踏まえて、詳しい資料検討と考察を展開し、東アジアの国際関係における外交及び通商促進の道具としての「動物贈答」の重要性を多角的に論じている。そして、先の朝鮮半島ルートから中国ルートへの時代的変化、受け手であり仲介役でもある大宰府の役割、またクジャクとオウムがセットになる傾向の存在などを指摘している。そのうえで、とくに十世紀から十二世紀の比較的詳細の度合いを増す史料、文芸などを用いながら、文化史的領域にも踏み込んだ記述をおこなっている。

具体的には、クジャクとオウムを享受した側、すなわち平安朝の天皇、院、法親王《ほっしんのう》、摂関家における意味づけの問題であり、両動物はたんなる愛玩品ではなく、仏法と連関する表徴的な動物として享受され、庭園を荘厳する装飾ともなり、高貴の者のあいだでその人間関係を反映しつつ回覧、譲渡されたことをあきらかにしている。

とくにクジャクは、除災、除病、祈雨、安産などのさまざまな現世利益をもたらすとされた「孔雀経法《きょうほう》」(孔雀明王を本尊としておこなう密教修法《しゅほう》で、当時の貴族社会において盛行し、とくに仁和寺《にんなじ》では覚法法《かくほう》親王らが御修法をつとめた)と直接的なつながりを持ち、古代インド以来の信仰を背景に再生と豊饒の象徴たる「雷鳥」とも同一視されたのであった。またオウムにしても、ことばを学ぶ聡明な鳥ゆえに仏法を伝えるとされ、その点で珍重されるとともに、時に世に異変をもたらし得るものとして、返却される事例もあったことを紹介している。

舶来動物と「ご利益」

こうした遠く海の向こうから舶来する「有り難い」動物が、どこかに宗教性を帯びて「霊獣」「聖獣」とされ、さまざまな現世的信仰と結びつくことは、はるか下って江戸時代の動物見世物にもしばしばみられる現象であり、筆者は以前からこれを珍しい動物の「ご利益《りやく》」と名づけて、その様相について論じてきた(前章の「三 『駱駝之図』を読む」中の「盛りだくさんの「ご利益」」の項も参照)。見世物となる舶来動物は、実際の生息地、産地や出航地とは関係なく、仏教と関わる「天竺」「西方」といった場所と結びつけて語られることが多かったのである。

むろん、古代と江戸時代のそれぞれには時代の個別性もあるが、やはりこれは、舶来の「有り難い」珍獣とそれを享受する人びとのあいだに生じる本質的な現象であり、古代以来の太い水脈を持っているわけである。なお、筆者がいう珍しい動物の「ご利益」とは、すでに前章のラクダで述べた、疱瘡麻疹除け、悪病払い、招福除災を典型とするものであり、それに関してはあとでまた他の動物を事例として補足を記すつもりである。

さて、平安期にはクジャクとオウムのほかにも、ネコ(「驪猫」「唐猫」)や「羊」「鵞鳥」などが散発的にもたらされて献上品となっている。これらも多くは中国系海商(唐商、宗商)が運んだものであり、以後、部分的な中断はあるものの、基本的に江戸時代後期に至るまで、運び手としての中国系海商が果たした役割はきわめて大きいものであった。

中世の動向

鎌倉幕府成立(一一八五または一一九二)から室町幕府崩壊(一五七三)までの時代には、前述の磯野氏の年表を参照すると、舶来を確認できる事例が非常に少なくなっている。藤原定家の日記『明月記』中の嘉禄二年(一二二六)に「生麝〔ジャコウネコ〕」を見たとする記事や、応永十五年(一四〇八)に若狭小浜へ着船の南蛮船に積まれていたゾウ、「山馬」、オウム、クジャクといった特徴的な事例はあるものの、この間、一般に史料文書類の物量が時代を追って増加していく傾向を考慮するなら、あきらかに顕著な減少あるいは部分的な空白とさえいえる状況である。

この状況に関しては、大陸で南宋を滅ぼした元が一大帝国を建設し、二度の元寇《げんこう》(蒙古襲来)があったことを考えれば、十三世紀末から十四世紀の激減は納得できるところである。ただ、江南から興った明へと中国の王朝が代わり、とくに十五世紀以降に日明貿易が、いわゆる勘合貿易(明との朝貢貿易。原則は十年に一貢)のかたちでも、また加えて和寇、中国系海商による密貿易ともども、盛んにおこなわれていた歴史状況を考えれば、もう少し事例があっても不思議ではない。著名な『看聞日記《かんもんにっき》』に記される、応永二十三年(一四一六)に貞成親王《さだふさしんのう》が「羊」を見たとする記事など、若干の事例を筆者も加えることはできるが、中世史研究の専門家のさらなる参画があれば、まだまだ新たな事例を加えることができるのではないかと思っている。

既存の論考では、中近世対外関係史の研究で知られる田中健夫氏に、朝鮮半島との関連で「朝鮮の鷹」(『対外関係と文化交流』思文閣出版、一九八二)という短いながら優れた論文が存在し、それは近世にも接続する視野を提供するものとなっている。

朝鮮のタカ

具体的に田中氏の論考は、戦国時代の享禄《きょうろく》二年(一五二九)から天文《てんぶん》七年(一五三八)にかけての、対馬《つしま》の宗氏《そうし》による「朝鮮鷹」を用いた進物外交《しんもつがいこう》を、その背景を含めて具体的に描き出すものである。この時期の宗氏による「朝鮮鷹」の贈り先とは、大内氏、大友氏とその老臣たちであり、それは朝鮮半島と九州のあいだに位置する対馬が、友好関係のなかで自らの安全を維持し、とくに博多港との連繫を確保するための外交方策、商業方策として、継続的に実行していたものであった。

ところで、いま言及の九州北部を一時期完全に牛耳ることになる大友氏(大友宗麟《そうりん》の時代が全盛)へは、明船もまた天正《てんしょう》三年(一五七五)にトラ、ゾウ、オウムなどを運んでいることが注目される。つまり、これら事例の巨視的な位置づけとは、九州北部から東アジアの国際交易関係へと広がっていくものであり、さらに大友宗麟はいうまでもなく、豊後《ぶんご》沖《おき》ノ浜《はま》を拠点に南蛮貿易をおこなった「キリシタン大名」なのであった。

話は戻って、田中氏の研究ではさらに、慶長《けいちょう》十八年(一六一三)に徳川家康が宗氏に命じて朝鮮にタカを求めさせたことや、下って寛永《かんえい》三年(一六二六)に細川忠興《ほそかわただおき》が高麗の「売鷹」を下関で求めたい旨を三男忠利《ただとし》へ書き送った書状にもふれており、江戸時代へ接続する事例をあげながら、朝鮮のタカに対する時代を隔てても変わらぬ武士上層の人びとの願望を描き出している。

優れたタカとは、古くは天皇、貴族から、のちの武家政権下の将軍、大名諸侯まで、時代時代の特権階級が熱狂した鷹狩に必須のものであり、名鷹として大陸でも知られていた「朝鮮鷹」の贈答は、さらにいろいろと事例があるものと推測されるのである。いわゆる朝鮮通信使の江戸幕府への献上品としてもタカは慣例化しており、「動物外交」の一つの典型的アイテムであった。

なお、以上の古代、中世の項では、遠藤慶太氏、岡野友彦氏から幾つかご教示をいただいた。記して感謝する。

近世の動向

織豊政権から徳川政権へと移り変わる近世はじめの時代には、それまで散発的であった舶来事例が増加して、高密度に動物舶来が確認されるようになる。

既述のように中世全体に関する数量評価は激減の時期があってむずかしいのだが、ごくおおまかに平安期や戦国期と比較すれば、当初は従来の数倍から十倍前後の増加をみせ、さらに十八世紀に入るとそれ以上の激増となって、江戸時代後期へと至るのである。これにはむろん、近世における史資料の加速度的な数量増加もあずかっているが、それよりも何よりも、対外交流、海外進出がいよいよ全世界的に活発になってかつてとは次元を変え、世界は交わらざるを得ないといった基底条件が、大きく舶来動物史に影響しているのである。それは江戸幕府による明確な対外交渉コントロール政策（海《かい》禁《きん》政策、いわゆる「鎖国」）が実施されてもなお、根本の流れは止めようがないものであり、厳格な管理統制の枠内ではあるものの、交易そのものは継続的かつ盛んにおこなわれたのであった（ただし、日本の側からは出国できず、来航を待つだけの交易となったのは、海禁以前と以後の大きなちがいである）。

近世最初期の時代には、たとえば文禄《ぶんろく》三年（一五九四）に堺の商人がフィリピンから「麝［ジャコウネコ］」を持ち帰り秀吉へ献上した、やはり同年に吉川広家《きっかわひろいえ》が朝鮮から秀吉へ「生虎」を送った、あるいは慶長元年（一五九六）に土佐へ漂着のスペイン船に「麝香」、サル、オウムが積まれていたといった種々のパターンが見られ、江戸幕府成立前後から三十年ほどのあいだも、東南アジア各方面との「朱《しゅ》印船《いんせん》」また「奉書船」による貿易が続く。だが、寛永十二年（一六三五）に日本人の海外往来すべてが禁止され、またスペイン、イギリス、ポルトガルの勢力が順次退転し、同十八年（一六四一）にオランダ商館が平戸から長崎へと移転させられたのちは、最終的に長崎を窓口とする中国船（中国系海商）及びオランダ船との管理貿易に限定されて、そのなかでの動物舶来が中心となった。

一六三〇年代から動物献上事例、舶載事例を多く見るようになるオランダは、舶来動物史ではこの時期からあらわれる新顔であり、「世界のヨーロッパ化」の大波は、日本ではかなりオランダに集約されるかたちで展開することになる。

中国船に関しては、動物船載事例が十七世紀半ばからと資料的にはやや遅れてあらわれるが、十七世紀前半の残存する当該資料が体系的に整わないという事情があり、内実不明はそれによるところも大きい。中国の清が一時期施行した遷界令(海禁政策)を廃し、貞享《じょうきょう》元年(一六八四、康熙二十三)に海外交易を許可する展海令を発したのちは、とくに十八世紀に入った頃から、中国船による鳥類を中心とした動物船載事例が継続してあらわれるようになる。

ところで中国船とは、中国人乗組員、中国人船頭による船の謂《いい》であり、そこには清朝政府が派遣した船も、反清勢力として残存した鄭《てい》氏《し》側の船も、シャム国王が派遣した船も含まれている。その出航地は、中国沿海中南部の江蘇《こうそ》、浙江《せっこう》から、南へ福建《ふっけん》、広東《かんとん》、さらに南へベトナム、東南アジア各地と多彩であった。

たとえば享保十三年(一七二八)にベトナムの広南《かんなん》の港からアジアゾウ(徳川吉宗が注文したもの)を積み、長崎へと船載した「申十九番広南船」(船頭は鄭大威)とは中国船にほかならないのである。ここではそれらの総体を中国系海商と呼んでいるが、その活動は中国沿海部と長崎との往復にとどまるわけではなく、かなり広範囲に及んでいる。つまり、その広範囲からさまざまなものがもたらされたということである。

このほか江戸時代における対外関係としては、先にふれた朝鮮半島から対馬宗氏のルート、また琉球から薩摩島津氏のルートが、いわゆる「通信使」を公的主軸とする対外交渉ルートとして存在し、そこでの動物船来も確認される。ただ、中心は何といっても長崎における中国船、オランダ船の二大交易であった。

多数を占める鳥類

すでに述べたように、江戸時代の動物舶来事例は数多あって、そのすべてをここでとりあげることは不可能である。こうした記述をすると、たしか本章の冒頭では異国の動物は滅多に見られない、一生に一度の出会いと強調していたではないかと、不審に思う方もおられるかもしれない。だが、それは誤解である。筆者が強調したのは、ゾウやトラ、ライオン、キリン、ラクダなどといった異国の動物たち、つまり、今日の動物園でふつうに目にすることができるような大型獣、子どもを含めて誰もが見知っているこれらポピュラーな大型異国獣との出会いが、江戸時代の庶民には稀有または皆無であるということであり、すべての動物についてそう前置きしたわけではない。

じつは、江戸時代になると数多の舶来事例があるといっても、圧倒的多数を占めるのは鳥類であり、しかも数量的には小鳥が中心という事実が存在するのである。鳥類の舶来は非常に多いが、前記のような大型獣の事例は、やはりきわめて稀少または皆無なのであった。

その鳥類の内訳をみると、まず種々のインコ[1]が最も目立っており、定番のオウムとクジャクも依然として多い。そしてさらに「錦鶏〔キンケイ〕」「白鷴〔ハッカン〕」などのキジの類や、「火食鳥〔ヒクイドリ〕」といった大型鳥の事例がみられる。一方、小型鳥ではスズメ目の「画眉鳥〔ガビチョウ〕」「八哥鳥〔ハッカチョウ〕」「九官鳥」「文鳥」「十姉妹」「紅雀」「相思鳥〔ソウシチョウ〕」「カナアリヤ鳥〔カナリア〕」「黄鳥〔コウライウグイス〕」や、ハト目の「長生鳩」などがしばしばみられる(鳥名の表記は他にもさまざまある)。

なかでも小鳥の類は、江戸時代後期には一度に多数が舶来し売買されたことが知られている。既述の磯野氏は、江戸時代舶来の鳥類について個別の研究も展開しており、長崎に舶来の鳥獣を幕府へと通報する役割をつとめた高木家伝来の『唐蘭船持渡鳥獣之図』(慶応義塾図書館蔵)を紹介した仕事は重要なものといえる(磯野直秀、内田康夫『舶来鳥獣図誌』八坂書房、一九九二)。その解説では、寛政《かんせい》元年(一七八九)には三七七羽もの大量の「文鳥」が長崎に舶来し、うち三三一羽が一羽当たり銀七匁五分で買い上げられたことを『寛政元酉歳紅毛直組帳』(神戸市立博物館蔵)に拠りながら紹介している。十八世紀後期から十九世紀にかけての時代には、これら異国鳥が以前より広い範囲の人びとの興味をひくようになっていたのであり、すでに安永《あんえい》二年(一七七三)には、ごく僅少部数の出版かとは推測されるものの、城西山人《じょうさいさんじん》『唐鳥秘伝　百千鳥《ももちどり》』なる舶来鳥類に対象をしぼった飼育書も刊行されている。

ここで考えてみれば、古代以来のクジャクとオウム、またカササギやキジ、戦国時代の「朝鮮鷹」、そして江戸時代の多種大量の鳥類と、舶来動物史の中心が鳥類にあることは大きな特色であり、そこにはおそらく大型獣に比べて運びやすいという物理的理由もあずかっていた。そして江戸時代後期には、鳥類のなかでもとくに小鳥の類が、やや次元を変えるかたちで普及したのである。

ただ念のために付け加えると、先の「文鳥」一羽当たり銀七匁五分とは庶民が気軽に買える値段ではなく(しかも銀七匁五分は長崎での元値であり小売値ではない)、国内で自前の繁殖に成功するようになったのちに、本当の意味での「普及」は進んだと思われる。現実に寛政十一年(一七九九)出版の泉花堂三蝶『諸鳥餌養　百千鳥』には、繁殖に成功した「唐鳥」として「文鳥」や「十姉妹」などをあげるのである。

かぎられた享受者たち

たった今も享受の問題を提起したが、筆者は舶来動物史を考える際、たんに異国から動物がやって来たという事例を列挙するだけでなく(むろん、やって来たかどうかの事実認定は出発点だが)、誰が何の目的でそれを送り、また運び、誰がどのように享受したのか、しかも生き物であるからには、どのような身体感覚や感情をもって人びとが動物に接したのかを知ることが、何よりも重要と思っている。当然ながら、舶来という事象には人が絡むのであり、享受を含めての総体が、「生きた人」と「生きた動物」とのダイナミックな接触史、人と動物をめぐる文化史として立体的に存在するからである。ちなみに古代の項であげた皆川論文は、この点において優れた論考といえる。

また現実問題として、少数の特権的な人びとが受け容れた動物とは、受容の意味が異なるのであり、たとえたった一件の舶来事例であるとしても、もしそれが数十万人の庶民に見世物として体験され後々まで語り伝えられたとしたら、その社会的、文化的意味はきわめて大きいのである。ここでは史的概況を述べ終わるに当たり、こうした享受の問題を整理しておきたい。

日本古代における動物舶来は、基本的には本朝に対する「貢物」として始まっている。「動物贈答」は外交及び通商促進のための道具であり、それが汎東アジア的におこなわれていたことが確認される。初期の具体的な様相は不明だが、やや時代を下ると、クジャクとオウムの例でみたように平安朝の天皇、院、法親王、摂関家における享受の具体相があきらかになってくる。舶来動物は特権階級中の特権階級だけが享受するものであり、それ以上の広がりは見られない。こうした特権階級に限定される状況は、中世以降の武家政権時代にも大きく変わることはなく、戦国時代また江戸幕府の草創期に至るまで、将軍と大名諸侯、また天皇、親王、堂上《とうしょう》、そしてそれらの周辺のかぎられた人びとが、船来動物の主たる享受者であった。動物のもたらし手としては、初期には新羅など朝鮮半島とのやりとりが先行するが、以降は江戸時代後期に至るまで、中国系海商、中国人船頭の果たした役割が一貫して大きく、これも船来動物史の一つの特徴となっている。

江戸時代においても特権階級の享受史は一方で継続しており、クジャクやオウム・インコ(以下、この呼び方を用いる)といった船来鳥をはじめ、ヤマアラシ、ジャコウネコ、「唐猿」なども飼養していた水戸藩主、徳川光圀《とくがわみつくに》(一六二八〜一七〇〇)の例がまず思い浮かぶ。さらに、八代将軍の徳川吉宗や薩摩藩主、島津重豪《しまづしげひで》がその後の典型例といえよう。

徳川吉宗(一六八四〜一七五一)の場合、ことに享保から元文《げんぶん》期(一七一六〜四一)の将軍御用、幕府御用にかかる「唐馬」「洋馬」「猟犬」「唐犬」「洋犬」の船来事例はきわだっており、これは海外への関心を強く持っていた将軍自らの積極的な方針に基づくものである。なお、こうしたウマ、イヌといった実用動物も、船来動物史の底流としてつねに存在するものである。吉宗には異色の例として、前章でも述べた享保十三年(一七二八)に中国船が船載したアジアゾウがあり、翌年に江戸城で吉宗と対面、浜御殿(現、浜離宮庭園)で飼われることになる。

このゾウに関しては興味深いエピソード、資料が残っており、日中交渉史の研究で著名な大庭脩氏が「象の旅」(『江戸時代の日中秘話』東方書店、一九八〇)で早い時期からふれていたほか、近年では既述の和田実氏の著作があり(第一章の注(24)参照)、筆者もかつて最幕末に舶来のゾウとあわせて「象たちとの旅路」(『見世物探偵が行く』晶文社、二〇〇三)で紹介している。

もう一人の島津重豪(一七四五〜一八三三)は、蘭学を好み博物書の編纂をおこなった薩摩藩主であり、引退後には江戸高輪の蓬山園で珍鳥を飼育している。重豪はイグアナなどを所持していたとされ、二〇〇二年に港区立港郷土資料館で開催の特別展『江戸動物図鑑』では、その一端が示されていた。重豪の背景には長崎ルートばかりでなく、薩摩藩主としての琉球とのつながりがあり、十一代将軍、徳川家斉(一七七三〜一八四一)の岳父という特別な立場もあった。この家斉の江戸城でも、舶来鳥が飼われていたといわれている。すでに前章で、家斉の七男で紀州藩主の徳川斉順(吉宗の玄孫)のラクダ見物を記したが、とくに十九世紀に入って文化、文政と時代が進む頃には、異国動物との関わりはこうして高位の者たちのあいだでかなり幅広く広がっていたのである。

さらに、家斉時代の寛政二年(一七九〇)からほぼ生涯幕府の若年寄の重職にあった堀田《ほった》正敦《まさあつ》(一七五八〜一八三二)も、『観文禽譜』『禽譜』(異国産の小禽を扱う項がある)を編纂しており、そこには時代環境を背景に動物を介して異国とつながるという共通項がうかがえるのである。なお類似の観点として、絵画史の立場から大名博物学と花鳥画の展開普及を追った今橋理子氏の一連の仕事は、文化史研究として非常に参考になる(今橋理子『江戸の花鳥画——博物学をめぐる文化とその表象』スカイドア、一九九五ほか)。

さてこうしてみると、前近代のすべての時期を通じ、とりわけ所有享受のレベルでは、時代時代の特権階級こそが舶来動物の第一の享受者であったことはあきらかであり、そこへ江戸時代後期になって、有産層における小型鳥類を中心とした「普及」が加わったとするのが、客観的な見方であろう。

ただしここで享受のレベルを、「所有」するのではなく、供覧された舶来動物を目にする、その喜びを共有するといった次元に変えて考えるなら、江戸時代には、他方で庶民的普及とか流行とさえいえる大きな変革が起こったのであり、それを担ったのが、次に述べる見世物興行にほかならなかったのである。

二　船来動物の見世物

いうまでもないことだが、舶来した動物はすべてが見世物になったわけではない。船載の負担から長崎到着後に死んでしまう個体もあるし、見世物としての価値、つまりそれを供覧することがまず可能で、見るからに珍しく人に訴えかけるものがあり、しかも代価をとって収益が上がる見込みがなければ、商売として取り組むものはいない。したがって、舶来動物のなかで見世物になるのは限定的であり、逆にゾウ、トラ、ラクダなどの舶来が稀少な大型獣は、興行側の手に渡りさえすれば、間違いなく見世物となったのである。

見世物の揺籃期

日本における見世物の始まりは江戸時代初期のことであり、古代、中世にはそもそも見世物と呼ばれるものは存在しない。戦乱の世が終わり、社会が落ち着きを取り戻した慶長末期から元和《げんな》初期(一六一〇年代)に、京の都では鴨川の河原や北野社などを中心に、さまざまな芸能を興行する娯楽の場が出現する。歌舞伎や人形芝居、遊女能が興行されたこうした場の周辺は見世物の揺籃場《ようらんじょう》でもあり、「近世初期風俗画」を中心とする絵画資料では、およそ寛永期(一六二四〜四四)を景観年代とする四条河原を描いた作品に、舶来動物の見世物があらわれる。具体的に、細見美術館蔵『四条川原あそび』にはクジャク、トラ、珍鳥が、ボストン美術館蔵『四条河原遊楽図』にはヤマアラシと水牛が、静嘉堂文庫蔵『四条河原遊楽図』にはヤマアラシが、そしてサントリー美術館蔵『四条河原図巻』と堂本家蔵『四条河原遊楽図』にはクジャクが描かれている。

一方、江戸における芝居や遊里といった娯楽の場は、元和から寛永期(一六一五〜四四)には中橋《なかばし》から禰宜町《ねぎちょう》へ、さらに慶安《けいあん》から万治《まんじ》期(一六四八〜六一)には堺町《さかいちょう》及び上堺町(のちの葺屋町《ふきやちょう》)へと水辺の空間を移動していくが、初期の中橋の時代以来、見世物の場もやはりこれらの娯楽の場とともにあった。たとえば万治元年(一六五八)には、クジャクとオウム・インコの見世物が堺町でおこなわれている。

この後の江戸時代前期、中期の三都における舶来動物の見世物は、概略としてはクジャクとオウム・インコの興行がときどきおこなわれ、稀にヤマアラシなどの見世物も見られるといった状況であり、供覧による庶民的普及といっても、必ずしも多くの機会があったわけではない。ただ、ともかく庶民にも見る機会があるというのは、以前との大きなちがいであり、その点は強調しておかなければならない。たとえば宝暦《ほうれき》八年(一七五八)に大坂の道頓堀と江戸の両国ほかでおこなわれたオウム・インコほか計八羽の舶来珍鳥の見世物は、高槻藩主の永井直行の愛鳥が持ち主の死後に興行側に流れたものといわれ、そうした特権階級の「お流れ」としてあるのは面白いところである。また、江戸時代中期における四条河原関連の風俗画や浮世絵類にも、「唐渡り名鳥」や「唐鳥」の見世物小屋が時に描かれている。

時代が進むと、たとえば遠く南部藩の盛岡でも、寛政二年(一七九〇)と同四年に「きんけい鳥」の見世物がおこなわれた公的出願記録があり、また同三年には会津若松で「だてう(駝鳥)」(実際はヒクイドリ)の見世物がおこなわれている。つまり鳥類を中心とする見世物が地方へ進出しているのであり、既述の寛政期にまつわる舶来鳥関連の史実と総合すれば、この十八世紀末の寛政期が、全体に舶来鳥類の本格的普及の展開点と見てよいと思う。寛政から十九世紀初頭の享和期にかけては、三都及び名古屋に「孔雀茶屋」「花鳥茶屋」(舶来鳥などを見せて集客をした常設茶屋)が出現した時代でもあった。

商業化が進んだ江戸時代後期

「動物見世物」のみならず「曲芸・軽業・演芸」「細工・人形・仕掛け」といったすべてのジャンルを含め、見世物興行が盛んになるのは宝暦(一七五一〜六四)頃からであり、とくに江戸時代後期の文政期(一八一八〜一八三〇)以降には、興行としてさまざまな面での拡張が流行現象のなかで起こり、見世物の商業規模を大きくしていった。舶来動物の見世物も同様であり、すでに詳述した文政期舶来のヒトコブラクダ、また文久期舶来のアジアゾウの見世物(後述)は、商業的な大規模興行の典型といえる。

商業化が進行するなか、見世物の札銭(入場料)がいくらであったかを押さえておくと、安永期から文政期(一七七二〜一八三〇)の江戸での料金は八文から三十二文であり、文政期の大規模興行はみな三十二文になっている。これを仮に、先ほどの文鳥一羽当たり銀七匁五分(寛政元年、長崎での元値)と比較すると、見世物の値段はおよそその百分の一から二十五分の一に相当し、小売値レベルではさらに開きが大きくなるはずである。こうした手軽な値段ゆえに、見世物は享受の面で別次元の変革をもたらしたのであり、所有するのではなく、見世物小屋で安価に見て楽しむというかたちで、舶来動物の庶民的普及がなされたのである。

さらに時代が下り安政《あんせい》六年(一八五九)の横浜開港後は、長崎ルートではなく横浜ルートが動物船来の中心となり、アメリカ商船による舶載も見られる。江戸での興行でいえば、万延《まんえん》元年(一八六〇)から文久三年(一八六三)までのわずか四年間に、ヒョウ、トラ、フタコブラクダ、アジアゾウの見世物が集中しており、史上空前といえる大型獣の舶来ラッシュ、見世物ラッシュが起こっている。この時代に生きた庶民は動乱の世にありながらも、前近代の舶来動物史における最も幸福な享受者であったかもしれない。

最幕末から明治元年(一八六八)までの、これら大型獣の見世物の札銭は四十八文から一〇〇文のレベルであるが、ただし、この時期には「中銭《なかせん》」「くり上《あげ》」と呼ばれる小屋内で追加徴収をする商業方式が常套化しており、それを足すと五十六文から一〇八文の範囲となり、文政期の大規模興行の三十二文と比べると大分高くなっている。とくに大坂ではすべてが八十八文以上となっており、当時の猛烈な物価騰貴を勘定に入れても、かつてよりは高価な商業的興行となったことがわかる。

なお、筆者の調査では、宝暦期以降、最幕末までの見世物興行全体に占める「動物見世物」の割合は約十四パーセントであり(「見世物をどう理解するか」『藝能史研究』一四八、藝能史研究會、二〇〇〇)、さらにそのうちの半分弱を舶来動物の見世物が占めている。なお舶来物以外では、在来種の動物とその加工や変異を見せるものや、猿狂言(猿芝居)などの「芸」を見せるものがあった。

三　そこで何が起こっているのか

江戸時代後期におこなわれた舶来動物の見世物には、これまであげた以外にも、たとえば文化六年(一八〇九)にオランダ船が舶載し、同年に大坂、和歌山で、翌年には名古屋、伊勢で見世物となった「猿猴[ワウワウテナガザル]」(図35)など、やや異色のものも幾つか存在する。ただ、商業的興行として成功し、舶来動物の庶民的普及の面で大きな影響力を持った見世物といえば、前章のヒトコブラクダ雌雄二頭と、幕末から明治に興行したアジアゾウ一頭(文久三年[一八六三]〜明治七年[一八七四]に全国巡業。文久二年横浜舶来)の見世物がある。なお、徳川吉宗が注文した享保期のアジアゾウは途中まで観覧に供されておらず、またのちに見せられた場所も江戸限定である。

そのほか比較的多くの人が見た舶来動物の見世物としては、寛政元年(一七八九)にオランダ船が舶載し同四年まで各地で見世物となった「駝鳥」(実際はヒクイドリ)や、文政十年(一八二七)または十一年に対馬経由で舶来し天保元年(一八三〇)まで各地で見世物となったヒョウが思い浮かぶ(ただし、これは江戸では興行していない)。ここではそれら主要事例から、「文化現象、社会現象」としての舶来動物の見世物について、その特徴を考えてみたい。

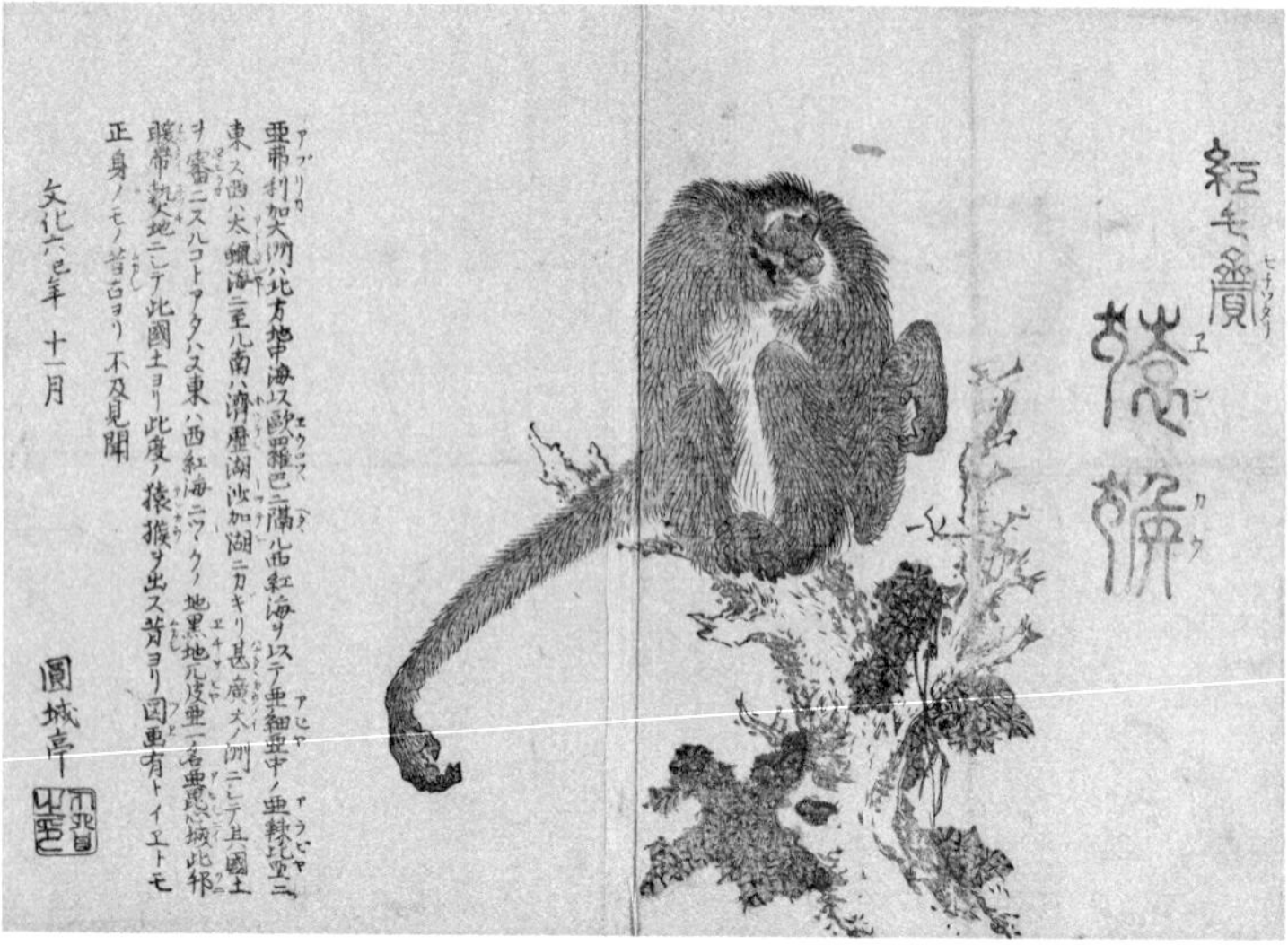

図35　見世物となった「猿猴」（ワウワウテナガザル．圓城亭『紅毛齎　猿猴』二色刷摺物，文化6年，筆者蔵）

珍しい動物の「ご利益」

まず、これらの舶来動物について、それを興行する側も、錦絵などのメディアで表現する側も、またしばしば受けとめる観客の側も、皆がその動物の「ご利益」をいっているのは、やはり目立った現象である。それは霊験あらたかな神仏の「ご利益」や種々の民間信仰とも相似たものであり、実際に動物が宗教的逸話や聖地と結びつけられることもあった。

ヒクイドリの見世物ではその羽が「疱瘡麻疹疫疹のまじなひ」になるとされたうえで、天竺における釈迦との縁までいわれている（絵番付『駝鳥之図』）。ヒョウの見世物では小紙に包んだその生毛が「狐狸一切獣の難を除《よける》のまじなひ」とされて、護符として十二文で売られた（高力猿猴庵『絵本竹濃春』自筆本、京都大学附属図書館蔵）。ゾウの見世物ではそれを見ると「七難を滅し七福を生ず」（錦絵『新渡船来之大象』）とされて、「宇宙の聖獣」（絵番付・無題）とまで賞賛されている。

注目したいのは、動物を「見る」ことで得られる「ご利益」ばかりでなく、羽や毛といった動物の体の一部にふれて所有するという、触感や一体化(護符として持つ)また心の付託(信心)を含む、全身体感覚的なものとしてそれらがあることであり、庶民の舶来動物享受はここにおいて、まさに「身近な」ものとして実現していることがわかる。そして、そうした身体感覚的な「ご利益」が、最も集中して幅広くあらわれたのがラクダ見世物であった。しかし、ラクダの毛だけが「らくだの毛　疱瘡はしかの守り」(高力猿猴庵『絵本駱駝具誌』)として売られたわけではなく、右に見るようにヒョウの毛もまた「狐狸一切獣の難を除のまじなひ」の護符として売られたことを、同じ猿猴庵が記している。ラクダの場合、前章でふれたように雌雄番いであったことが大きなプラス要素となり、そこから「夫婦和合、男女和合の守り」というフォークロアまで生まれて、いわば全人間的な領域へと広がったのであった。

こうした心性を現代人が俗信、迷信と切り捨てることはたやすいが、筆者はむしろ、そんな文化の現実や庶民の享受の実態をまずは正面から見つめないかぎり、そもそも文化史研究は成り立たないと考えている。

生餌の演出

すでにふれたように、ラクダの見世物小屋では大根、薩摩芋、茄子を観客に売って、それをラクダに与えることがおこなわれていた。こうして観客の前で餌を与えることは動物見世物の常套手段であり、もっと過激な事例も存在した。

図 36　生餌の鶏を襲うヒョウ．絵のタイトルは『今昔未見　生物猛虎之真図』と「虎」になっている（暁斎画，大判錦絵，万延元年，筆者蔵）

それは名古屋ほかで見せた前掲のヒョウの事例で、この見世物では生きたハトを観客に買わせて檻のなかに放ち入れている。猿猴庵の描写では、「鳩を放ち入《いる》に、豹ねらひて中《ちゆう》に飛上りくわへて前足にておさへ、口にて毛をとりて喰ふ」（『絵本竹濃春』）とあって、それを眺める名古屋の観客たちの姿が描かれている。また、「鳩一羽弐匁ツ、ニテ喰セシニ、後ニ御鷹方ヨリトメオカレシト也」（小寺玉晁『見世物雑志』）との記録も残っている。皮肉なことに、ヒョウはこの天保元年（一八三〇）の名古屋興行後、勢州松坂（現、三重県松阪市）へと巡業するが、そこで人を襲って死に至らしめ、豹もすぐに殺されるという悲しい一件が伝わっている（『見世物雑志』）。さらにそのヒョウについて別途の記録では、「皮を剝き肉を食ふ。味軽しといふ」（小原良直『桃洞遺筆　附録二』国立公文書館内閣文庫蔵）といったものまで伝わっている。

　右の「生餌《いきえ》」の例は特殊なものではなく、この後も、万延元年（一八六〇）に横浜に舶来して同年に江戸の両国で見世物となったヒョウが、やはりハトまたは鶏を生餌として与えられ、それを襲う姿が幾つかの錦絵に描かれている(図36)。また、文久元年(一八六一)に横浜に舶来して同年に江戸の麴町で見世物となったトラにも、同様な姿を描いた錦絵がある。それを観客が期待するから別途代価を取っておこなった側面があり、「猛獣らしさ」を直截に身体感覚に訴えるという点では、ある意味で自然なやり方でもあった。そこには現代の動物園とはいささか異なる観客の視線があり、単純に野蛮とか動物虐待と決めつけるのではなく、人と動物との古代以来の関係史を考える際の一つの根底的な問題として、考えてみるべきと思っている。(2)

勢州松坂　鳥屋熊吉

ここで小見出しに掲げた鳥屋熊吉とは、幕末明治に活躍した興行師の名前である。本章の話の流れでいえば、いま最後に述べたトラをまず入手して文久二年(一八六二)に松坂で見せ(山本溪愚『本草写生図譜』)、さらに同じ時期に横浜へ舶来したアジアゾウもその後(恐らく慶応元年〔一八六五〕春頃)に手に入れて、西日本各地で見世物興行をしたことで知られている。とくにゾウは、明治七年(一八七四)に小《お》房観音《ふさかんのん》地内(現、奈良県橿原市)で亡くなるまで、十年近く(鳥屋熊吉が入手する以前も含めると十一年ほど)各地を巡業しており、すでに舶来動物の二大巡業として言及したものである。

鳥屋熊吉は名前の通り、はじめは珍しい鳥を扱う「鳥屋」「鳥商」として出発した。生まれは文政末期から天保初年と推定され、先ほどヒョウにまつわる悲しい一件についてふれた同じ勢州松坂の地で、人となった人物である。なお筆者は、歌舞伎の興行師としても名を残す鳥屋熊吉の事績について、歌舞伎学会で生涯全期にわたる発表をおこない、慶応末年までの詳細な年譜をすでに公刊している

図37　鳥屋熊吉によるオウム・インコの見世物
（国員画『紅毛渡り名鳥』大判錦絵，文久３年，筆者蔵）

（川添裕「勢州松坂　鳥屋熊吉（上）」『歌舞伎——研究と批評』二十七、歌舞伎学会、二〇〇一）。

日本の舶来動物史において鳥類が第一の地位を占め、江戸時代に入ってからは後期に向かって、それが次元を変えるかたちで「普及」したことは既述の通りであり、当然のように、その頃になると鳥類を扱う鳥屋が多く出現している。そして恐らくは仕入れ取引上の自然な延長として、鳥屋が時に大型獣ともつながり、鳥屋熊吉のごとくその見世物興行に関わる例が見られるのである。こうした「鳥屋」名の興行師としては、鳥屋熊吉のほかに、同時期の「鳥屋七五三《しめ》八《はち》」（虎の見世物）、少し時間をさかのぼるかと思われる「九州長崎　太夫元鳥屋金治」（豹の見世物）の名を知る。なかでこの鳥屋熊吉は、事績をかなり詳細に解明することができた興味深い事例である。

まず鳥屋熊吉（略して「鳥熊」とも通称される）は、名にし負うオウム・インコの見世物をおこなっていたことが知られている（図37）。これは文久三年（一八六三）大坂の難波新地での「紅毛渡り名鳥」の興行であり、正確には、先行して同地で見せていた鳥熊所有のトラに、あとから付け加えた興行である。両動物の合同興行とはいえ、オウム・インコが依然、見世物としての価値を持っていて、それが商品（錦絵）として絵画化されたことを示す資料でもある。

注目すべきは、ここでトラと名鳥の動物複合の見世物をしていることで、鳥熊はさらに京、因幡薬師境内で同じ興行をおこない、翌元治元年（一八六四）の暮からは、伊勢の古市の小川屋屋敷跡（古市芝居の道をはさんだ北斜向かい）でやはりトラと名鳥の興行をおこなっている。そして四カ月後には同じ場所でゾウを見せるとともに、さらに一カ月遅れて古市芝居の歌舞伎興行にも関わるのである。歌舞伎興行の中味は本稿ではおくとして、要するに一名目の船来動物興行ではなく、トラと名鳥、トラからゾウへ、ゾウから歌舞伎へと、同時に、また連続して多種類の船来動物を見せているのであり、これは当期の見世物における新しい状況といえる（念のためだが、鳥類だけの多種類興行ならそれまでにもある）。

さらに鳥熊は、同時期船来のフタコブラクダ一頭の見世物にも関与していた可能性が高く、またのち明治初期には曲芸師の差配もおこなっており、こうなると多数の動物をかかえた「移動動物園」「移動サーカス」の興行主といった様相をも呈するのである。明治に入って時代が進むと状況が変化して、多種類の船来動物興行や異種興行はもっとふつうのこととなるのだが、鳥熊はそうした潮流の先駆者といえる存在なのである。それが元来は鳥屋というのも、ずっと鳥類を第一としてきた日本の船来動物史の一面を象徴するようで、興味深く思えるのである。なお、鳥熊のトラと名鳥の見世物絵番付については、次章でまた別の角度から取り上げている（二五一頁）。

議論の行方

さて、時代が明治となってしばらくすると、「教育参考動物会」といった名称の動物展覧がおこなわれるようになる。多数の舶来動物を集めたその内容は小規模動物園に近づいた感があり、現実に明治十五年（一八八二）には上野動物園が開園する。また明治十九年に来日のチャリネサーカスも、猛獣を含めた多くの動物たちを引き連れており（図38）、以降の来日外国サーカスには同形式のものが比較的多い。さらに浅草花屋敷のような遊園地でも、複数の異国動物を常設的に見せるようになる。

こうして近代の時間が進むと、社会における舶来動物の存在は恒常的となり、舶来動物を生涯に一度、むさぼるように眺めるといったかつての視線は次第に消えていく。そして同時に、あれほどいわれた珍しい動物の「ご利益」は姿を消していく。すなわちそれが「近代化」であり、そこには日本人と動物をめぐる「ひとつの文化の喪失」という側面もあるように思う。

一方、面白いことに外交、対外友好上の「動物贈答」は近現代にも引き続きおこなわれており、友好を目的とする第二次世界大戦後の何頭ものゾウの到来や、中国のいわゆる「パンダ外交」が想起される。日本の側からも、たとえば日露戦争さなかにイギリスのアレキサンドラ王妃へ「狆《ちん》」を贈った事例があり（君塚直隆「アリックスへの贈り物」『創文』五〇六、創文社、二〇〇八）、古代から脈々と歴史を流れる外交における「動物贈答」の意味深さを教えてくれる。そういえば、平昌五輪フィギュアスケート女子金メダリストのアリーナ・ザギトワに、二〇一八年に秋田犬のマサルが贈られて話題になったのは、いまだ記憶に新しいところである。(3)

＊

人類学者のクロード・レヴィ・ストロースは『悲しき熱帯』(中公クラシックス、二〇〇一)の最終部で、「世界は人間なしに始まったし、人間なしに終わるだろう」といっている。それは人間の存在とその驕《おご》りを痛烈に相対化するわけだが、逆にいえば、人間は人間なしの世界を経験することができないし、人間がいるかぎり、その人間流でしか自然も動物も認識することができないという側面を持つ。

今回の議論で筆者は、あえてその人間の立場にまずは徹してみるかたちで、舶来動物の歴史とその見世物興行について論じてきた。そうすることでかえって、どこからか相対化と批判の視線が生まれ、人間が作り出す動物文化の「特異性」が顕在化すると考えたからである。わざわざ海外から日本へ移動させた舶来動物にしても、わざわざ「ご利益」があるとあがめられた見世物動物にしても、わざわざ生餌を与え獰猛さを見物が確認し合った猛獣見世物にしても、すべてが「人間ならではの特異な行為」と思えるのである。そして、そこからまた思うのだが、現代の人間が「動物のために」というとき、はたしてそれすらも本当に人間流の枠

図38　たくさんの動物がいるチャリネサーカス(政信画『西洋チャリネ大曲馬ノ図』大判錦絵，明治19年，筆者蔵)

組みを抜け出したものとなっているのだろうか。

　こうしたなか、人間と動物とが接する大きな接点である動物園は、これからどこにどう位置づけられていくのだろうか。(4) 筆者としては、愛する場所の行方が非常に気になるところである。最終的な判断はおくとして、一方にレヴィ・ストロースのような痛烈なる相対化をおきながら、他方で現にあった人間文化をそれはそれとして徹底的に、構造的に、ぎりぎりまで見つめないかぎり、人と動物との歴史も、未来のあるべき関係も、語ることはできないと筆者は考えるのである。

　そしてさらにいえば、たとえば現代イタリアの思想家ジョルジョ・アガンベンのように、人間と動物との分断、分割にはどこまでも回収され得ない両義的な場にこそ思考の可能性を見出していく議論もあり(『開かれ――人間と動物』平凡社、二〇〇四)、人間と動物をめぐっての探求は、なかなかに刺激的な課題というべきなのである。

第三章

開国期における異国・自国の形象

嘉永七年(一八五四＝改元後は安政元年)三月三日、江戸幕府は再度来航したペリーと横浜で「日米和親条約」を結び、のち下田と箱館(函館)を開港する。だが、これは通商を認めたものではなく、さらなる外国勢力からの圧力のなかで、「日米修好通商条約」をはじめとするいわゆる安政五カ国条約(安政五年)を結んで、日本の開国が確定していく。横浜開港は翌安政六年(一八五九)六月二日のことであった。

こうした開国とその前後の時代に、対外的な緊張に反応するかたちで、どのような異国と自国をめぐる文化形象があらわれたのかを、本章では論じていく。第一章、第二章では舶来動物を素材として論じたが、ここでは中心的な素材として、異国と自国を形象化してショーとして見せた「細工見世物」を取り上げ、また、ペリー来航時に日米双方が外交のやりとりのなかで見せた象徴的な文化レプリゼンテーションを取り上げる。さらには開国後の横浜にあらわれた「神風」の名をかぶせた遊廓のことにもふれ、それらを総合するかたちで、これまでとはまたちがう角度から、人びとがどのように異国と自国を形象化し、どのようにその文化形象に接していたのか、そして、それら異国・自国の形象はどのように相互的に連関しているのかを考えてみたい(1)。

こうした異国・自国の形象は、歴史的に形成されてきた「文化意識」や「民族アイデンティティ」を反映するものであり、とくに見世物のようなサブカルチャーを取り上げることで、大衆レベルでの意識や庶民レベルでの感じ方を探ることができればと考えている。

一　異国船はやって来る

最初に取り上げるのはギヤマン細工、つまりガラス細工の見世物で、オランダ船を作って見世物小屋で観覧に供したものである。掲載図(図39)には「ギヤマム細工船」とだけタイトルがあるが、別途存在する絵番付には「阿蘭陀《おらんだ》船《ふね》貢《みつぎ》積込《のつみこみ》」というこの時の興行名が記されている。弘化四年(一八四七)三月、江戸の浅草奥山での興行であり、本作自体の寸法は不明であるが、すでに類似の先行作が船の長さ約二十メートルほどの巨大な細工を作っており、同等かそれ以上のものと推測される。作りとしては、木組み、竹組みで構造を作り外側をガラスの嵌め込みやガラス貼りで細工して、人形、仕掛け、からくりなどを加えたものである。

ギヤマンの語源はダイヤモンド(オランダ語 diamant)で、ガラス切削にそれを使うところからギヤマン細工と呼ばれたといわれ、さらにガラスそのものもギヤマンと呼ばれるようになった。きらきら輝く色ガラスの細工に人びとは目を見張ったことだろう。江戸時代で細工というと小さなものを考えがちだが、「細工見世物」の細工は基本的に巨大なものである。

なお、「細工見世物」は、「軽業、曲芸」「動物」など見世物の諸ジャンルがあるなかで、江戸時代後期にあってはほぼ半数を占めた最大のジャンルであり、当時の見世物の代表といえる存在であった。

図 39　ギヤマン細工の異国船の見世物．興行名は「阿蘭陀船貢積込」(国輝画『ギヤマム細工船』大判錦絵 2 枚続，弘化 4 年，筆者蔵)

定義すればおよそ「著名な物語や伝説、歴史場面、未知の世界などを、さまざまな素材の細工と仕掛け、人形などで作ってスペクタクルにした見世物」ということができ、最幕末にはリアルな作りを特徴とする生人形《いきにんぎょう》もあらわれて大流行した。一種、江戸版のテーマパークのアトラクションともいえるような存在である。

「阿蘭陀船貢積込」の売りは、当時にあってやはり珍しかった異国的なギヤマン、まばゆく五色に輝くその華々しいスペクタクルにあり、異国的なギヤマンで異国船を作るという、いわば二重の異国性を持った見世物であった。

オランダと中国が混淆する異国船

「阿蘭陀船貢積込」という興行名なのだから、これはオランダ船のはずだが、よく見ると右下には布袋が座り、中央やや左には奈良時代に留学生として入唐した吉備大臣《きびだいじん》がいて、高楼上には玄宗皇帝と楊貴妃の姿が見える。また、あちこちに唐子の姿も見える。ただ、船首など幾つかの点では確かにオランダ船、洋船の作りである。

つまり、ここにあるのはオランダと中国とが混ざり合った混淆《こんこう》的な異国船、ハイブリッドな不思議な異国船であり、もう少し正確にいえば、「阿蘭陀船貢積込」を標榜しながらも、それが当時にあっては「より強力な異国」である伝統的中国に自然と取り込まれた結果の、混淆的な異国形象なのであった。第一章のラクダの話でも何度かふれたように、中国的認識枠はなかなか強力で、イメージ化作用において異国をあらわす記号としてしばしば作動するのであり、それがいわばオランダの上にかぶさって、庶民文化における混淆的な異国形象を作り出しているのである。そしてこれはまだ「鎖国」体制下におけるある意味「平和」な伝統的形象ともいえ、この頃から幕末へと向かう十年ほどのあいだに、状況は急速な変化をとげていくのである。

ギヤマン細工の異国船の見世物は、ここに紹介した事例だけがおこなわれたわけではなく、江戸時代後期には何度も興行された人気の見世物であった。江戸と大坂でおこなわれた主要な興行を年代順に列挙すると、文政二年(一八一九)の長崎細工人による江戸両国興行を皮切りに、文政六年(一八二三)の「大湊《おおみなと》宝《たからの》入船《いりふね》」と銘打たれた大坂難波新地及び江戸両国での興行、さらに江戸では天保七年(一八三六)、大坂では翌八年におこなわれた「阿蘭陀遊参舩」の興行があって、この当該興行に至っているのである。これらはいずれも、オランダと中国、あるいは洋船と唐船とが何らかのかたちで混ざり合った混淆的な異国船であった。

「来航する」という形式

ギヤマン細工の異国船をめぐってもう一つ注目したいのは、形式として船が出航していくのではなく、「船がやって来る」こと、すなわち「来航する」という形象が基本の型になっている点である。この興行タイトルに見える「貢積込」や、先行作の「宝入船」という表現も、このことをはっきりあらわしており、かつまた、そのやって来る船が宝物や利益をもたらすというイメージもあきらかである。

いわゆる「鎖国」下においても中国またオランダとの交易は長崎でそれなりに盛んにおこなわれており、これを一種の管理貿易としてとらえ、むしろ、厳格な「海禁」(日本の船が出ていくことや、日本人が海外へ出ていくことの一切を認めないこと)を、この期の外交原則ととらえるのが近年の歴史理解の潮流であるが、いま提起した「船はやって来る」「来航する」というモデルは、そうした歴史状況ともよく呼応するものである。列島として存在する島国へは船で「やって来る」しかないのであり、現に管理された外交政策のなか、中国船とオランダ船が長崎に来航し多くの舶来品をもたらしていたのである。

ただ、ここで筆者が強調しておきたいのは、このあり方はいわゆる「鎖国」下のみに限定されるものではなく、日本の歴史伝統においては、むろん異国へこちらから出向く場合もあるのだが、異国や異文化は、第一義的には向こうから「やって来る」もの、「来航する」ものなのであり、それが舶来の財物や利益(また場合によっては危険や危機)をもたらすという心象が、歴史的に蓄積されてしみついているのではないかということである。恐らくこうした日本人の精神史は、江戸時代後期の一般庶民のみならず、はるかに長いタイムスパンのなかで機能し続け、支配的な力を持っているのではないだろうか。

近代における象徴的な事例を一つだけあげておくと、横浜市民にはなじみの横浜市歌がある。この市歌は、横浜港の開港五十周年を記念して明治四十二年(一九〇九)に作られたものだが、作詞者の森林太郎(森鷗外)は、さすがお見事というべきか、その歌詞を「わが日の本は島国よ　朝日かがよう海に　連りそばだつ島々なれば　あらゆる国より舟こそ通え」で始め、「飾る宝も入りくる港」で終わらせているのである。最後の「飾る宝も入りくる港」はあきらかに既述の宝船来航のイメージであり、すでに開港五十周年を迎えて多くの日本人洋行者を送り出しているにもかかわらず(作詞者の鷗外自身もその一人である)、異国から「来航」する船が宝をもたらす、あるいは、もたらしてほしいという伝統的心象が、根強いかたちで生き続けているわけである。

これはいわゆる「舶来信仰」とも関連しながら、日本人にとっての異国観、外国観の核心にある一つの特徴と思われるのである。

二　ペリー来航と日米のレプリゼンテーション

冒頭に述べたように、ペリー来航は一挙に江戸幕府の外交政策の局面を変える。こちらは宝の入船ではなく、危険と危機の到来であった。「黒船来航」という語が、その後も外国からやって来て多大な影響を国内にもたらすものを比喩的に指していうように、この島国へはプラスのものも、マイナスのものも、やはり外から「来航」し「やって来る」のであった。「現代の黒船」などといったことばも、国際制度や外資系のビジネスなどをめぐりしばしば用いられるところである。

以下では基本的に、日米双方が外交のやりとりのなかで見せた象徴的な文化レプリゼンテーションを取り上げていくが、その前に、日本の開国をめぐる歴史の動きの大きな枠組みに、少しふれておきたいと思う。それが異国・自国の形象の理解に役立つからである。

西洋世界の地球的拡大とペリーの「砲艦外交」

日本の開国は、大航海時代以来の「西洋世界の地球的拡大」「世界のヨーロッパ化」という歴史の巨大な流れのなかにあり、より直接的な十八世紀から十九世紀の状況をいえば、イギリス産業革命を大きなきっかけとして成立していく近代欧米の資本主義列強によって、日本が欧米優位の国交及び通商の関係を強いられて、西洋流の国際政治の場と資本主義的世界市場に、従属的に組み込まれる現象であったとおよそ要約することができる。

日米修好通商条約をはじめとする不平等条約は、この悪辣《あくらつ》な構造を象徴するものであった。植民地となった地域や、アヘン戦争に敗北して一部が植民地化した中国(清)ほど惨憺たる状況には至らなかったものの、従属的に組み込まれるという本質構造は変わらなかったし、圧倒的な軍事力による威圧が背景にあった点も同列であった。(2)

西洋世界の地球的拡大の一分派として遅れて登場し、十九世紀半ばから二十世紀にかけてヘゲモニー(覇権)を握る立場へと踏み出していったのがアメリカであり、それは現在の巨大産業資本(多国籍企業)、巨大金融資本を核にしながら進行する「グローバリズム」にもつながっている。問題の開国期においては、アジアへの侵出の中心にいたのはイギリスであったが、結果として日本における利益を強く求めていたアメリカが先んじるかたちで、開国を主導したのである。

まず嘉永六年(一八五三)、ペリーのいわゆる「黒船」が浦賀沖に来航し日本中を震撼させる。この時はアメリカ大統領親書を江戸幕府に受理させていったん引きあげるが、翌嘉永七年の再来では、最終的には九隻もの艦艇が横浜沖に集結し、強硬に開国を迫った。

たとえば旗艦のポーハタン号は総トン数二四一五トン、当時最大級の新鋭の外輪式蒸気軍艦であり、十一インチダールグレン砲ほかの大砲を備えていた。途中まで旗艦であったサスケハナ号も同等の砲艦であり、さらにそれ以前に旗艦をつとめることのあったミシシッピ号も、強力な炸裂弾を発射できるペクサン砲ほかを備えていた。ちなみに、当時の世界では最大級といえるこの艦隊全体ではじつに

図 40　ポーハタン号上での幕府側を招いての晩餐会(『ペリー遠征記』収載図より，取材描画は嘉永 7 年，筆者蔵)

百門を越える数の大砲が搭載され、それは文字通りの「砲艦外交(gunboat diplomacy)」であり、何よりもこの軍事力によって江戸幕府を効果的に威嚇したのであった。

日米のレプリゼンテーション

こうした威嚇の結果、嘉永七年(一八五四)三月三日に「日米和親条約」が締結されるわけだが、締結を前にして旗艦のポーハタン号上で幕府側を招いての晩餐会が二月二十九日におこなわれた。アメリカの随行画家ハイネがその様子を描いており、なかなか興味深いものである。図40がそれで、宴会場の真ん中には巨大な大砲が置かれているのであり、いうまでもなく顕示的、威圧的な会場設定であった。

外交の場では、しばしば各種の贈答と催事がおこなわれるが、具体的に何を互いにやりとりするかは、その国や民族のあり方をよく「形象、表象、象徴(represent)」するものが、思慮判断のうえで選択さ

図41　横浜でのアメリカ側の贈り物．左側に４分の１スケールの蒸気機関車，背景に１マイル分張った電柱，電線が見える（同前）

れていく。「日米和親条約」締結の前には種々のやりとりがおこなわれており、これもきわめて興味深いものである。

図41は、アメリカ側が幕府へ贈ったものを描く横浜応接所近くの場景であり、そこでは四分の一スケールの蒸気機関車をはじめ、電信機、ライフル銃、小銃、ピストル、農機具、ミシンなどが贈られている。蒸気機関車は、応接所裏に敷いた円形レール上で実際に動かしてみせ、日本の役人が乗って打ち興じたことが知られており、電信機も一マイル（約一・六キロメートル）の電線を張って実演がおこなわれた。これらの贈り物は総じていえば「近代テクノロジーの誇示、顕示」であり、それを持つ国アメリカのレプリゼンテーション（representation）であった。

沖合で煙をあげる蒸気軍艦、軍事力の象徴たる多数の大砲群、そして産業革命後の西洋世界を象徴するさまざまな近代テクノロジー。こうしたアメリカのレプリゼンテーションに対し、幕府側も精一杯の

図42　ペリーの前で相撲のパフォーマンス(同前)

対応をし、最高レベルの和食を供し、蒔絵の硯箱《すずりばこ》や手文庫、文机《ふづくえ》をはじめ、錦の織物、絹布、漆器、陶器などの贅沢な日本製品の贈り物をした。さらに自らの「強さ」を示す特別な催事もおこなわれており、それが「力士、相撲」による日本のレプリゼンテーションであった。図42の建屋中央で相撲見物をするのがペリーであり、取組前には大関小柳常吉が特別にペリーの前に連れてこられ、その太い腕や首をさわらせるというサービスまでおこなわれた。また、贈呈する米俵を力士がかつぐパフォーマンスもおこなわれている。

軍事テクノロジーや近代産業テクノロジーに対し、日本土俗の相撲というレプリゼンテーションは、現代人からすると途方もなく位相がずれていると感じられるかもしれない。「テクノロジー」対「肉身」であり、しかも文字通りの「身近」な接触サービスつきである。しかし、コミュニケーション論的に考えれば、こちらだって素晴らしいものがある、こちらだって強いのだという自己レプリゼンテーションは人間集団の本性として当然ありうるのであり、それは今日のグローバル化する世界における民族問題や宗教対立の問題などを考える際にも、むしろ必要不可欠な普遍的視点といえる。

もちろん、この種の対抗的な理路と自己顕示は、場合によっては突発的暴力や歴史的な悲劇を招くことがあり、単純に肯定するばかりとはいかないが、まさにその点を含めて、これらをけっして軽く見たり、侮ったりしてはならないということを筆者は考えるのである。

実際、わが国においてもこのメカニズムのなかで、日本の神々や「神国」の意識、あるいは「神風」といった想念が、歴史的なストックのなかから開国期前後に招来されるのであり、それについてはあとでまたふれることになる。

ところで、先ほど出てきたアメリカの軍艦ポーハタン号の「ポーハタン」の名は(綴りは Powhatan で、本来の発音をカタカナ表記するとパウアタンまたはパウハタンの方が近い)、じつは、かつて有力であった北米東部インディアンの部族名であり首長の名であり、イギリスによるバージニア植民の最初期に侵略された者たちの名である。首長ポーハタンの娘がポカホンタスで、イギリス人入植者に捕らわれキリスト教に改宗のうえ結婚させられ、さらにイギリスに連れていかれて二十代前半でたちまち亡くなるが、英米視点からの都合のよい伝説化がなされ、ディズニーアニメのファンタジーにまでなった(『ポカホンタス』一九九五年公開)。

すなわち、日本を開国へと威嚇したアメリカの「黒船」の艦名とは、蹂躙されたインディアン部族の呼称のレプリゼンテーションなのであり、何とも皮肉にしてたちの悪い命名といえる。その点ではサスケハナ号の「サスケハナ Susquehanna」もまた、北米東部インディアンの部族名でありそれに基づくインディアン地名（河川名）なのであった。アメリカにはその後も、たとえば攻撃ヘリコプター「アパッチ」や「コマンチ」の名に至るまで、かつて武力で圧倒したインディアンの関連名称を兵器に命名する悪趣味な伝統があり、そこにも悪辣な構造が見え隠れしているのである。

三　不気味な異国人物、そして「神風」「神国」

さて、開国期の見世物小屋では、対外的な緊張に呼応してさまざまな見世物がおこなわれていた。じつは見世物は、時代の空気に非常に敏感なのである。

たとえば、軽業曲芸の名手として知られる早竹虎吉が嘉永頃に演じていたものに、大筒《おおづつ》（大砲）の仕掛けと曲独楽《きょくごま》を用い、アメリカとロシアの異国船を花火で打ち払うという演芸があった。絵本番付には、大筒の仕掛けから異国船の模型に向けた凄まじい砲煙が描かれており、「あめりか、おろしや大将も、毛唐人も大きにあきれ、みなみなかんしんして実に三国一じや」などと記されている。まさしく際物《きわもの》といってよく、異国船打払令の廃止後もそのままふつうにあり続けた攘夷の気運をとらえて、こうした曲芸がおこなわれていたのである。

そして「日米和親条約」が結ばれた翌年の安政二年（一八五五）には、浅草で「異国人物生人形」の見世物がおこなわれて大ヒットする。その手長、足長などの不気味な異国人物たちは、対外的な緊張から来る時代の不安を反映したものであった。

異形の異国人物たち

「異国人物生人形」(図43)は、生人形の始祖として知られる松本喜三郎の作であり、浅草奥山で興行されて江戸中の話題となった。生人形とは、「細工見世物」が表現技法上のリアリズムの方向へと展開したもので、等身大の生きているような人形を肌の質感にこだわって作り、伝奇伝説や歴史場面、事件などを、実際に観客の目の前で起こっているかのごとくに展示して見せたものである。

図の詳細を見ていくと、中央にいるのが胸に穴のあいた「せんけうこく」(穿胸国)であり、そのうしろに「むふく国」(無腹国)がいる。左隣りでは「あしなが国」(足長国)が「手なが国」(手長国)を背負っており、左端にいるのが「こんろんこく」(崑崙国)である。そのうしろの「ふけいこく」は意味不明だが、おそらく「交脛国」の誤認、誤記かと推測する。すべてに「国」がつくように、これらは異国の国々の人物なのであり、中央奥には洋風建物の姿もうかがえる。

そして、こうした不気味な異国人物たちを、右側の「丸山」すなわち長崎丸山遊廓の遊女が眺めるという構図になっている。長崎丸山の遊女たちは、ある意味でずっと異国と直接的に対峙する日本の前衛にいて、異国人物とふれ合ってきたわけである。細かく見ると図の遊女たち

図 43　異国人物と丸山遊女の生人形(国芳画『浅草奥山生人形』大判錦絵 3 枚続，安政 2 年，筆者蔵)

は、湯上がりの婀娜《あだ》っぽい姿にほかならない。

これら異国人物にはじつは伝統的なモデルがあって、中国古代の『山海経』から『三才図会』、それが日本へ入って『和漢三才図会』や『増補華夷通商考』ほかに至る系譜を持ついわゆる「外夷人《がいいじん》物《ぶつ》」であり、つまりは中華的な「華夷秩序」に基づく文明の外側に置かれた伝統的他者イメージなのであった。とはいえ、現場の観客の目にはやはり異様な造形であり、この「異国形象」にはむろん、開国への圧力が高まる時代の不安な気分の反映があった。

当然ではあるが、一方で人びとはアメリカ、イギリス、ロシアなどといった新たな外国をそれなりに認識しているのである。しかし、気分としてはどこかに、わけのわからないものと向き合っている、あるいは向き合わされているという感覚があり、そうした不安のネガを民衆的な想像力で引き伸ばす時、中国的認識枠のなかから伝統的な「外夷人物」が呼び出され、その不気味な異国人物の姿が「リアル」に見世物小屋に浮かび上がるのであった。それは対外的な緊張をきっかけに、民衆的想像力と文化伝統の相互作用のなかから浮上した、いわば「集合表象(ルプレゼンタシオン・コレクティーフ representation collective)」(エミル・デュルケム『宗教生活の原初形態』岩波文庫、一九七五)であったといってよい。

見世物小屋にあらわれる文化形象とはこのようになかなか興味深いものであり、いわば隠れた次元の気分や感情動態をもとらえつつ、庶民に向けた異国・自国の形象を作り出していたのである。

「神風」が異国船を吹き戻す

そして、さらに翌年の安政三年(一八五六)には、見世物小屋に「日本の神々」が登場する(図44)。これは江戸の深川八幡宮境内で興行された生人形の見世物で、人形細工人の大江忠兵衛によるものであった。

人びとが対外上の危機を感じる時、自らの内的な存立基盤を確かめようとすることは自然な成り行きである。そこで作られたのが、図に見える国生み神話の伊弉諾尊《いざなぎのみこと》と伊弉冉尊《いざなみのみこと》の男女神の生人形であった(うしろ側の二体)。尾を振るセキレイ(図の左端にいる)に男女交合の方法を教えられ、和合して日本の国や神々を生んだとされる、すべての大本の男女神である(最後に生んだ三貴子が天照大神《あまてらすおおみかみ》、月読尊《つきよみのみこと》、素戔嗚尊《すさのおのみこと》である)。加えて作られたのが、天鈿女命《あめのうずめのみこと》と猿田彦大神《さるたひこのおおかみ》の生人形であり(手前側の

図 44　伊弉諾尊・伊弉冉尊［奥］と天鈿女命・猿田彦大神［手前］の生人形（国芳画『風流人形之内　伊弉諾尊・伊弉冉尊　猿田彦大神・天鈿女命』大判錦絵 2 枚続，安政 3 年，筆者蔵）

二体)、瓊瓊《にに》杵尊《ぎのみこと》(天照大神の孫)の天孫降臨につきしたがった天鈿女命が途上で猿田彦と出会い、この鼻高で容貌《ようぼう》魁偉《かいい》、身長七尺余という異形の神を恐れずに、図に見えるように「胸乳をかきいで」て話をし、結局、猿田彦に道案内をさせるという場面である。これも国の行く末と関連づけていろいろ解釈が可能な興味深い造形である。

そして、さらに注目したいのが住吉大明神《すみよしだいみょうじん》の生人形である。この生人形を描いた図45の錦絵には、小舟に乗って沖合を見やる老漁夫と、遠くに小さく浮かぶ帆船が描かれている。この形象は何かというと、じつは日本特有の、住吉大明神と唐の詩人、白楽天(白居易)とが絡む伝説があり、白楽天が中国皇帝の命により日本との知恵試し、文才の力競べに船で「やって来る」という話なのである。沖に浮かぶ帆船が中国船のジャンク(戎克)の姿で描

図45　住吉大明神の生人形(部分図．国芳画『風流人形尽　住吉大明神　祐天』大判錦絵２枚続の左図部分，安政３年，筆者蔵)

かれていることにも注目しておこう。

筑紫の海上まで白楽天の船が「やって来る」と、海辺で待ち受けているのが一人の老漁夫(じつは住吉大明神=住吉三神の化身)であり、驚くべきことに白楽天がまだ名乗らないのに、老漁夫は白楽天の素性と来日の目的まで知っている。さらに白楽天が眼前の景色を詠み込んで漢詩を作ると、たちまちそれを和歌に翻訳してしまうのである。そんなやりとりののち、じつは漁翁は仮の姿であり、本当は住吉大明神であると神姿をあらわして影向《ようごう》し、日本の力を示すために多くの神々とともに風を起こして、その「神風」によって白楽天を中国まで吹き戻してしまうのである。

もしも白楽天自身が聞いたらびっくりの奇想天外な話で、中国には存在しない伝説であるが、日本で平安期から愛読された白楽天の名声を前提にして、あいだに十三世紀の蒙古襲来におけるいわゆる「神風」の一件(弘安の役で「神風」が吹いて元軍に壊滅的な打撃を与えたとされる伝説)をはさみながら、中世のいつからか形成されたと推測される話柄であり、具体的には能『白楽天』(作者不明)において明瞭なかたちで形象化されるものである。住吉大明神は、いうまでもなく古代から大坂に住吉大社が御鎮座し(ちなみに、古代の住吉《すみのえ》は朝鮮半島との交通や遣唐使の発船など海外交通の重要な港)、いま全国に約二千の住吉神社があるといわれるように、非常に崇敬された神さまで、海上平安の神さまであるとともに和歌の神さまでもあるので、役割としてはぴったりの話なのである。

見世物の細工人は当時の対外状況を意識しながら、人びとの「開国」へのいい知れぬ不安と潜勢的な「神風」願望に呼応するかたちで、現実を白楽天と住吉大明神に置き換えて形象化しているのである。直接的に、たとえばペリーやアメリカ船を造形するのでは幕府の忌諱にふれる可能性があり、それを避けることができる伝統的な異国形象でもあった。

非対称性の別次元からの解消

客観的冷静に考えれば、神々を呼び出してみても始まらないし、「神風」が吹くことなどあるまいと考える人は、幕閣にも庶民にもふつうにいたはずである。そういう現実認識は間違いなく一定部分にあるものの、しかし他方では、むしろ現実を知り出したがゆえに、軍事力、近代テクノロジーにおけるあまりにも懸け離れた彼我の差を認識することともなり、そこでこちらがあきらかに劣っているという非対称性(3)(どう考えても対等、対称の関係ではなく、とうてい対抗し得ない)は、精神、感情の面においてはどこか受け容れがたいものなのである。その非対称性を解消あるいは補償しようと、まったく別の次元から、よしんば軍事力はなくとも「こちらには神々がいる」といった思考が呼び出され、あるいは場合によっては、そこから突発的な暴力に訴える事態が起こるのだと筆者は考えるのである。

「こちらには神々がいる」という自国形象、自国認識は、そうしたぎりぎりのメカニズムのなかであらわれるのであり、強度の対外的な危機意識は、歴史的に伝来する文化ストックのなかから最もふさわしいものを浮上させ、たちまち作動させていくのである。この場合には、役割として最適任の住吉大明神が、庶民の期待に応えるかのように見世物小屋にあらわれたのであった。また全体としても、伊弉諾尊と伊弉冉尊や、天鈿女命と猿田彦大神を含めて、開国へ向かう不安の時代だからこそ神々が求められたのであった。

周知のように、「神風」の言説は第二次世界大戦末期の日本にもあらわれて、現実に「神風特別攻撃隊」さえ編制されてしまうといった、悲惨な歴史の継続を示す。それもむろん大問題であるが、むしろ筆者が注目したいのは、そこにある非対称性の別次元からの解消あるいは補償というコミュニケーション論的メカニズムであり、なぜならそれは、別に日本のみの伝統ではなく、普遍的に歴史のなかでも今日においても、世界で起こり続けている現実にほかならないからである。その意味で、たとえ軍事力や経済力では劣っていても「こちらには神々がいる」といったたぐいの自国形象、自民族形象とは、人類普遍的な問題として考究が必要なテーマと考えるのである。それは、ネガティヴ面はもちろんのこと、じつは多元社会追求のポジティヴ面からも考究が必要な今日的テーマであり、われわれにとっての重要な課題といえる。

「神国」では異国のトラも日本語を覚える

安政六年(一八五九)に横浜が開港すると、従来にはない規模で多種大量の外国産品が舶来した。そのなかには異色のものとして海外の大型獣があり、第二章でふれたようにいわば「動物舶来ラッシュ」が起こっている。ここで取り上げるトラは、文久元年(一八六一)に横浜へ舶来し、十月に江戸の麹町《こうじまち》、福寿院境内で見世物となる。そして時期ははっきりしないが、勢州松坂出身の興行師、鳥屋熊

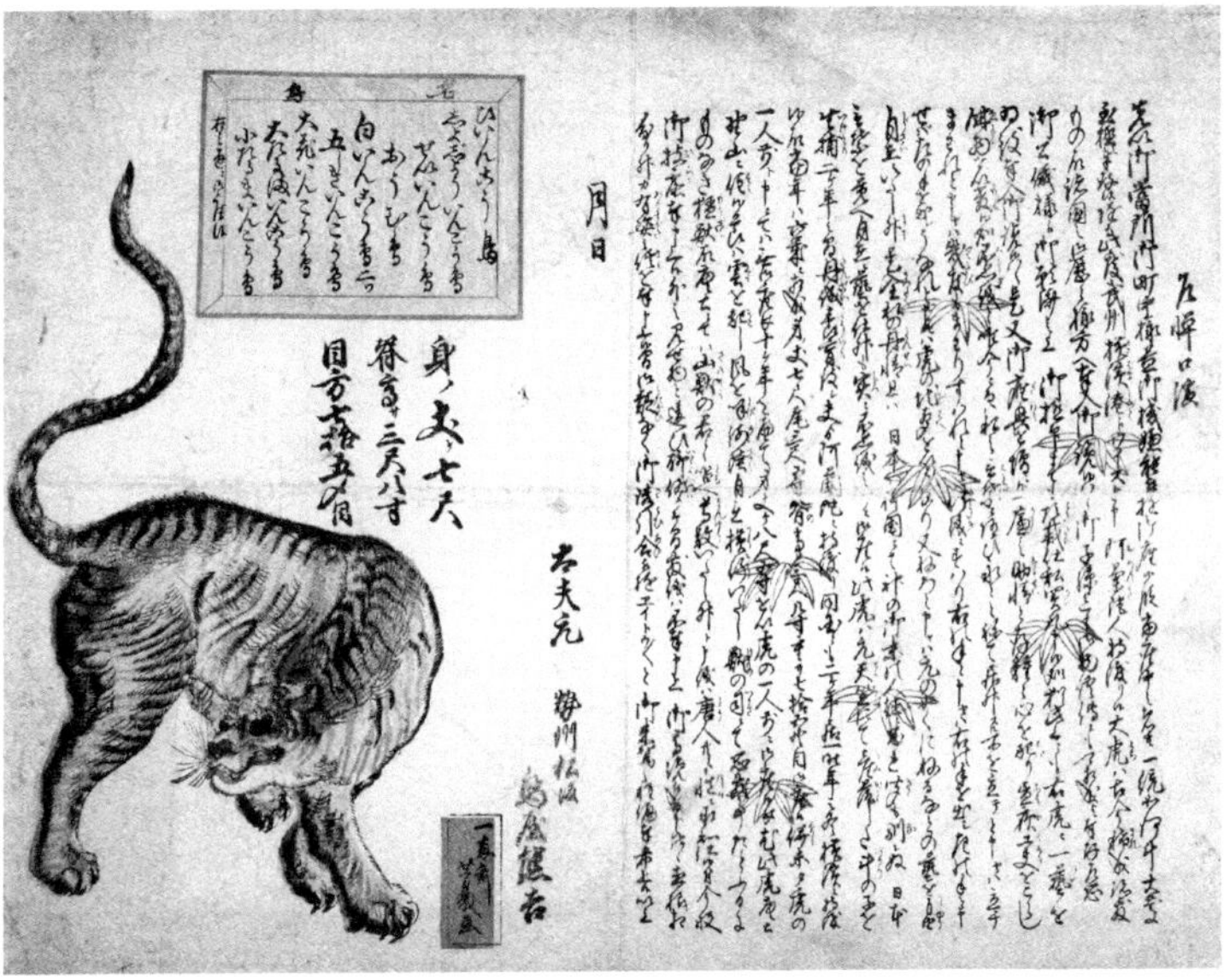

図46　鳥屋熊吉によるトラと名鳥の見世物（芳幾画『乍憚口演　太夫元 勢州松坂 鳥屋熊吉』色摺絵番付，元治元年～慶応元年頃，筆者蔵）

吉（通称、鳥熊）の手に渡り、数年ほど、鳥熊の元々の持ちものである舶来鳥とともに各地を見世物巡業することになる。前章で、トラと名鳥の動物複合の見世物として言及した興行である。そこではふれなかったが、この興行絵番付（図46）のトラについての口上書きに、なかなか興味深い内容が記されているのである。次の通りである。

昼夜工夫をこらし餌物を以《もって》教《おしえ》候《そうろう》処《ところ》、不思議と唯今にては私の言葉に随《したが》ひ、永々とねて居升《います》する所を立てと申せば立ち、まわれと申せば幾度もまわり、すはれと申せば行儀にすはり、右の手と申せば右の手を出し左の手と申せば左の手を出し、うなれと申せば虎の地声を以《もっ》うなり、又ねろと申せば元の如くにねるなどの芸を自由自在にいたし升。是《これ》、全《まったく》私の丹精、且は、日本は神国にて神の御末の人徳に恐れ、聞《きき》も馴れぬ日本言葉を覚へ、自在に芸を仕《つかまつり》升も実に不思議の一つに御座候。

要するに、このトラは人のことばにしたがい、起きる、回る、お座り、お手、唸るといった芸をするのであり、そうやって異国のトラが日本語を覚えて芸をするのは、「日本は神国にて神の御末の人徳に恐れ、聞も馴れぬ日本言葉を覚へ」たからだ、という内容なのである。猛々しい異国のトラでさえも、わが「神国」の威徳にしたがうというわけで、この文言にもやはり(実際にトラがどの程度、言葉がわかり芸をしたかはともかくとして)、開港後なおも高揚していた攘夷の趨勢と、それに絡んだ「神国」の意識をうかがうことができるのである。

こうした「神国」の表徴やレプリゼンテーションが、排外的攘夷派の主張や、国学、水戸学の言辞のなかにではなく、見世物という民衆的なサブカルチャーのそこかしこにあらわれているのが、筆者が注目するところであり、そこに大衆の意識や庶民レベルでの感じ方を探ることができるのである。

神さまたちの生人形といま述べたトラの例でいえば、「神国」の意識、神々への意識は庶民のあいだでどこかに共有されており、それがこの「集合表象」の社会における根強さといえるが、そこでの神々は、「神風」を典型とするナショナリスティックで排外的な性格を確かに持つ反面、他方では「和合する神性、和合する身体の根源性」とでも呼ぶべき性格も濃厚に持っており(既述の伊弉諾尊と伊弉冉尊や天鈿女命などの例を参照)、これは江戸時代文化に共有された重要な側面を示すものと筆者は考えている。この点では、江戸時代中後期に有力であった増穂残口の神道論が夫婦和合、男女和合をひたすらに説き、「唯物論」ならぬ「唯和合論」といった様相さえ呈していることも、思い起こされるのである。これについては第一章のラクダをめぐる「和合のフォークロア」の話でも、すでにふれたところである。

「神風」の遊廓

本章の最後は遊廓の話である。横浜にはかつて「神風」の名を持つ遊廓があった。「神風楼」と書いて「じんぷうろう」と読む。

横浜開港の際、突貫工事で埋め立てた居留地南側の太田屋新田の一画に、幕府の政策によって、外国人接客を一つの目的とする港崎遊廓《みよざきゆうかく》がつくられる(場所は現在の横浜公園に当たる)。考え方としては、それまで外国人の相手をしてきた長崎丸山の遊廓の例にならったもので、品川の岡場所や神奈川宿、保土ヶ谷宿ほかの旅宿経営者、遊女、飯盛女などが動員されて、万延元年(一八六〇)に開業した。栃木出身の神風楼粂蔵《くめぞう》(山口粂蔵)もまた、このとき港崎遊廓に中規模店の伊勢楼を開き、成功してまもなく神風楼をも開いて、一族の綱吉ほかと手を携えての経営で繁栄し、神風楼は著名な岩亀楼《がんきろう》と並び立つ存在となっていく。その後、場所は何度か変わるが、図47に見るように、とくに外国人客には著名な大楼として関東大震災まで隆盛を

図47　NECTARINE No. 9と通称された神風楼に入る外国人客(彩色写真部分，明治中期，筆者蔵)

誇った。

　筆者はかつて、この神風楼粂蔵が前出の軽業曲芸の名手である早竹虎吉のアメリカ渡航、アメリカ興行に深く関与して、慶応三年(一八六七)の横浜からの渡航に同行し、唐物屋の八百庄とともに海外現地での争論仲介もおこなっている事実を記したことがある(川添裕『江戸の見世物』岩波新書、二〇〇〇の第四章)。それだけでも興味深い人物だが、この粂蔵の子(養子)の山口仙之助は、箱根宮ノ下の富士屋ホテルを明治十一年(一八七八)に創業しているのであり(山口由美『増補版　箱根富士屋ホテル物語』千早書房、二〇〇七)、神風楼の系譜はさまざまな意味で文化史的にも重要な存在なのである。なお、少し前まで異国船打払の曲芸をしていた早竹虎吉は、たちまちアメリカに渡っているのであり(高橋是清と同じ船に乗船している)、芸人らしく時流に乗る人物であった。

　さて、この遊廓の名が、なぜ「神風」なのかは気になるところで、その点では最初に開いた伊勢楼の名を含め、横浜の遊廓にはほかにも同時期の五十鈴楼、二見楼、神国屋、少しのちの勢州楼といった神宮の地、伊勢にちなんだ名称が多く、神風楼がそうであるように経営者が伊勢出身というわけでもないのである。

　まず、これら一群の遊廓の命名の根底に、本章で論じてきたような神々また「神風」に関わる意識が何らかのかたちであることは、指摘できると思う。筆者は加えて、現実に頻発した排外的攘夷派による西洋人襲撃を避けるための予防策、予防的命名というロジック(「伊勢」や「神風」の名を持つ場所なら襲われにくい、あるいは排外的攘夷派に対して引け目を感じない)を考えるのだが、いかがであろうか。大上段の思想的命名というよりは、庶民の感覚的、俗信的な意識からくる名づけを想定するのである。

そしてここで、すでにふれた異形の異国人物に対峙する長崎丸山の遊女の姿(図43)と、この「神風」の名を持つ外国人相手の横浜の遊廓、また、さらには異形鼻高の猿田彦の前で「胸乳をかきいで」て対峙する天鈿女命の姿(図44)を重ね合わせる時、やはり「異形の力を和する女/神」といった、歴史的に存在してきた一つの文化の相が浮かび上がるのである。先ほど述べた、「和合する神性、和合する身体の根源性」というあり方とも連関するものである。これはむろん、性をめぐる権力関係の観点から批判されるべき複雑な問題性を含むものでもあるが、そのことまでを包含して重要な、現に日本の社会文化史のなかに存在してきた考察すべき課題と考えている。

かつて鶴見俊輔氏は『アメノウズメ伝――神話からのびてくる道』(平凡社、一九九一)において、善・悪、正・邪といった単純で暴力的な二分法からは最も遠い地点において、アメノウズメとその「ハダカのはたらき」について自由で幅広い考察を展開していて刺激的であった(とくに同書の「メタファーとしての裸体」の項)。そうした思索も糧としながら、この文化史上の問題に引き続き取り組んでいきたいと思う。

第四章

日本人になってみる、日本をやってみる

——身体が形象するジャポニスム

ここまで話の中心は、江戸時代後期の日本人が異国・自国をどう受けとめ、それを日本においてどう形象化してきたかであった。前章で開国の時代を迎えたのちの本章では、局面を変えて、逆に欧米において、新たにあらわれた日本と日本の文化形象がどう表現され、どう受けとめられたのかを論じてみたい。じつは欧米で受容された文化形象が大元の日本へ跳ね返って鏡映する現象も起こっており、日本人と異国・自国の形象を考えるうえで、これも興味深い問題なのである。取り上げるのは、いわゆるジャポニスムの現象であり、次章で中心的な話題とする横浜のサムライ商会の話とも併せて、もう少し本書のテーマを展開させていきたいと思う。

さて、ジャポニスムとは、そもそも何だろうか。カタカナ語ではない日本語に置き換えると、ふつう「日本趣味」と呼び慣わされているように思う。幾つか国語辞典を確かめてみると、ジャポニスムは「十九世紀後半のヨーロッパ美術にみられる日本趣味」(『日本国語大辞典』小学館)とか、「日本趣味。特に、十九世紀後半のフランスで、浮世絵の移入やパリ万国博覧会の出品物により流行したもの。印象派の画家などに影響を与える」(『広辞苑　第七版』岩波書店)、あるいは「十九世紀後半のヨーロッパ美術にみられる日本趣味。フランスの印象派やイギリスのラファエル前派などに顕著」(『大辞林　第四版』三省堂)などと説明されている。

こうしてみると、それは基本的に美術の分野にあらわれた潮流としてとらえられており、時代的には十九世紀後半の、フランスを中心にイギリスも含めたヨーロッパで起こった日本趣味の現象というのが、およその共通理解といえるだろう。確かに、日本の開国から明治にかけての十九世紀後半の時代、日本の美術工芸品(浮世絵などの絵画や陶磁器、漆器、染織、各種の細工ほか)が、それ以前とは次元を変えるかたちで数多く西欧に流入して関心を集め、とくに浮世絵が、フランスのブラックモン、マネ、ティソ、ドガ、モネ、あるいはまたゴッホ、ホイッスラーらも加えて、いわゆる印象派の画家たちに多大な影響を与えたことは、よく知られるところである。

しかし現実には、ジャポニスムは美術の分野だけにとどまるものではなかったし、フランスやイギリスだけの現象でもなかったのである。それはもっと範囲を拡大して展開していたのであり、その意味では先にあげた国語辞典の記述は不十分なものといわざるを得ない。

ジャポニスムは、実際には印象派の画家や美術愛好家の関心といったレベルを越えて、世紀末からさらに二十世紀初期に至っても、より分野を広げ、より大衆化の度合いを加えながら、また、中欧、東欧、北欧やアメリカなどへも地域を拡大して、欧米全体にわたる社会文化現象として広汎な展開を見せていたのである。ちなみに、ジャポニスムの語はフランス語の japonisme が元だが、英語ではジャパニズム Japanism またはジャポニズム Japonism であり、ドイツ語ではヤポニスムス Japonismus といった具合に、当然ながらそれをいうことばも各国語へ持ち込まれていた。

本章でこうした展開のすべてにふれることは不可能だが、一般に美術史の問題としてとらえられがちなジャポニスムについて、ここでは「身体形象」「身体表現」を中心的な素材として幾つかのスケッチを描き、新たな構図を示せればと考えている。なお、これまで年代は和暦(西暦)の形式で記してきたが、以降における「外国での」出来事、事項に関しては西暦(和暦)の形式で原則として記す。

一　日本人になってみる

あたしたち日本人になっちゃった

はじめに一枚の写真絵葉書をご覧いただこう(図48)。「あたしたち日本人になっちゃった」。そんな少女たちの声が聞こえてきそうな、愛らしい一枚である。ドイツ製の絵葉書で、反対側の宛名面には一九〇九年(明治四十二)のベルリンの消印が押されている。こうした日本趣味、日本愛好の絵葉書は、とくに一九〇〇年代から一九一〇年代の西欧各国及びアメリカでたくさん作られており、大衆文化領域におけるよりカジュアルなジャポニスムの展開を示す、注目すべき事例といえる。

よく見られる意匠としては、和室や茶室にいる着物姿の西洋女性、和傘をさして庭園や自然のなかにたたずむ着物姿の西洋女性、扇子を手にポーズをとる着物姿の西洋女性などがあり、全体に西洋人が日本の着物を着てみせること、今風にいえば「日本人になってみるコスプレ」が典型的な表現であった。性別ではあきらかに若い女性と婦人のものが多く、そこでの「日本」は、ジェンダー論的にいえば「女性」性に傾きながら形象化されているといえる。ただもちろん、男女の組み合わせや男性だけの絵葉書も一定数は存在する。

図48　着物姿の西洋少女(ドイツ製写真絵葉書，1909年頃，筆者蔵)

図49　丁髷姿の西洋少年(ドイツ製写真絵葉書，1906年頃，筆者蔵)

たとえば次の少年たちの写真絵葉書(図49)がそれで、こちらは丁髷姿までを模して日本人になってみた、なかなか傑作な一枚である。[1] やはりドイツ製の絵葉書であり、ベルリンの西郊、シュテグリッツにあったNPG社が一九〇六年(明治三十九)頃に発行したものである。少年たち三人の姿には中国的な雰囲気も感じられ(彼らは襦袢《じゅばん》ではなく、中国服らしきものを着物の下に着ている)、ヨーロッパにおいて先行した中国趣味との混淆、融合も起こっている。ジャポニスムが大衆的に浸透していくなかでの日本像は、バイアスや誇張を伴って形象されることも多く、日本人からするといわば「とんでもニッポン」になりかねないところもあるが、しかし逆に、そこにジャポニスムの面白さがあるともいえるのである。文化というものには「異国を作り、異国を騙《かた》る」性格が根強くあり、ジャポニスムはそうした表現の典型であった。

「日本人になってみる」コスプレの系譜

異文化と出会ってそれに親しもうとする時、その文化固有の服装をしてみることはいわば定番の体験行動であり、現代の内外の観光旅行でもさまざまなメニューが用意されている。身にまとう衣服は、文字通り身近に親しく異文化を感じることができる身体的行動なのだろう。じつは、最初のラクダの章でふれた江戸参府のオランダ人たちも、江戸の定宿である長崎屋の二階で、ここでいうところの「日本人になってみるコスプレ」の座興をしていた事実が判明している。近年新出の桂川甫賢《かつらがわほけん》筆『長崎屋宴会図』(神田外語大学附属図書館蔵)に描かれているもので、商館長のブロムホフは黒紋付の羽織に袴をはいて頭巾をかぶり、一等書記官のフィッセルは継裃姿《つぎかみしもすがた》で座布団にすわっている。逆に、桂川甫賢(将軍家侍医で蘭学者)や馬場佐十郎(オランダ通詞で高橋景保の下で天文方手代)、神谷弘孝(中津藩主の奥平昌高の側近で蘭学者)の日本側はオランダ人の格好をしており、いわば和装、洋装が入れ替わった仮装パーティを楽しんでいるのである。時は文政五年(一八二二)二月二十七日のことで、これについては新出資料の紹介者である松田清氏が、詳細に解説した論考を執筆している。(2)

文政の時代にあって「日本人になってみるコスプレ」をしたブロムホフらは、きわめて稀少な事例であったはずだが、開国以降、明治時代にかけては、この種の試みはとみにポピュラーなものになっていった。絵画の世界においても、自らをモデルに、あるいは親しい者の写真をモデルにして、日本の着物姿に西洋人が顔をはめて描く「写真画」「真画」「横浜絵」などと呼ばれたものが土産品として多く作られており、明治初期の横浜における五姓田《ごせだ》芳柳《ほうりゅう》の工房が著名であった。これについては木下直之氏が、その背後にある文化史的文脈を踏まえた論考を『美術という見世物――油絵茶屋の時代』(平凡社、一九九三)で執筆している。[3] 図50は、絵師などの詳細は不明ながら、いま筆者の手元にある同類の画幅であり、西洋小児が日本の着物姿になって和傘をさすという典型的なかたちで描かれている。やはりハイブリッド(文化混淆的)な不思議な雰囲気を醸し出す図ではある。

こうしたものが個々人を離れて、一般共有の商業化した複製品となったのが図48や図49の写真絵葉書といえ、それは欧米における「日本受容」の大きな広がりを示している。この種の事例の最後に、写真ではなくイラストを用いたジャポニスムの絵葉書も紹介しておこう。次に掲げるのは、アメリカのニューヨークにあったウルマン Ullman 社が一九〇五年(明治三十八)に発行した描画による絵葉書である(図51)。

図50　着物姿で和傘をさす西洋小児
(画幅，明治期，筆者蔵)

この図様にもどこか中国趣味との混淆、融合の雰囲気がうかがえるが、こうした表現にはもう一つ、『ミカド』(一八八五年初演)、『ゲイシャ』(一八九六年初演)、『蝶々夫人』(一九〇四年初演。原作小説

図51　描画による典型的なジャポニスムの絵葉書(アメリカ製絵葉書，1905年，筆者蔵)

は一八九七年発表)と続いた、一連の日本趣味のオペラ、オペレッタ作品の舞台形象と通じ合うものがあった。さらにその元をたどれば、万国博覧会やロンドンのナイツブリッジで開催された「日本村」など、幕末以来の欧米における日本風俗展示でしばしば提示されてきた「茶店・茶屋」「茶屋の娘」「芸者」といった形象(とくにそこでの日本女性たちの身体形象)が大きく影響し関与していたのである。そしてそれは、誤解を含みながら欧米流の進化、典型化をとげ、世紀末から二十世紀初期の時代のジャポニスムにおけるひとつの定型的表現となっていったのである(4)。

なお、ここで話の大枠だけ先取りして記してしまったが、ジャポニスムを考えるうえで重要な海外における日本風俗展示や「茶屋の娘」「芸者」といった形象に関しては、話を進めるなかでまた記していく。

二　日本をやってみる
――「茶店・茶屋」と「茶屋の娘」たち

ここまでに記した、着物を着て「日本人になってみるコスプレ」のジャポニスムに加え、今もふれた「茶店・茶屋」の環境までをまるごと再現形象しようとする、日本好き西洋人の試みもあらわれている。これは能動性の度合いをさらに一歩進めたジャポニスムであり、日本好きが嵩じた結果の、いわば病膏肓《やまいこうこう》というべき試みであった。場所はチェコ(ボヘミア)の中心都市プラハであり、店の名を「YOKOHAMA」(横浜。チェコ語音写の JOKOHAMA の表記もある)といった。

プラハのYOKOHAMA

この店を宣伝紹介する同時代の写真絵葉書が幾つか確認されており、筆者の手元にあるものから、着物姿の「茶屋の娘」たちと、店の内部の様子をまずはご覧いただこう(図52、図53)。和洋折衷の不思議な姿であるが、店内にはたくさんの提灯が掲げられ、障子や竹格子もしつらえられている。こうした場所で着物に日本髪のチェコ人の「茶屋の娘」たちが、接客給仕をしたのである。右側に「日本珈琲店」「日本喫茶店」の看板が見え、基本的にはコーヒーを出し、日本茶やビールなども供されたという。

絵葉書の写真だけ見ていると、いささか正体不明の画像なのであるが、図52の宛名面の側には「Japanese Teahouse YOKOHAMA Prague II. „Lucerna".」の文字が紅色インクのスタンプで押されており、文字通りの「Japanese Teahouse」(日本の「茶店・茶屋」)であったわけである。別の絵葉書では店内に「大日本御茶店　横浜亭」の文字が見え、「はな子　ふじ子　はる子　きく子　かね子　蝶々」等々といった源氏名めいたものも掲げられており、着物姿の「茶屋の娘」たちにそれを名乗らせていた可能性がある。このほか店内には仏像(図53の左奥にかすかに見える)や浮世絵版画、掛軸なども展示され、日本趣味に溢れた独特の空間となっていたのである。

掲載資料自体の年代としては、図52の絵葉書は、通信文の内容から一九一一年(明治四十四)に用いられたものと特定することができ、図53の絵葉書の宛名面には一九一四年(大正三)の製作年が記載されている。

チェコのジャポニスムを牽引したホロウハ

この日本の「茶店・茶屋」を作り、麗しき着物姿の「茶屋の娘」たちを揃えて経営していた人物が何者かは、はっきりわかっている。それはヨエ・ホロウハ Joe Hloucha という名のチェコ人の男であった。自らの姓に漢字を当てて「保呂宇波」と著書などでは記してもいる。

ホロウハは日本趣味の作家にして日本美術愛好家であり、チェコ有数の日本美術蒐集家であった。今日のナープルステク博物館における収蔵日本美術品の主要部分、六千数百点が元はホロウハのコレクションであり(江戸版の浮世絵のほか大坂絵が多くあることが特色で、市井の種々の写本や帖仕立

図 52　プラハの YOKOHAMA の「茶屋の娘」たち（プラハ製写真絵葉書，1911 年頃，筆者蔵）

図 53　プラハの YOKOHAMA の店内（プラハ製写真絵葉書，1914 年，筆者蔵）

ての類、雑多な紙ものなども多い)、またプラハ国立美術館収蔵の日本の古典籍版本二百点ほどが、やはり元はホロウハのコレクションである。

つまり、ホロウハはいろいろな意味でチェコのジャポニスム(チェコでの用語はドイツ語系のJaponismus)の先端を行っていた人物であり、ゆえに、ある意味でジャポニスムの本流というべき「茶店・茶屋」と「茶屋の娘」たちの企てに行き着いたのである。ホロウハは美術関連のみならず、一歩進めた体験型の日本趣味や、行動性、能動性に富んだ日本趣味を、二十世紀前半の時代においてまさにのめり込むように実践していたのである。

もともとホロウハは、プラハから北東へ四十キロほどの、ムラダー・ボレスラフ近くの村ポトゥコヴァーニュで、ビール醸造業者の子として一八八一年(明治十四)に生まれている。(5) 少年時代から小説家になりたいとの希望を持っており、また、母方のおじに『ジャポンスコ』(6) の著者ヨゼフ・コジェンスキーがいて、一八九三年(明治二十六)の日本見聞記であるその書から、早くに日本の風景や芸者の存在などを知り日本に愛着を覚えるようになっていた。確かに『ジャポンスコ』には茶屋遊び、舞妓に関する記述があり、また、外国人によく知られた横浜の遊廓、神風楼(前章の最後に言及した遊廓)にもふれていたのである。

三　ホロウハの行動的ジャポニスム

ホロウハの父親は、一八九五年(明治二十八)にプラハの名門ビール醸造所でありビアホールも備えた聖トマーシュ修道院醸造所を借り受け、一家はプラハへと引っ越す。このビアホールは著名人の集う場所であり、プラハにおける豊かな文化的環境と人的交流は、ホロウハの文学意欲とジャポニスムを、ともに成熟させていくことになる。

『嵐のなかのサクラ』と最初の日本滞在

そして一九〇五年(明治三十八)には、早くも日本趣味に満ち満ちた日記体の小説『嵐のなかのサクラ *Sakura ve vichřici*』(図54)を出版することになる。まだ二十代の前半であった。掲載図は初版ではなく版を重ねた一九二八年版であるが、表紙のアルファベットのタイトルをわざわざ縦書きにしている心意気にも注目しておこう。

この作品の大枠のストーリー構成は、フランスのピエール・ロティによる日本趣味小説『お菊さん』(一八八七年。一八九三年にオペラ化もされた)や、その影響下にあるとされる前出の著名な『蝶々夫人』と同様の、日本にやって来た西洋人男性が日本女性を現地妻や恋人とするものの、愛は成就する

図54　ホロウハ『嵐のなかのサクラ』表紙（初版は1905年．掲載図は1928年版で絵は梶原緋佐子，筆者蔵）

ことなく別離が訪れて女性の側に悲劇が起こるといった、当時、欧米でもてはやされていた日本趣味的話柄の典型であった。それは日本憧憬の「幻想の通俗悲恋物語」であるのだが、しかし、まさにそれゆえにジャポニスムブームの時好に投じ、若い娘サクラが自害して果てる本作は、少なくとも五万部を越えて、ロングセラーとなっていったのである。

そして、この成功の翌年の一九〇六年（明治三十九）、ホロウハははじめて日本を訪れる。五カ月間の滞在中、大量の日本の美術品や古典籍版本などの蒐集をおこなっているが、さらに重要なことは、この時、日本の娘「玉さん」を金三十円をもって現地妻とし、実際に三カ月ほど同棲して過ごしたことである。[7] ホロウハのジャポニスムとは、やはり身をもってする体験であり行動なのであった。その点では、この旅行中に富士山に登ったこともつけ加えておこう。

二十代後半での「茶店・茶屋」の実現

こうして、間接的な知識や伝聞の情報だけでなく、「実物の日本人」と身近に、かつ継続的に接した経験は大きく、結局これがプラハにおける「茶店・茶屋」と「茶屋の娘」たちの企てにつながっていくと筆者は考えている。

その企ては当初、一九〇八年(明治四十一)にプラハで開催された、商工会議所主催のフランツ・ヨーゼフ一世戴冠六十周年記念博覧会会場(当時、オーストリア皇帝フランツ・ヨーゼフ一世はハンガリー国王でもありボヘミア国王でもあった)で実現する。ホロウハは建築家のヤン・コチェラの協力を得て日本の「茶店・茶屋」を会場に設置したのである。そして翌年の一九〇九年には、プラハ市街の中心地の一つであるヴァーツラフ広場近くの「パラーツ・ルツェルナ Palac Lucerna」(ルツェルナ・パレス)なるパサージュ商業施設の地下へと移転し、先の「茶屋の娘」たちがいる「Japanese Teahouse YOKOHAMA Prague II. „Lucerna".」となったわけである。このときホロウハはまだ二十代後半であり、この後、一九一五年(大正四)までYOKOHAMAの経営を続けた。

ホロウハはさらに、入口に鳥居まで設けた日本趣味の自邸「ヴィラ・サクラ」と、池や石灯籠も備えた日本庭園を作るなどの実践的ジャポニスムをおこない、大正から昭和へと元号が変わる年の一九二六年には、二度目の来日を果たしている。そしてこの後には、何度か自分のコレクションの展覧会などもおこなっている。

作家としてのホロウハは、一九五七年(昭和三十二)に亡くなるまでのあいだ、数多くの日本趣味の作品を出版し続けており、その意味でホロウハのジャポニスムは二十世紀半ば頃まで行動の軌跡を残したことになる。

『日本の子どもの昔ばなし』

出版物のなかでやや異色で興味深いのは、二度目の来日と同じ一九二六年に刊行された『日本の子

図55　ホロウハ『日本の子どもの昔ばなし』表紙(1926年初版，筆者蔵)

どもの昔ばなし *Pohádky japonských dětí*』(図55)である。これは何と和装袋綴じの「凝った作り」であり、用紙も和紙とまではいかぬものの和紙風の質感がある紙を用いている。ただし、横文字のチェコ語を記す都合上、本の開き方は和本の右開きのかたちではなく左開きにせざるを得ず、それを残念に思うところもあったのか、裏表紙見返しに和本の表紙(扉)風のものを入れている。

本文中にも、浮世絵や版本挿絵、写真などを元にした図版を、多くのカラー刷りを含めて五十一図とふんだんに入れながら、日本の子どもの生活、行事、伝奇伝説から「雪女」「浦島」「桃太郎」「分福茶釜」「瘤取《こぶとり》」「舌切雀」といった昔ばなしまでを、いわばグランドスタイルで紹介しており、チェコにおけるジャポニスムの一つの到達点を示すような立派な一書である。

恐らく、長谷川武次郎が各国語で出版していた、類似内容の著名なちりめん本シリーズなどを参考にして、自らが満足できる高度なものを目指していたと思われる。ちなみに架蔵本は、前所有者が和装袋綴じを、洋本のアンカットと勘違いして版心側を数丁分切り開いてしまっており、ジャポニスム流行のなかこうした本を求める日本趣味の西洋人(前所有者もアルファベットを縦書きにして自分の署名を入れている)をもってしても、あいにくとそこまでは知らなかったというレベルの「凝った作り」との見方もできよう。

ともあれ、早くも二十代にして実現させた「茶店・茶屋」と「茶屋の娘」たちに象徴されるように、行動的なジャポニスム、実践へと突き進んでいくジャポニスムがホロウハの特徴であり、それは二十世紀に入ってなお拡大展開していくジャポニスムの一つのありようを示す、非常に興味深い事例といえる。

なお、ホロウハの伝記的事績に関しては、注(5)に記したように日本語文献ではペトル・ホリー氏の論考に主として拠っているが、同論考の主眼は、ホロウハが『東海道四谷怪談』に強い関心を持ちチェコにおいてはじめてそれを紹介したこと、そしてその紹介の全文掲載を踏まえての分析と意味づけにあり、こうしたホロウハの関心も、たんなる美術愛好にはとどまらない能動性、積極性を示すものといえる。また、本節に記したチェコをめぐる文化的様相は、とくに都市プラハの文化的厚みというものを、再認識させてくれるものである(8)。

四　「実物の日本人」と出会う

本章のタイトルには「日本人になってみる、日本をやってみる」を掲げている。それは筆者が、これらがジャポニスムの拡大展開を理解していくためのキーワードと考えるからである。こうした現象が起こるためには、日本の美術品や書物、商品などといった「日本のモノ」と接する関係があるだけでは駄目で、「実物の日本人」「日本人なる身体形象」にじかに接する刺激と経験が必要である。「実物の日本人」が目の前に姿を見せ、「実物の日本人」が歩き、動き、何かをして見せる、そしてそれを、好奇心いっぱいの目で凝視するという経験である。それがないかぎり、なかなかこうした行動的な試みはあらわれないのである。先の「茶店・茶屋」と「茶屋の娘」たちにしても、実際に接した経験を抜きにして、実体とまったく無関係に、再現表象だけしようとすることはあり得ないだろう。

つまり、これらの現象の大本には、「実物の日本人」と出会うという欧米側の経験の蓄積が深く関わっており、ジャポニスムの拡大展開は、それに導かれるところ大であったと筆者は考えている。具体的には、欧米各地で開催された万国博覧会場における日本の「茶店・茶屋」の設置であり(そこには多くの場合「茶屋の娘」たちがいた)、あるいはまた、ジャポニスムブーム上昇の気運のなかでおこなわれた日本の芸者の海外巡業なども想起される。しかしじつは、大きな集団としてはそれら以上に、最初に欧米人の前に「実物」としての姿をさらし、甚大な影響力を持った別の職能集団がいたのである。

日本の軽業曲芸師たち

それは最幕末から明治にかけて、逸早く海外へと旅立っていった日本の軽業曲芸師《かるわざきょくげいし》たちであり、アメリカ、ヨーロッパにおいて各地できわめて大きな影響を与えていたのである。この事実は、関連の研究者のあいだでは近年かなり共有されているが、一般には(また少し分野の異なる研究者になると)正しい認識が共有されているとはいいがたい状況である。しかし、開国後の初期の時代に、何組もの集団で次々と海外渡航していったのは、まぎれもなく軽業曲芸師たちであり、そもそも日本最初の旅券を発給されて海外渡航したのも、軽業曲芸師の一団であった。のちにくわしくふれるが、最初の第一号から第二十七号までのパスポートは軽業曲芸関連の者たちへ発給されているのであり、それは待ちこがれたパスポートであった。

その人数規模は、明治前期に至るまでのあいだだけで、三百人ほどが一座のかたちで海外へ渡っており(世話役や囃子方、裏方などを含む)、明治終わり頃までには大枠およそ千人規模に達したと推測される。

しかも、彼らは外交使節などとは異なり、舞台上で不特定多数の庶民大衆に見られることが仕事であり、とくに最初期には街なかを含め、その一挙手一投足が注目されて報道もされ、話題となったのである。演じる技芸が見世物であると同時に、存在そのものが、はじめて見る「実物の日本人」という珍しい見世物であったといってもよい。

加えて、彼らの興行は一カ所にとどまるわけではなく、各国、各地を巡業したのであり、それはたとえばアメリカ西海岸、東海岸を回ったのちに、さらに大西洋を越えてヨーロッパ各地を回るというものであった。オーストラリアや南米へ向かった者もあった。こうして日本の軽業曲芸師たちは甚大な影響力を持ったのであり、ふつうの欧米人が初期に見ることのできた「実物の日本人」の代表的存在となったのである。

そうした状況へと至る経緯について、以下、歴史の時間を順に追いながらもう少し詳しくみてみよう。

五　ジャポニスムの源泉としての軽業曲芸師

しばしば誤解されていることだが、横浜が開港した安政六年(一八五九)時点において、日本人の海外渡航が許されていたわけではなかった。開港したとはいっても、外国人が外国船で日本へやって来るだけであり、日本人の側が海外へ出ることはできなかったのである(その意味では前章で述べた「来航する」「やって来る」という形式が継続していたのである)。それが江戸幕府の政策であり、真の意味での「開国」とはいいがたい状態が続いたのである。したがって、欧米にいる人びとが「実物の日本人」を目にしたり、接したりすることはできなかったわけである(外交使節や留学生など、ごく少数の例外はある)。

日本人の海外渡航が公的に許され、渡航が双方向となったのは、横浜開港から七年後の慶応二年(一八六六)のことである。この七年のあいだに、日本の「モノ」はかなり大量に欧米にもたらされており、それだけでも影響はあったわけだが、しかし、やはり「実物の日本人」が直接的にもたらすインパクトは、まったく次元の異なるものであったといってよい。

この年、江戸幕府から海外渡航差許《さしゆるし》布告が出され、半年ほどの準備期間を経て、同年秋に最初の旅券が発給された。そして、栄えある最初の旅券を持って横浜からアメリカへ旅立ったのは、日本の軽業曲芸師たちだったのである。

最初の旅券の集団

最初の旅券(一号から十八号)を発給された一団のおもな人物を芸名であげておくと、手妻《てづま》(手品)師の隅田川浪五郎(旅券番号一)、軽業の隅田川松五郎(同三)、曲芸独楽廻《こままわ》しの松井菊次郎(同六)、足芸曲持《きょくもち》の浜碇《はまいかり》定吉(同十一)、その子方で足芸上乗りの浜碇梅吉(同十三)、足芸若太夫の浜碇伝吉(同十五)らであった。じつはこれに続く同二十七までも、別座の軽業曲芸師たちであり、そこには浅草で有名な曲芸独楽廻しの松井源水《げんすい》(同十九)らがいた。実際の横浜からの出航は、旅券番号ではあとに続く松井源水らが三日、先立つことになるのだが、一号から十八号の集団は、慶応二年十月二十九日(西暦では一八六六年十二月五日)に横浜からサンフランシスコへ向け出航している。

この集団は元来、隅田川、松井、浜碇の三グループの寄り合い所帯であったが、海外では基本的にImperial Japanese Troupe(「日本帝国一座」)なる大仰に権威づけられた座名を名乗り、アメリカの西海岸、東海岸での興行を手はじめに、パリ、リヨン、オランダ、ベルギー、ロンドン、イベリア半島などとヨーロッパ各地を経めぐっていく(途中で別れた者や帰国した者、また松井菊次郎のように客死した者もいる)。

芸としては、隅田川浪五郎の手妻「蝶の曲」も華やかで評判となったが、全般にどこでも観客の目を見張らせたのは、浜碇を中心とする足芸曲持(足曲持)や綱渡りなどの軽業であった。足芸曲持とは、ロンドンで同座が話題となって描かれた新聞挿絵(図56)に見るように、下になって桶や盥、梯子など

図 56　ロンドンでの「日本帝国一座」．浜碇の足芸曲持(『ザ・イラストレイティッド・ロンドン・ニューズ』1868 年 5 月 2 日付より，筆者蔵)

を足で支える太夫が錬磨の足わざを見せ、支える物の上にさらに子方の上乗りが乗って演じる曲芸であった。図には、積み重ねた桶を下の太夫が跳ね上げて、その瞬間、上乗りの子方も宙に舞い、それを下の太夫が足先で受けとめるという高度なアクロバットの様子が描かれている。

この「日本帝国一座」や松井源水らのあとも、前章で記した早竹虎吉の一座を含め数多くの集団が海を渡り、その人数が数百人から千人規模に及ぶことはすでに述べた通りだが、そもそもなぜそこまで多数の軽業曲芸師が海外渡航したのかといえば、それは、当時の日本の軽業曲芸のレベルが世界的にみてきわめて高かったからである。今日この方面では中国雑技が世界随一のレベルといってよいが、かつての日本の技量は、それと同等かそれをもしのぐほどのレベルであったのである。また、開港後の横浜居留地には、興行師やこの方面に関心を持つ外交官、外国商人もやって来ており、彼らはレベルの高い日本の軽業曲芸にたちまち目をつけ、海外でも大活躍し得る「金の卵を産む鶏」として、欧米の興行界へ送り出すチャンスを手ぐすねひいて待っていたのである。日本土着の庶民的な軽業曲芸師は、こうしたメカニズムのなかで、「実物の日本人」の代表として欧米世界にあらわれたのである。

最初の旅券(一号から十八号)の一団の場合、海外渡航を仕切っていたのはアメリカ人のリチャード・R・リズリー・カーライル Richard R. Risley Carlisle という人物であった。通常はリズリーあるいは「プロフェッサー・リズリー Professor Risley」と呼び慣わされているが、大学の教授ではなく、「プロフェッサー」は当時の優れた奇術師や曲芸師に付されることの多かった興行界での通称である。リズリーは、ニューヨーク、サンフランシスコやロンドン、パリ、サンクトペテルブルクなどの欧米の興行世界のみならず、広くアジア、オセアニア、カリブ海をも経めぐった著名な曲芸師にして自ら一座を組織した興行師であり、元治《げんじ》元年(一八六四)に、上海から十人の芸人と八頭の馬をひきつれて横浜へ乗り込んできた。

リズリーの横浜での興行は、明確な記録が残る本邦初の舶来サーカス興行であるが、残念ながら横浜居留地限定の興行であったため客足が続かず(当時の幕府の政策で横浜居留地を出て江戸や大坂などで自由に興行することはあり得なかった)、リズリーの一座はあえなく解散となってしまうのである。しかし、その後も横浜を本拠にしたリズリーは、しぶとく「日本初のアイスクリーム」や牛乳の製造販売でもその名を残し、居留地で小規模な劇場も経営し、ついに本来の仕事である興行師として日本の軽業曲芸師を組織して、先の慶応二年(一八六六)に、一団とともにアメリカへ旅立っていったのである。

「子どもたちは例の日本人を見てきた」

こうした軽業曲芸師の海外渡航に関しては、三原文氏に『日本人登場——西洋劇場で演じられた江戸の見世物』(松柏社、二〇〇八)ほかの優れた研究があり、アメリカでもフレデリック・ショットFrederik L. Schodt氏の秀作(*Professor Risley and the Imperial Japanese Troupe: How an American Acrobat Introduced Circus to Japan — and Japan to the West*, Stone Bridge Press, 2012.)が出版されている。また筆者自身もこれまで何度かリズリーや早竹虎吉一座にまつわる話を記したことがあり、個々の動向や詳しい事績に関してはそれら諸文献をご覧いただきたい(9)。ここでは、一つの象徴的な図版を取り上げることにより、軽業曲芸師たちのインパクトの大きさを、感じとっていただきたいと思う。

「日本帝国一座」の浜碇の足芸曲持はすでに図56で示した通りだが、彼らがニューヨークの歌劇場アカデミー・オブ・ミュージックの興行で大評判となった直後、アメリカの絵入り週刊紙『ハーパーズ・ウィークリー』(一八六七年六月十五日付)に、実際の出来事に基づくと思われる次のような挿絵があらわれている(図57)。なお、この図を最初に紹介したのは三原文氏である(10)。

図には下部にタイトルが付いていて、「THE CHILDREN HAVE BEEN TO SEE THE JAPANESE.」とある。少し補って意訳すれば「子どもたちは例の日本人(軽業曲芸師たち)を見てきた」といったところだろうか。そう、これは一言でいえば、日本の軽業曲芸を見に行った子どもたちが、すっかりそ

THE CHILDREN HAVE BEEN TO SEE THE JAPANESE.

図 57 「子どもたちは例の日本人を見てきた」(『ハーパーズ・ウィークリー』1867 年 6 月 15 日付より．注(10)文献より転載)

の魅力の虜になってしまい、自ら足芸曲持にチャレンジして「日本人になり、日本をやっている」図なのである。これまでも示してきたように、身体形象、身体表現から受ける強い影響は、同じく身体形象、身体表現によって再び能動的に表現されていくのであり、なかでも、身体感覚が大人以上にビビッドで身体的共感能力に富む子どもたちは、たちまちこんなありさまと相成ったのである。後ろに梯子も見えるところからすると、果敢に梯子の足曲持にもチャレンジしたのかもしれない。部屋を覗いて状況を瞬時に察知した母親かと思われる人物の、何ともいえない困惑の表情が面白いし、上乗りをやる小さな子が、当たり前だがやってみるとけっして簡単ではなく、グロッギー気味なのも笑えるところである。

もう一つ、見逃してならないのは、子どものうちの三人が扇を手にしており、かつ右側の男の子が、日本人の着物を真似たつもりで何かをぞろっと羽織っているところである。扇や着物といったジャポニスムの定番となる身体形象イメージの最初期の源泉も、(むろんそれ以前の絵画形象などもあるわけだが)実際にそれを身につけ使う姿を見るという経験でいえば、やはり軽業曲芸師たちとの出会いがあきらかに重要な位置を占めるのである。繰り返しいうが、彼らこそが最初の旅券でやって来た「実物の日本人」なのであった。当時、一般の日本人が着る着物は、実際にはかなり地味なものであるが、軽業曲芸の「舞台衣装」は派手なものであり(また後出の芸者の衣装も派手なものであり)、そうした点も欧米のジャポニスムに影響を与えたと思われる。

なお、『ハーパーズ・ウィークリー』誌の挿絵だけが特殊な反応をしているわけではなく、子どもたちがマネをしてしまうエピソードは他にも見出せ、大人たちの「より穏健」な日本趣味的反応もいろいろと確認されている。またこの後、欧米の同業の芸人たちが、日本の着物風のコスチュームを身にまとったり、日本的な演目を取り入れたりするなどの、サーカス界における反応も広く顕著にあらわれているのである。

最後にもう一度掲載図(図57)を見ていただきたい。左下に「ALL RIGHT」の文字があることに気づかれただろうか。

通常なら画家の署名を記すような位置であるが、じつはこの「ALL RIGHT」とは、子方で足芸上乗りの浜碇梅吉(旅券番号十三)の愛称なのであった。梅吉はアメリカで覚えたこの短い英語を、「よし」とか「大丈夫」とか「どうだ」といった感覚で演技中に多用し、そこから「リトル・オーライ Little All Right」と呼ばれるようになっていたのである。加えて、この『ハーパーズ・ウィークリー』が発行される直前、梅吉が十五メートルほどの高さから落下して意識不明に陥るという事件が起こっており、しかも意識が回復する際、大丈夫かと日本語で問われると、英語で「ALL RIGHT」と答えたとの話も生まれ(これは恐らくアメリカ流のつくり話、いわゆる tall tale か)、「リトル・オーライ」はますます話題となり人気者になっていたのである。

そんなエピソードまで含め、これら日本の軽業曲芸師たちは、舞台上からの強烈な身体形象イメージを観客たちの脳裏に焼きつけて、ジャポニスムの大きな源泉となっていったのである。

六　「芸者」と「ゲイシャ」の相乗

すでにふれたように、「実物の日本人」が欧米人の前にあらわれる場としては、万国博覧会や諸種博覧会などの日本風俗展示の場があった。前節でふれた軽業曲芸師たちもしばしばそこに出演しているが、それに加えて定番の重要な存在であったのは、「茶屋の娘」「芸者」たちであった。

万国博覧会と「日本村」

こちらの始まりも、やはり横浜開港から七年後の最初の旅券発給がきっかけであり、翌一八六七年(慶応三)のパリ万国博覧会の日本館では、日本女性がキセルで一服する姿を見せる「茶店・茶屋」の再現が話題となった。このパリ万博の女性は、佐登、寿美、加禰という江戸、柳橋《やなぎばし》の芸者であり、(11)これがその後の展示のあり方を方向づけたのだと思う。以降、幾つもの万博では、「茶店・茶屋」と「茶屋の娘」たちが定番となり、結局のところ、それらの形象が欧米における「ゲイシャ geisha」イメージ(12)の一つの源泉となっていったのである。

加えて万博ではないものの、一八八五年(明治十八)にロンドンのナイツブリッジで開催された「日本村 Japanese Village」は、日本家屋や商店、職人工房、髪結い、仏教寺院などのすべてを備えた、いわばロンドンへそのまま引っ越してきた「ミニチュアの日本」(実際、住民の日本人はこのために日本で雇われて渡航してきた)であったが、もちろんそこにも、「茶屋の娘」たちが接待する「茶店」でのティータイムが用意されていた。「日本村」には、着物を着て日本人に扮し写真を撮るコーナー、すなわち「日本人になってみるコスプレ」のコーナーも用意され、さらには軽業曲芸のほか撃剣《げきけん》、手踊りなどの演芸もあって、来場者はそれらをいろいろと行動的に体験し、生きた日本の身体形象、身体表現を満喫する場となっていた。(13)

「日本村」は、一度に百人近い「実物の日本人」があらわれた点でも、開始から四カ月で二十五万人の来場者という興行成績の点でも、ジャポニスム史上の重要な存在であり、ジャポニスムブームがさらに発展していくうえで大きな刺激となった。なお、前にあげたオペレッタ『ミカド』は、「日本村」が始まった二カ月後にロンドンのサヴォイ劇場で初演されてロングラン興行となっており、「日本村」と連関併行する作品である。

オペレッタ『ゲイシャ』に烏森芸者が出演

この後、芸者の海外渡航としてよく知られているのは、東京新橋の烏森《からすもり》芸者のパリ万国博覧会への参加であり、これは一九〇〇年(明治三十三)のことであった。前出一八六七年のパリ万博の、三回あとのパリ万博であり、川上音二郎、貞奴《さだやっこ》の演劇一座が出演したことでも知られる万博である。(14) なお、貞奴もはじめは葭町《よしちょう》の芸者であった。

今回のパリ万博では、世界各国の代表的風物をパノラマで見せるパノラマ館が作られており、その日本コーナーに芸者が出演することになったのである。そこにはいくつかの「茶店・茶屋」があり、それは酒場、宿屋、遊び場などを兼ねるものと説明されていて、芸者たちはそこに出たり、定期的に手踊りなどの演芸を見せたりした。芸者の人数は、若太郎、すみ子、喜扇、寿美竜、勝太、太助、いと(お糸)、蝶々(おてふ)の八名で、それに割烹扇芳亭《せんぽうてい》の女将にして監督の岩間くにのほか、いろいろと世話をするおなご衆や男衆を合わせて、総勢十九名の集団であった。

芸者たちはパリ万博終了後、デンマーク、ロシア、ポーランド、ハンガリー、オーストリア、ドイツなどを巡業して回り、帰国して新橋へたどり着いたのは明治三十五年(一九〇二)のことであった。面白いのは、この時期のヨーロッパではオペレッタ『ゲイシャ』の初演(一八九六年)後の人気が高く、あちらこちらで同作が上演されており、一九〇一年七月のベルリンのセントラル劇場では、西洋人一座が演ずる『ゲイシャ』のなかに、何と烏森芸者たちが実際に出演したのであった。(15) 仮にこのオペレッタに出なかったとしても、そもそもホンモノの「芸者」と、ジャポニスムの『ゲイシャ』とが、同じベルリンで同時併行的に存在したわけであり、まさにゲイシャブーム、ジャポニスムブームの高揚を象徴する出来事であった。他地においても、たとえば去年まで『ゲイシャ』がロングランしていたところへホンモノがやって来た、といった状況が生じていたのである。これはいわば「芸者」と「ゲイシャ」の相乗とでもいうべき現象である。

ところで、このホンモノの芸者集団は、ドイツ(ザクセン)のドレスデンを訪れたことが知られている。そしてじつは、ちょうど十年後の一九一一年(明治四十四)にも、ドレスデンにはまた別の芸者集団が訪れているのである。ジャポニスムの広がりをさらに理解するために、最後にこの芸者たちを紹介しておきたいと思う。管見のかぎりでは、従来あまり紹介されてこなかった事例である。

ドレスデンの芸者とプラハの「茶屋の娘」たち

まず、次の一枚の写真絵葉書をご覧いただこう(図58)。

定番中の定番というべき扇を掲げた着物姿の形象であり、タイトルには「Die Schönsten Geishas aus Tokio〔東京から来た最も美しい芸者たち〕」と記されている。左下隅に小さく「DRESDEN」の文字が見え、ドレスデンで製作刊行された絵葉書である。この一九一一年、ドレスデンでは「ドレスデン国際衛生博覧会 Internationale Hygiene-Ausstellung Dresden」が開催されており、芸者たちはその「東アジアコーナー Ostasiatische Ecke」にやって来たのであった。名前の通りこれは衛生博覧会であり、近代的な衛生にまつわる用品、商品などが陳列され、その幾らかは今日も同地にあるドイツ衛生博物館に継承されているが、しかし、博覧会にはエンタテインメントが付きものなのであり、衛生博覧会初出展の日本としては、やはり定番で人気のある「茶店・茶屋」に芸者を出そうとなったのである。ちなみにこの時、三越調整の生人形と、節句人形が出展されたことも知られている。(16)

当時のパンフレットを見ると、東アジアコーナーは大括りにいえば日本とインドの二大出展からなっており、「実物の日本人」と「実物のインド人」がそれぞれのエンタテインメントを提供している。日本は何といっても「ホンモノ(実物)の芸者たち Echte Geishas」が目玉であり、「日本の茶店・茶屋 Japanisches Theehaus」をしつらえて、音楽、ダンス、歌などを披露する公演を一日三回おこなっている。

図 58　「東京から来た最も美しい芸者たち」（ドレスデン製写真絵葉書，1911 年，筆者蔵）

掲載図には五名の芸者しか写っていないが、「六名の芸者たち」との宣伝文句が確認され、また博覧会名が印字された六名の芸者の写真絵葉書も存在しており（うち五名の顔ぶれは掲載図と同一）、一名が何らかの事情でいなくなったか、あるいは掲載図がその後の巡業などのためにドレスデンで別途製作されたものの可能性もある。この絵葉書の裏には「大日本芸者梅太郎」の漢字署名があり、一番右端に写っている当人がサインをして誰かに渡したものと思われる。なお、その上に「Direktor M. LIAROFF」と名前が記されるのは、芸者たちに付いてまわった監督、世話役のロシア人である[17]。

ところで、ドレスデンに芸者がいた一九一一年は、プラハでは前述のホロウハが、「茶店・茶屋 YOKOHAMA」という「日本をやってみる」試みの真っ最中であったわけである。ドイツ（ザクセン）のドレスデンとチェコ（ボヘミア）のプラハとのあいだは、わずか一二〇キロほどの距離であり、その意味ではここでも、ホンモノの芸者とジャポニスムの「茶屋の娘」たちとが比較的接近しながら同時併行的に行動を展開していたのである。それは二十世紀初期における広範なジャポニスムの拡大展開においては、むしろごく自然に起こり得る現象といってよかった。なお、ホロウハは「芸者」と「遊女」の違いをよく理解していた西洋人であり、一九二九年に両者に焦点を当てた一書『微笑みを売る女たち *Prodavačky úsměvů*』を出版している。いずれにせよ、「芸者」「ゲイシャ」また「茶屋の娘」たちとは、ジャポニスムにおける大きな核となる存在形象であったのである。

＊

ジャポニスムとは、広く欧米全体に及ぶ十九世紀後半から二十世紀初期にかけての、幅広い分野にわたる現象なのであり、それは人間の身体感覚、身体形象としばしば強く結びつきながら、「他者」(日本)を認識しそれとは異なる「自己」(西洋)を再認識し、その両者が互いを鏡映しつつ「自己/他者認識」をおこなって、そこから新たな興味深い形象が立ちあらわれた、交流の場、せめぎ合いの場における動的な社会文化現象であった。視野を広げてみれば、こうした「日本人になってみる」「日本をやってみる」試みは、じつは今日のサブカルチャーや体験型の観光においても盛んにおこなわれているのであり、これは文化理解の根源にある、一つの基本構造とも関わる現象であり問題なのである。

第五章

横浜が売る「ニッポン」

——サムライ商会を中心に

幕末から明治、大正にかけての「近代化」の時代は、欧米を中心とした異国というものの存在が日本人にとりわけ強く意識され、異国や異文化がさまざまなかたちで形象化、表象化されて日本の社会に影響を与えた時代である。そして、そうした異国への意識は、ひるがえって自国また自文化へと人びとの意識を向かわせることにもなり、そこには相互的に連関する鏡映また相克葛藤といった興味深い社会文化現象が生じている。その点では、異国意識と自国意識、また異国形象と自国形象はセットなのであり、しばしば再帰反射的(リフレクシヴ)で相互反射的な関係が存在するのである。

最終章となる本章では、日本を代表する開港都市である横浜を舞台にして、さらに異国・自国の形象をめぐるもう一つの断面を取り上げてみたい。前章でふれたジャポニスムは、いわば欧米の視線を介することで生まれたあらたな日本形象といえるが、それがまた元の日本へと跳ね返り、日本文化が再創造・再生産されていくような現象も起こっている。そうした問題も含めてここで考えていきたいと思う。

安政六年(一八五九)に横浜が開港すると、それまでの長崎、また下田や箱館(函館)とは次元を変えるかたちで、多数の外国人と外国物品、外国文物が横浜に集中的に流入する。この後は外国人居住者数から見ても、貿易額から見ても、開国の時代に核となったのはあきらかに横浜であり、二十世紀に向かって横浜をフロントとしてさまざまな異文化が摂取され、日本全体の西洋的近代化の先駆けとなったのである。

横浜開港資料館の編纂発行になる『横浜もののはじめ考』(改訂三版二〇一〇)はそうしたものの集成であり、ホテル、牛乳、パン、アイスクリーム、ビール、写真、新聞、風刺雑誌から、公園、電信、鉄道、競馬、テニス、テイラー、理容、ミッション・スクール等々まで、数多くの項目をあげて横浜における初期の流入、摂取の状況を解説している。正確にいえば、横浜にやって来たのは欧米人ばかりではなく、数多くの中国人をはじめアジアの人びとも到来しており、「西洋的」近代化という圧倒的な流れはむろん大前提ながら、欧米文化のみにはとどまらない多文化横断的な異国形象も横浜にはあらわれている。

開国から明治の横浜には、武器、艦船を含めた近代テクノロジーや近代工業製品を含めて、衣食住の生活文化、娯楽文化、メディア文化、社会制度に至るまでの万般にわたる異文化、異国形象が、まさに怒濤のように一挙に押し寄せ、日本の社会にインパクトを与えたのであり、これはいうまでもなく日本における異国・自国の形象史上の一大画期であったといってよい。横浜はそうした諸形象が相互的に胎動、変容する、最大の「現場」として存在したのである。

一　サムライ商会の「ニッポン」

かつてその横浜の中心部、本町《ほんちょう》通りに、サムライ商会という外国人向けの古美術店があった。古美術店といっても小さなものではなく、日本趣味の品を海外へと取り次ぐ商社のような存在でもあった。現在の本町一丁目交差点角（海側）の位置であり、通り向こうの指呼の間には横浜市開港記念会館がある。

白土秀次氏が執筆した創業者の伝記『野村洋三伝』（私刊、一九六三。のち増補版、神奈川新聞社、一九六五）によると、サムライ商会の開業は明治二十七年（一八九四）十二月一日といい、つまり日清戦争が起こった戦時中に開業したことになる。そして昭和十七年（一九四二）まで五十年近く営業を続けてこれも戦時中に閉店、その後の空襲で建物は失われた。(1) なお、主人の野村洋三（明治三年〜昭和四十年）は、昭和十三年（一九三八）からはホテルニューグランドの二代目会長となり、終戦直後の同ホテルにおいてダグラス・マッカーサーを迎えた人物でもあり、横浜商工会議所会頭なども務めている。

強烈な日本趣味の外観

サムライ商会とは名前自体なかなか刺激的だが、その話題にはあとでふれるとして、最初に図59の

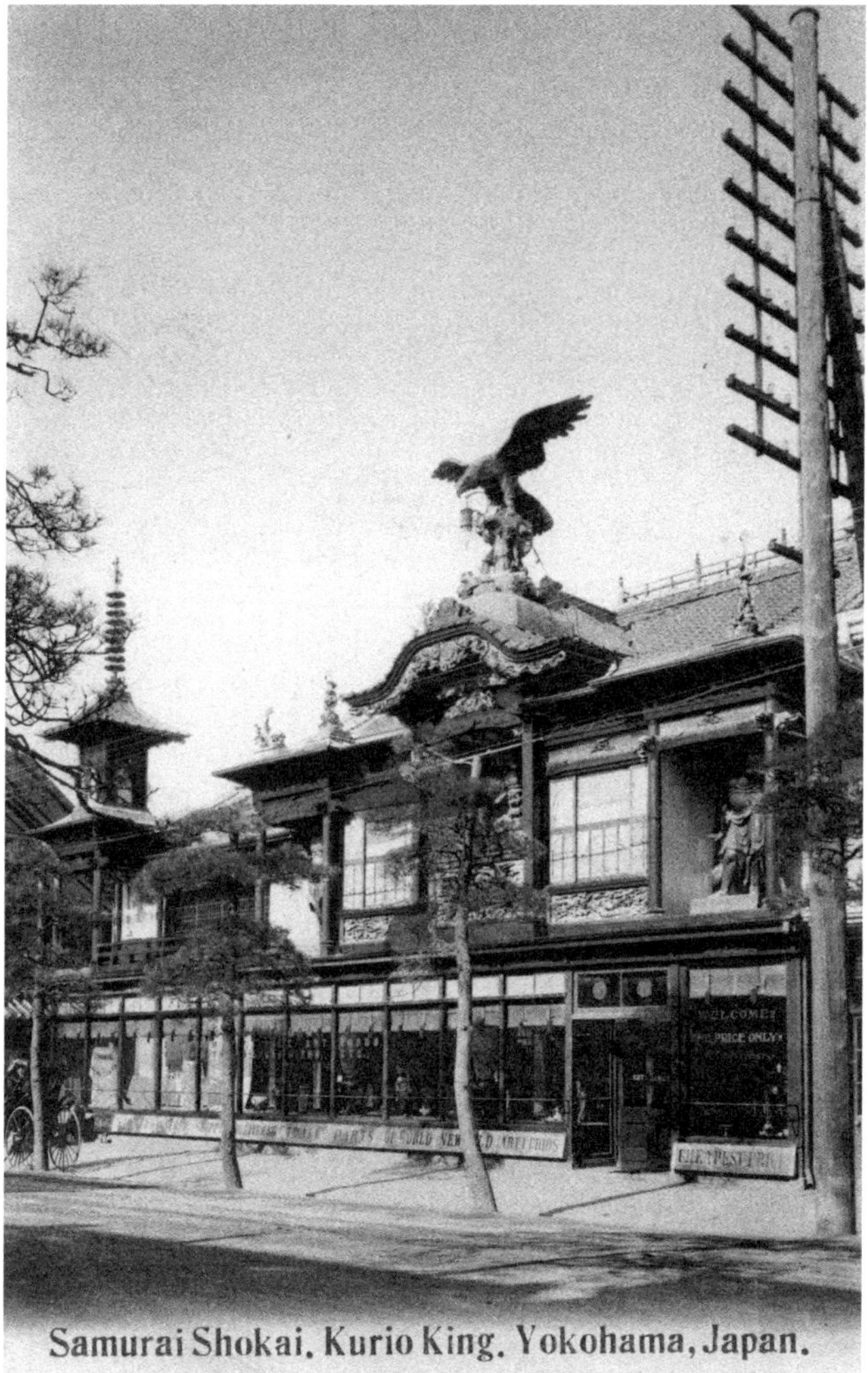
(All kinds of Silks & Embroideries)

図 59　サムライ商会外観(彩色写真絵葉書，筆者蔵)

図 60　別絵葉書の外観部分図．閻魔像と仁王像(彩色写真絵葉書，筆者蔵)

同店の外観から見ていただくとしよう。いかがであろうか。何とも驚くべき強烈な日本趣味、圧倒的な存在感をもって迫ってくる見世物的な建築ではあるまいか。

ていねいに説明していくと、まず二階の唐破風《からはふ》の上に玉を踏まえた大鷲像が飾られ、その下には、「茶聖」と呼ばれた横浜の製茶輸出の大立者、大谷嘉兵衛から譲られた威風堂々たる閻魔像《えんまぞう》が据えられている(別絵葉書の部分アップも参照。図60)。その右側に見えるのは仁王像であり、図では木の陰になって見えにくいが左側にもあって、併せて寺の山門のごとく一対が守護するかたちである。また左端には、元は京都の寺院にあったという経堂を置いている。建物前面の柱、欄干、窓枠などは真っ赤な朱塗りである。最後にもう一度、上へと目を転じれば、屋根には金の鯱が確認されるのである。

一言でいえば、外国人に向けてわかりやすく派手に見せよう、といった作りであり、よほどのぼんやり者でないかぎり、この建物が目に入らぬ者はいなかったはずだ。加えて、赤塗りの馬車まで用意して、外国人客の送迎サービスや波止場との往復に使っていた。後掲の店内に置かれた品物の様子を含めて、一つ一つ部分をとれば、どれも基本的に日本のもので日本文化なのだが、それが図のように建築として集合的、集中的に形象されると、そのまとまりは普通の日本人なら何か違和感を覚える、日本にして日本でないような不思議な感覚の形象となる。しかし、それこそまさしく欧米での万国博覧会や日本展示などで集合的に提示され、ブームのなかで変形も加わりながら浸透していった日本趣味の感覚であり、それが商いの狙うところであるからには、必然的にこの建築となったともいえるのである。

ジャポニスム、日本趣味の面でも日本のフロントの役割を担った横浜では、外国人を意識した日本の美術工芸品の製作販売、流通の業が早くから展開しており(前章でふれたように五姓田芳柳の工房もあった)、外国人と日本人の古美術骨董商のほか、いわゆるシルク・ストア(主として外国人に向けて種々の絹物、絹製品と土産品などを売る店)も多くあった。たとえば、サムライ商会創業以前から存在した水町《みずまち》通りの有力な東洋美術骨董商クーン・アンド・コモル(Kuhn & Komor)の店構えも、サムライ商会ほど派手ではないが、やはり唐破風と朱塗りの欄干、高欄を二階部分に備え、一階には鳥居のかたちの入口があった。往時の宣伝物や写真絵葉書を見ていくと、各店それぞれに工夫を凝らしていたことがわかり、国際的先端にあった横浜は、国際的だからこそ(より直接的ないい方をすれば、エキゾチシズムと日本趣味を求める外国人が多数来訪するからこそ)、海外から鏡映する日本文化に満ちた「異国・自国の形象の街」となったのである。

ところで、サムライ商会の外観は創業時から図59のような姿だったわけではなく、当初はもう少し控えめな作りだったのを、増改築によって意図的にこの姿にしていったのである。先の『野村洋三

図 61　サムライ商会外観．図 59 以前の初期の段階(彩色古写真，筆者蔵)

伝』では「開店二年目」に大改築とあり、確かに閻魔像や仁王像などは早くから所持していたと思われるが、管見のかぎり、大鷲まで載せた外観の画像資料は明治末期まで見つけることができない。明治四十一年(一九〇八)十月の本町通りの光景にも大鷲は見えず、しかし『建築画報』明治四十四年八月号(第二巻九号、建築画報社)には大鷲まで載ったサムライ商会の外観写真が掲載されている。商売が順調に発展していくなかで、店構えも成長してこの明治末期に最高潮の姿に至り、大正期へと続いたものと思われる。恐らくは、閻魔と仁王を載せた図61の写真(詳細な年代は不明)のかたちが先にあって、そこから図59に大鷲がない状態の建物へと変わって、最後に大鷲を載せたものと推定する。ちなみに筆者の小さな事務所は、今この地点のご近所にあるが、港からごく近い時に風が強く吹くエリアなので、大鷲を一定の強度をもって載せるのは苦労があったと思われる。

これだけの作りなので、建築の世界では話題となり、先の『建築画報』のほかにも、たとえば『建築写真類聚　商店建築巻二』(洪洋社、一九二二)にも大鷲を載せた外観写真が掲載されている。だが、この傑作な建物も、また大量に集められた美術工芸品も、大正十二年(一九二三)の関東大震災によってすべてが灰燼《かいじん》に帰した。相当の苦労を経て店は再建されたが、再建後の建物は地味な作りとなった。

骨董と美術工芸品の製造——サムライ商会の内部から

さて、ここからはサムライ商会内部の様子をご覧いただこう(およそ明治末期から大正初期の状態である)。図62は二階へと上る階段で、これも日本趣味で演出された凝った作りであり、突き当たりには立派なお宮が見える。両側の擬宝珠《ぎぼし》勾欄《こうらん》はやはり朱塗りであり、各段には狛犬、梵鐘、壺などが置かれている。見せ方として、種類の異なるものを敢えて雑多に置いた部分もあるが、一方で店内の各所におよそのジャンル毎に、たとえば陶磁器、浮世絵、鎧や兜、仏像仏具、装身具、染織、絹物などといった具合にまとめて商品展示した。

それらの商品は、京都をはじめとする各地の古美術骨董商から広汎に集めており、基本的にはまず古美術骨董の販売であるが、もう一つの有力な商いとして、当時まだ豊かに存在していた伝統工芸技術によって作り出される美術工芸品の製造、卸し、販売も旺盛におこなっていた。同時代に名工と謳われた人びとに仕事を依頼しており、地元横浜だけでも陶磁器、漆器、彫刻家具などの秀れた作り手がいた。とくにジャポニスムブームの時好に投じて欧米に盛んに輸出された真葛焼《まくずやき》(横浜焼、横浜真葛)や芝山漆器(横浜芝山漆器)はよく知られるところである。横浜、南太田の丘の中腹(庚台《かのえだい》)に窯場《かまば》を持っていた真葛焼の宮川香山《みやがわこうざん》の作品は、ウイーン万国博覧会や明治九年（一八七六）のフィラデルフィア万国博覧会など数々の国際的な場に出品されて好評を博している。

彫刻の名匠、丹下武三郎は、横浜のやはり南太田に工房を持った彫刻家具の作り手であり、この彫刻家具とは、横浜で盛んに製作されて輸出された雲龍模様や菖蒲、牡丹、菊、蓮などの意匠を彫り込

図62　サムライ商会内の階段（彩色写真絵葉書，筆者蔵）

図63　サムライ商会内部（彩色写真絵葉書，筆者蔵）

んだ日本趣味（東洋趣味）の木彫家具である。サムライ商会内部の一画を写した図63に見えるのがその彫刻家具であり、野村洋三が丹下武三郎を援助したとする記事の存在や、またサムライ商会店舗に施された彫刻意匠が丹下の手になると伝わるところから、建築史家の堀勇良氏は「サムライ商会の扱った彫刻家具もおそらく丹下工場の作品であろう」と推測している。(2)

日本趣味のシルバーウェア

古美術骨董ではなく、同時代に製作されたサムライ商会の売り物で、筆者がもう一つ注目するのは銀器、シルバーウェアである。これも龍や菖蒲、蓮といった意匠を精細に彫り込むのが特徴で、大ぶりの壺などもあるが、小さな食器類に面白いものが見られる。図64は現在、筆者の手元にあるサーバースプーンであり、裏側には「SAMURAI SHOKAI. YOKOHAMA. STERLING.」の刻印がある。絵柄には典型的なジャポニスム好みの意匠が濃縮されており、海外へと渡ったのちに日本へ戻ってきたいわゆる里帰り品である。現時点で作り手の職人や工房までは確定できないが、とにかくサムライ商会製として売られ外国へ渡ったものである。

続けて図65は、柄尻に人力車をあしらった二種類のスプーンで、人力車のモチーフも日本趣味の形象として頻繁に用いられたものである。写真では見えないが、うしろのスプーンのつぼのところ（ボウル状の部分）に、富士山を背景に帆船が浮かぶ海原と「YOKOHAMA」の文字が彫刻されている。さらに図66の五本の日本趣味のスプーンは、右から順に、柄尻が大仏、天保銭、灯籠、提灯、草履の細

図64　サムライ商会製のサーバースプーン（筆者蔵）

工であり、たとえば提灯には松に鷹の意匠が精細に彫り込まれていて、しっかりとした仕事になっている。柄の裏にはすべて先のサムライ商会製の刻印があって、これらもまた里帰り品である。外国人の日本土産として、ちょうど手頃な商品だったにちがいないと思う。小さな食器類だけではなく、たとえば図67の竹モチーフのビジネスカード入れのような文具類や、洋服ブラシ、手鏡なども製作販売しており、主として欧米人に向けてのシルバーウェアをかなり手広く扱っていた。

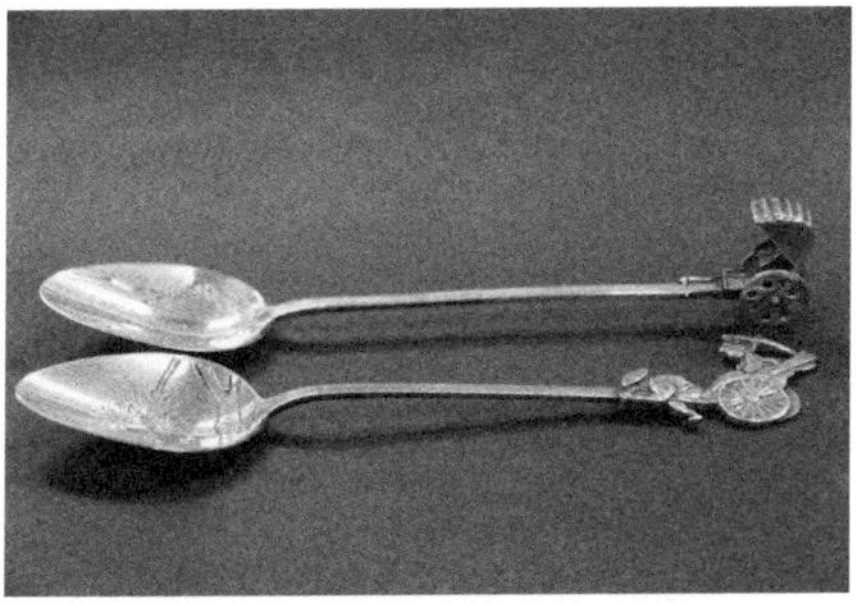

図65　サムライ商会製の2種の人力車のスプーン(筆者蔵)

図66　サムライ商会製の5本の日本趣味のスプーン(筆者蔵)

図67　サムライ商会製の竹モチーフのビジネスカード入れ(筆者蔵)

図68　アーサー・アンド・ボンド製の日本趣味のスプーン(筆者蔵)

再創造・再生産される「ニッポン」

こうした同時代製作の工芸品は、サムライ商会だけではなく他の古美術骨董商やシルク・ストアでも流通しており、全体として横浜には、先にいうところの欧米から鏡映する日本形象、欧米好みの日本形象が再創造されて満ちていたのである。

たとえば、やはりサムライ商会に先行して存在した有力な古美術骨董商アーサー・アンド・ボンド(Arthur & Bond)もまた、図68のような、富士山を背景に帆船が浮かぶ海原に鎌倉大仏を入れ込んだ絵柄のスプーンを製作販売しており(柄の裏側に「ARTHUR & BOND. YOKOHAMA. STERLING.」の刻印がある)、写真には写っていないが、柄尻部分は精細に彫り込まれた蓮の花の意匠になっている。アーサー・アンド・ボンドは、外国人が数多く宿泊した横浜の名門ホテル、グランドホテル[3]のすぐ向かいにあった店であり、グランドホテルの姿を彫り込んだスプーンなども作っている。このグランドホテルには野村洋三も出入りしており、古美術骨董商やシルク・ストアにとっては、商売になる上客が泊まる重要なホテルであった。

なお、ホテル自体にもこうした再創造の日本形象を濃厚に入れ込む例があり、たとえば図69のテンプル・コート・ホテルは、横浜の山手の地で異彩を放っていた。当初は個人の住宅として建てられて

図69　テンプル・コート・ホテル外観(写真絵葉書，筆者蔵)

別名「日光屋敷」とも呼ばれ、ホテルとしての営業期間はそれほど長くはないが、関東大震災で倒壊するまでよく知られた存在であった。

サムライ商会は横浜において、欧米のジャポニスムに呼応した日本形象——ここで仮に名づけるならば、再創造・再生産される「ニッポン」——を、競争相手と切磋琢磨しながら、また工匠たちと手を相携えながら、商売としてまた文化として海外へ提供する随一の存在に成長していったのである。その成功には、古美術骨董の販売とともに、再創造の日本形象に関わる同時代美術工芸品の製作販売、流通の業もまた大きく寄与していたのであり、そしてそれはまた、横浜全体の「異国・自国の形象」の環境と共鳴し合っていたのである。

次節では、サムライ商会のありようと、鏡映する日本形象の問題をさらにちがう角度から深めて探るために、野村洋三をめぐる人びとの具体的な証言と、同時代の著名人物との具体的な関係などを、見ていきたいと思う。

二 野村洋三をめぐる人びと
――獅子文六、そして新渡戸稲造と鈴木大拙

サムライ商会を創業した野村洋三は、岐阜県揖斐郡に明治三年(一八七〇)に生まれている。曲折はあるが上京して東京専門学校(現、早稲田大学)の三年の課程を終え、進取の気性と英語をさらに磨きたいとの思いから洋行を志す。そして明治二十三年(一八九〇)、製茶会社の調査員、通訳として初のアメリカ行きを果たし、翌年帰国する。この後、サムライ商会創業の明治二十七年までにあと二回アメリカへ渡っており、創業以前に都合三回、洋行したことになる。なお、三回目の明治二十六年(一八九三)は、シカゴ万国博覧会の一環として開催されたシカゴ万国宗教会議に出席する釈宗演《しゃくそうえん》(円覚寺派管長で、慶応義塾で福沢諭吉に英語、洋学を学んだ)につきしたがってのアメリカ渡航で、のちヨーロッパ、インドなども回り帰国している。

作家、獅子文六の父親のシルク・ストア

野村洋三は、創業以前からかなり海外経験を積んでいたわけで、時あたかも世紀末のジャポニスムブームの真っ只なか、アメリカやヨーロッパで日本がいかなるかたちで受容され、評価されているのかを、つぶさに目にしたことだろう。サムライ商会の感覚の出発点は、まさしくここにあったのだと

思う。しかし、その時点で野村洋三には外国人相手に美術工芸品を商う経験はあまりなく、そこでまずは岩田茂穂なる人物が経営する横浜のシルク・ストアに勤め、さらに岩田の奨めでシップチャンドラー（入港する船に航海中に必要な品物を納入する業者）のバンタイン商会にも勤務したのである。

この岩田茂穂とは、横浜出身の作家、獅子文六《ししぶんろく》（本名、岩田豊雄）の父親であり、元は福沢諭吉と同じ豊前《ぶぜん》中津藩士で慶応義塾に学んだ人物である。福沢諭吉はもちろんさまざまな分野に影響を与え、功績を残しているわけだが、獅子文六はその著『父の乳』[4]のなかで、横浜における「諭吉の兆し」と父親のシルク・ストアについて、次のように記している。

> なぜ、父が横浜にいたかというと、生糸同伸会社に、就職したからにちがいない。そして、当時の横浜は、東京よりも、進歩的な都会で、福沢諭吉の勢力に掩《おお》われ、今の〝丸善〟の丸屋や、現・東京銀行の横浜正金銀行も、福沢の指導によって、開業したものである。生糸同伸会社も、彼のイキが掛ってたと、思われる。
>
> 父は、福沢の傘下にある横浜へきたのだろうが、一商人として、独立の道を進みたいという希望は、かねがね持ってたらしい。明らかに、福沢思想の感化である。そして、渡米中に、外人がいかに絹布を愛するかを知り、郷里で生糸工場を起したのも、横浜で、生糸の会社へ入ったのも、貿易のことを考えた結果にちがいない。
>
> そして、父は、自分で、外人のいうシルク・ストア（絹物店）を、横浜に開業したかったのだが、資金も乏しいので、まず、会社勤めをしてたのだろう。そして、明治十九年〔一八八六〕頃に、新

婚匆々に、横浜市弁天通三丁目に、念願のシルク・ストアを開き［弁天通は、本町通の二本陸側のはなやかだった街路で、三丁目はサムライ商会の位置から徒歩三、四分ほど］、朝日屋絹物店と、店号を定めた。〝朝日〟というのは、日本を意味するらしく、父の愛国心が、読みとれる。

岩田茂穂もまた渡米経験（ニューヨークへの留学経験）があって、考え方や業態からしても、野村洋三には適切な修業経験先であったわけである。なお、この後の時代も含めると、店号は岩田商会、岩田商店、英語では S. EAWTA などとも呼ばれるが、引用の「朝日」「愛国心」のあたりの説明は、万事において西洋を上に置く西洋化の時代にあっての、日本の対抗的、相克的形象として興味深いものである。筆者には旭日旗や旭日章も想起され、時代はすぐに日清戦争、日露戦争へと突入するのである（この問題については、あとでまたふれたい）。

獅子文六は、父親の店で働いた経験を持つ野村洋三にずっと親しみを感じ、「野村のオジさん」と呼んで慕わしく思っており、幾つかの文章でこのことにふれている。もう野村洋三が九十歳を越えた頃、獅子文六が書いた文章に次のものがある。

［やはり横浜生まれの］吉川英治氏の受勲祝いの会が、横浜のニュー・グランド・ホテルで催された時に、宴も終わりのころ、ボーイ長が私を呼びにきた。会長さんが、ちょっと、お目にかかりたいという。

ホテルは会社組織だから、その会長さんであるが、横浜の港宝ともいうべき、野村洋三氏のことである。ホテルを始める前には、有名なサムライ商会の経営者であり、同じく貿易の仕事にたずさわった私の亡父を知る、唯一の生存者であり、私にとっては、幼時から馴染の深い、野村のオジさんであった。

そのオジさんが、九十歳を越えて、先ごろ、細君と死別したのである。細君は、私の亡母の縁続きで、やはり、長いお馴染だったが、大変頭のいい人で、私も、古い横浜の話を聞くために、戦後、何度もホテルを訪れた。野村夫婦は、ホテルの奥の一室に、住んでいた。

(獅子文六「その辺まで——野村洋三翁」『週刊朝日』一九六一年一月八日号)

「横浜の港宝ともいうべき」の「港宝」ということばは、むろん辞書に存在しないが、作家らしい言い得て妙な表現である。獅子文六の母と、野村洋三の妻みちとは、縁続きなのであり、そうしたことも含めて行き来があったのである。ちなみに、妻みちは、日本初の海外団体旅行ともいわれる明治四十一年(一九〇八)の世界一周団体旅行に参加して、サムライ商会の大事な顧客であったアメリカ、デトロイトの実業家チャールズ・フリーア(コレクションは死後に連邦政府に遺贈され今日のフリーア美術館となっている)を訪ねたり、ボストン美術館では運良くエドワード・モースと出会い彼が寄贈していた陶器コレクションを本人に案内してもらったりもしている(5)。みちはこれに先立ち中国への買いつけ旅行にも出かけており、やはり海外経験に積極的だったのである。英語が出来たみちは、こうした実体験をも踏まえて、野村洋三とサムライ商会を支えていたのである。

新渡戸稲造の武士道に呼応して

そろそろサムライ商会の、「サムライ」という店名の問題にふれておかなければならない。これに関しては、前掲『野村洋三伝』にも経緯が記されているが、ここでは『週刊朝日』の対談で漫談家、徳川夢声《とくがわむせい》の質問に答えるかたちで、当人が直接話したものを紹介しておこう。

夢声　サムライ商会という名まえのおこりは、どういうところなんですか。

野村　新渡戸稲造《にとべいなぞう》君といっしょにアメリカから帰ってきたんだが、新渡戸君は「日本に宗教がない」という西洋人の論に反ばくして、「日本には武士道という堂々たるモーラル・スタンダードがあるんだ」といって、武士道を説いた。それが英語にもフランス語にもドイツ語にも翻訳されて、大いに新渡戸君の名声があがってきた。つまり、新渡戸君の説く武士道に呼応して、わたしは日常の行為でいこうということになって、サムライ商会をひらいたわけです。そんな関係で、新渡戸君とわしとは終生の友だちじゃった。

夢声　サムライ商会には、国宝級のものが大いにあつまったでしょうな。

野村　もったいないくらいりっぱなものをあつかったね。

夢声　版画なんぞもあつかいましたか。

野村　りっぱなものをたくさんあつかった。もしわしに先見の明があって、版画を整理して保存しとったら、世界一の収集家になったでしょう。しかし、むかしの日本人は、版画なんてものを美術とみていなかったよ。(笑) 紙くずみたいにみておった。

（「徳川夢声連載対談──問答無用　三百五十回」『週刊朝日』一九五七年十二月二十九日号）

野村洋三としては、武士道におけるサムライのように、商売という日常行為のなかで、自分もサムライとして日本文化に関わるといったところだろうか。このように命名の背景には、かの新渡戸稲造の影響があったのである。「いっしょにアメリカから帰ってきた」というのは、洋三が最初のアメリカ渡航から明治二十四年（一八九一）に帰国する時の話で、アメリカとドイツでの勉学を終えて帰国する新渡戸と同じ船になり、親しく話をしていたのである。新渡戸の有名な英文著書 *Bushido: The Soul of Japan*（『武士道』）がまとめられるのは明治三十三年（一九〇〇）でのちのことになるが、この船上の新渡戸は、自身の最も重要な思想形成基盤となった長期に及ぶ海外経験を終えて帰国する新渡戸であり、思考を重ねつつある武士道精神について熱心に語ったのだろう(6)。それから六十数年後の野村洋三の頭のなかでは、英文著書刊行後に名声を博す新渡戸と話がごっちゃになっているが、大筋のところは信頼できる話と思う。

鈴木大拙との交流

円覚寺派管長の釈宗演につきしたがって野村洋三がアメリカ渡航した件はすでにふれた通りだが、この縁も、新渡戸稲造から洋三が参禅を勧められ、それで円覚寺に通うようになったことがきっかけと伝わっている（『野村洋三伝』）。そして少しして、釈宗演のアメリカ行きの話を耳にした洋三が、自ら通訳を買って出たのである。

この参禅では、釈宗演に師事していた鈴木大拙《すずきだいせつ》とも知己となり、その後、長く交流が続くことになった。鈴木大拙は、明治三十年(一八九七)に釈宗演の推薦で渡米して、明治四十二年(一九〇九)の帰国後は円覚寺の正伝庵に住んでいる。このあたりに関しては獅子文六が、「[野村洋三は]商人ながら、若い時から、禅門に入って、世間の老人と、ちがったところがあったのだろう。彼は、九十余歳で死んだが、彼の親友の鈴木大拙という人も、会ったことはないが、立派な老人だったらしい」(『父の乳』)と記している。

鈴木大拙はいうまでもなく、英文で仏教思想や、禅ならぬZenについての著作をあらわし、欧米に大きな影響を与えた仏教学者、思想家であるが、野村洋三とは明治三年の同年生まれで、明治四十四年(一九一一)に大拙とアメリカ人女性ビアトリス・レインとが結ばれた結婚式は横浜でおこなわれており、野村洋三がその媒酌人であった。大拙はやはり長寿を保って、洋三の一年あとに没している(危篤の洋三を見舞い、葬儀にも参列して絶句しながら弔辞を述べたことが確認できる)。

Bushidoを説き太平洋の架け橋たらんとした新渡戸稲造、そして仏教思想やZenを世界に広め東西の思想の交流に貢献した鈴木大拙。野村洋三の若き二十代からの交友圏に、この二人の英語が達者な日本文化発信者がいたことは象徴的であり、非常に興味深いところである。

BushidoとZenの背後にあるもの

Bushidoにしても、Zenにしても、英文著作(及び他のヨーロッパ語への翻訳)はいうまでもなく欧米人を意識してあらわされ、欧米人に理解され評価されることで価値を持った。それはある意味で、欧米人に向けて形象化された日本文化が、さらに欧米人の受けとめ方のなかで、形象化されるということである。その点で、Ｂｕｓｈｉｄｏは武士道とは異なるし、Ｚｅｎは禅とは異なるのである。(7)そして問題は、西洋的近代化を基調とする時代にあっては、欧米で評価されることが上位の価値を持つがゆえに、その欧米における評価形象、価値観が、元の日本へと跳ね返って、日本においても評価されるということであった。

これはすでにふれた鏡映する日本文化の現象や、異国を介したうえでの日本形象が日本に還流して起こる、日本文化の再創造・再生産という現象と、基本の枠組みにおいて共通するものといえる。それは、この西洋化まっしぐらの時代における社会状況、根底的な文化構造を反映するものであり、そこではある意味において「日本もまた作られ、騙られる」のであった。

前掲の徳川夢声の質問に答えた、野村洋三の「むかしの日本人は、版画［浮世絵版画］なんてものを美術とみていなかったよ。(笑)紙くずみたいにみておった」の「紙くず」はいささか極端としても、江戸庶民の「日用工芸品」であった浮世絵は、欧米において「発見」されて美術となり、ジャポニスムブームのなかで日本に跳ね返り、日本においても「浮世絵芸術」として新たに形象化されたのである。その点ではさらに、やはり横浜に生まれた岡倉天心が、師のフェノロサとともに「日本絵画の創造」を提唱し、日本美術を「再起動」していく流れも想起されるのである。これは明治十年代から二十年代に起こった現象であった。

加えて、もう一つ指摘しておかなければならない重要なことは、欧米における十九世紀末に向かってのジャポニスムブームや日本文化への評価の高まりは、欧米と伍すべく国力（とりわけ近代的軍事力)を急速に増強していった日本への認識の高まりと、併行してあったという点である。つまり、急速に西洋的近代化をとげていくアジアの国家、日本への意識が、日本文化への関心をより強くしたのである。そしてこの日本とは、いわゆる「富国強兵」の日本、象徴的にいえば日清戦争、日露戦争へと突き進んでいった日本であり、国内の思潮として、新たな国粋主義の運動も明治二十年代には起こっていた。この国粋主義の思想とは、根本的には抗《あらが》い得ない西洋化の奔流を一方に置きながらも、しかし、他方では何としても抗わざるを得ないといった、対抗的、相克的な「異国・自国の形象」であり、西洋化を踏まえたうえでの一種の近代的ナショナリズムであった。

再創造・再生産される「ニッポン」には、こうした要素も加わって複合しているのであり、欧米経由の日本像への呼応だけに限定された単純なものではない。そして、Bushidoにせよ、Zenにせよ、ある部分では著者の意図をも離れて、この複合的なメカニズムのなかで機能したというべきだろう。日清戦争の戦時中に開業したサムライ商会もまた、この複合的なメカニズムのなかにいて、さまざまな意味で魅力的なその名前を大いに利しながら、発展していったのである。それはまさに「異国・自国の形象」が胎動し、変容しながら日本を創り出していく、きわめて刺激的な横浜ならではの「現場」であったのである。(8)

ここでは日本の文化史の一断面として、そのありようを筆者なりに見つめてみた。

注

第一章

（1）正保三年及び享和三年に舶来のラクダに関しては、杉田英明「駱駝と日本人――動物表象を通して見た異国趣味」（『比較文學研究』八十六、東大比較文學会、二〇〇五）、また松井洋子「研究余録　正保三年駱駝の旅」（『日本歴史』六五八、吉川弘文館、二〇〇三）を参照。なお、杉田英明氏には『日本人の中東発見――逆遠近法のなかの比較文化史』（東京大学出版会、一九九五）の著もあり、前記論文と併せ、文政四年舶来のラクダに関する記述が多くあって、ラクダの文化、及び日本人と異国表象の問題を考えるうえで大変参考になる内容で、本章ではさまざまなかたちで参照させていただいている。

（2）川添裕『江戸の見世物』（岩波新書、二〇〇〇）を参照。江戸時代後期の大ヒットした見世物の規模感に関しては、同書のとくに三十頁から四十三頁や一八二頁から一八五頁などを参照されたい。なお、筆者はこれまで同書九十九頁から一二四頁、及びいくつかの論考（「『駱駝之図』を読む――異国形象論に向けて」『皇學館大学文学部紀要』四十五、皇學館大学文学部、二〇〇七、また「『らくだ』が居る場所」『落語の世界　一　落語の愉しみ』岩波書店、二〇〇三、ほか）でこの文政四年舶来のラクダをすでに取り上げてきたが、本稿は数多くの新素材と新見を入れて新たにまとめ、ラクダに関わる事象をトータルに書き下ろしたものである。話の必要から内容が重複する部分は当然あるが、今回が最も総合的に当該ラクダをめぐる一つの文化史を記述するものである。

（3）『続徳川実紀』の当該部分の記述の元は、大田南畝が記録した『街談録』であり、この文政四年の分は東京大学史料編纂所蔵の『北叟遺言』第二十四冊に収められていて、『大田南畝全集』十八（岩波書店、一九八八）に翻刻されている。本書は感染症史の本ではないのですべての記事を詳細には紹介しないが、この『街談録』では「だんぼ風」（南畝は「檀歩風」「だんぽ風」等と記している）で困窮する江戸の社会の状況と幕府の対応をつぶさに記録し、大坂で町々が打ち揃っておこなった「風の神送り」（風邪の邪気を送り出す民俗行事）の情報まで記載していて、大変参考になる。暮らしに難儀しているのは、具体的には棒手振《ぼてふ》り、日雇い、手間取りの諸職人、大道の下級宗教者、地主や家主でも低収入の者、出商い及び出商い同様の者などで、町会所からこうした者たちへ御救銭を下賜し、その人数と一人当たりの金額は「独身者一万五千七百六十五人　但一人に付三百文づゝ」「二人暮以上の者廿八万千二百廿二人　但一人に付二百五十文づゝ」であり、二口合わせての総高は「銭七万五千三十五貫文　六貫七百七十六文替にて此金一万千六十七両弐分と銀九匁四厘二毛」と記している（人数合計と総高の数値は当然ながら本文に記した『続徳川実紀』のものと同じで、やはりほぼ三十万人に対して給付をおこなっている）。

（4）　曲亭馬琴の『兎園小説余録』（天保四年に編集完成カ。『新燕石十種』第六巻に翻刻、柴田光彦校訂、一九八一）を見ると、文政三年（一八二〇）九月から十一月に感冒が大流行したとの記事があり、そのまま受け取れば、これが文政四年春の「だんぼ風」の先ぶれのようにも読めてしまう。しかし、よく見ると同記事は「文政三年壬辰の秋九月より十一月まで」と書きだしていて、干支の記述がおかしい。文政三年は「庚辰」であり、「壬辰」ではない。また、『兎園小説余録』以外の資料で文政三年秋からの感冒大流行の記事を見つけることができず、とくに医者たちが記録しないのは不審である。じつは同記事は、内容としてはすべて天保三年「壬辰」（一八三二）の出来事を記しており、何らかの錯誤により、正しくは「天保三年壬辰」が、誤って「文政三年壬辰」となってしまったものである。同記事中に見える琉球使節の来朝は天保三年、こちゃえ節（かまやせぬ）の流行も天保三年、こちゃえ節のなかに出てくる七代目市川団十郎の海老蔵への改名も天保三年である。感冒大流行の状況も、多紀元堅が『時還読我書』に記す天保三年の状況と一致し、記事中に見える困窮者への御救米も天保三年に配給されている。あらゆる点で、同記事の内容は斉一に天保三年を指し示している。よって、文政三年九月から十一月の感冒大流行は存在せず、「だんぼ風」には前年秋からの先ぶれもなく、筆者が本文に記す通り、「だんぼ風」の江戸での流行は文政四年二月から起こったものである。そして曲亭馬琴も「余録」ではない方の『兎園小説』においては、「文政四年の春二月の比、いたく流行せし風邪を、たんほう風と名つけたり。こハ、このときのはやり小うたに、たんほうさんやくと謡ひしことのあればなり」と、こちらは齟齬のない記述をしている。本文に掲げた資料に加え、さらには、たとえば国学者、小山田与清の『松屋筆記』（翻刻、国書刊行会、一九〇八）も「ダンホ風」が文政四年二月からの風邪流行の社会状況をリアルに記すことはもちろんだが、前掲注（3）の『街談録』が文政四年二月中旬から流行し「十に八、九」の家が罹患したと記している。なお、『日本随筆大成』収録の『兎園小説余録』翻刻では、「文政三年壬辰」を「文政三年庚辰」に修正しているが、いずれにせよ記事内容はすべて明白に天保三年壬辰の話である。

（5） 江戸では文政七年の夏が終わる頃までには、本文に記すように麻疹の流行は過ぎ去り、ダブルパンチの風邪の流行も終わっており、この後は文政十年五月からの流行風邪まで大規模な流行感染症はあらわれていない。三年ほど比較的平穏な期間が続くのである。なお、多紀元堅『時還読我書』には文政七年十二月から「一種の傷寒を病もの」がいることを記すが、他の資料に言及がなく（大規模な流行感染症の場合は必ず諸書に揃って記録があらわれる）、また「此証、三、四年前より寒月には間これあり」ととらえていて、深刻なものではない。文政四年から文政七年までの、複数の記録的に大規模な感染症と中規模のものとが「連発」していたなかでは、全国的に比較的平穏な小康状態は半年ほどしか続いておらず（大まかに文政五年、文政六年のそれぞれ前半）、やはり異常な状態であったというしかない。
（6） ヤン・コック・ブロムホフに関しては、松井洋子「ヤン・コック＝ブロムホフの日本滞在」（松井洋子、マティ・フォラー編『ライデン国立民族学博物館蔵ブロムホフ蒐集目録』臨川書店、二〇一六）が、日本との交流について総合的に詳しく述べていて大変参考になる。また、同書のマティ・フォラー「ヤン・コック＝ブロムホフの日本コレクション」もまた、ブロムホフがどのように文化文政期の日本を受けとめコレクションをおこなったのかが、目録の本体とともによく理解できる興味深い文章である。ともに、多くのことを教えられた。
（7） ゾウを描いた一図を考証する体裁ながら、文化十年舶来のゾウに関する記述が全般に詳しい論考に、大庭脩「静岡浅間神社蔵『大象図』考証」（『皇學館大学文学部紀要』三十九、皇學館大学文学部、二〇〇〇）がある。なお、このときゾウを舶載した船は、実際にはイギリス船である。
（8） 日本でのラクダ文化の受容は、まずは圧倒的に中国を介してのそれが先行している。前掲注（1）にあげた杉田英明氏の論考は、「駱駝」や「橐駝」の漢字の字解に始まり、「郭橐駝」を含めた中国の文苑中にあらわれるラクダの事例やイメージなどをあげ、そしてそれがどう日本に伝わり展開して来たのかを記している。さらにその文化史は、文政渡来の番いのラクダを起点とすると思われる「対のラクダ」のイメージ形成や、「ラクダ＝楽だ」の語感の定着など、過去から現代にまで及ぶ幅広いパースペクティヴを持っており刺激的である。
（9） 江戸における海外情報のネットワークに関しては、岩下哲典『江戸の海外情報ネットワーク』（吉川弘文館、二〇〇六）が、十九世紀のなかで時間とテーマを変えながら幾つかの側面から検討していて参考になる。いわゆる「長崎絵」が「長崎土産版画」であることの指摘も的を射ている。
（10） 筆者の知るかぎり、具体的な典拠すなわち根拠にした何らかの資料を一応あげてラクダを遊女に贈ったと記す研究書は、古賀十二郎『丸山遊女と唐紅毛人』前編(長崎文献社、一九六八。古賀は一九五四年に亡くなっており本書は没後出版)のみであり、その後の他の著作で同内容を記すものは、典拠資料を示しておらず、古賀の記述に拠るかそれをアレンジし脚色したものと思われる(古賀の記述に拠ったことをきちんと明記するものと、明記しないものがあり、いずれの場合も別途の具体的な典拠を示しているわけではない)。古賀が言及する資料は、誰の日記なのかは記されない「寛政天保日記」なるものであり、次のかたちで記されている。「寛政天保日記の文政四辛巳年一八二一年の条に、紅毛船より駱駝牡牝二疋を持渡った事が記してある。長崎奉行間宮筑前守は、特に此等の駱駝を西役所にて見物したる上、江戸へ御用の有無を問合せてみたが、御用には相成らずと云返答に接した。そこで、甲比丹ブロムホフは此等の駱駝を遊女糸萩へ遣した、とある」。一読して、どこまでが引用なのかまた原文なのか分明でなく、この資料自体を実見し、筆者がすでに二十五頁でふれたようにそもそもこれがいかなる性格の資料で、誰がいつどこの地で記述したものなのか、その都度の記述なのかあとからのまとめ書きなのか(右記の引用部はあとからのまとめ書きである)、また他の箇所も含めた全体の記述状況を検討したいところだが、残念ながら、いまこの「寛政天保日記」の所在を知ることができない。古賀はこれに続けて『続長崎実録大成』に記されるのと同じ、通詞を介したラクダと布帛反物とのやりとりを記して、その布帛反物を「甲比丹ブロムホフへ謝礼として贈ることにした。即ち以上の端物代銀が遊女糸萩の収入となったものと考へたい」と述べている。つまり全体の流れとしては、ラクダが御用これなしとなったところで遊女糸萩へ贈られ、その後に、ラクダを布帛反物に代えてブロムホフが受け取り、その代銀が糸萩へ渡されて収入となった「ものと考へたい」という話である。古賀自ら「ものと考へたい」と記しているように、古賀においては推論を記す書き方である。それは当然のことで、これだけでは肝心の事実の継ぎ目が幾つも埋まっていないからである。この記述に拠って、事実の継ぎ目を埋める明示的な再検証の手続きを抜きに、また典拠を実際に参照できないなかで、それを事実化して史実として語ることはできないと思う。筆者と同様の観点から、客観化してこの一件を見ることの必要性や典拠が参照できない問題をすでに明確に指摘しているのは、荒野泰典氏による『長崎オランダ商館日記』十(雄松堂出版、一九九九)の序説であり、同書のあとがき(こちらは金井圓氏と共同執筆)とともに優れた内容で参考になる。なお、この問題に関する筆者自身の考えは、本文に記す通りである。

(11) 前掲注(2)の『江戸の見世物』第四章を参照。

(12) 長崎市立博物館所蔵の画者不詳の「駱駝牡正写ノ図」(紙本淡彩。サントリー美術館『日本博物学事始』一九八

七、江戸東京博物館『カピタンの江戸コレクション』二〇〇〇、ほかの展示図録に掲載)に、別の手による書込みで「文政五壬午年六月渡来。同六年癸未四月大坂連登、男女弐疋、於難波新地七月比見世物成ル。尤価金千五拾両買求之」(一部虫食い等で難読)とあり、ラクダの価格を伝えるものだが、他に裏付けとなる資料がなく、また記載の渡来年次が一年間違っており、どう扱うべきか判断が難しい。

(13)「きの国や武兵衛」の名が板刻で入る図7の絵番付(以下Ｂという)は、この興行集団が巡業するなか比較的あとから用いたものと考えられる。その前に用いていたタイプは、文政七年閏八月に江戸の両国で興行がおこなわれた際に見られる「堤伊之筆、大和田忠助・森屋治兵衛の相版元による絵番付」(以下Ａ1という。たとえば、早稲田大学図書館所蔵の「チ05 04233」)や、絵柄はＡ1と同一で記文の彫りが異なる「堤伊之筆、大坂玉屋源次郎板の絵番付」(以下Ａ2という。たとえば、国立歴史民俗博物館所蔵の「F-303-103」)であり、ＢはＡ系統(Ａ1、Ａ2)を元に作り直したものと思われる。絵柄、構図が相似するからである。ただし、似てはいるものの、ＢとＡ系統とはまったく別の版で版木の流用は認められず、絵柄、構図をまねて新たに作ったものということになる。そしてまねながら、Ａ系統ではフタコブラクダになってしまっていたものを、Ｂではフタコブのうちの一つをなくして毛のかたまりのようなかたちに修正し、足底も平たく大きなものに直し、毛並みなども変えている。なお、Ｂ系統には「きの国や武兵衛」の名前が入らないものも確認される。名古屋大須で売られていた絵番付は「堤伊之筆」と記録されており(『絵本駱駝具誌』)、絵師名のない図7とは異なるが、名古屋の段階まで来てあからさまにフタコブの絵を使うとは考えにくく、あるいはＢ系統に元来の「堤伊之筆」が記された版があるのかもしれない。こうした大当たりした見世物の興行出版物には改変がよく見られ、とくにこのラクダの場合は各地での巡業が十年以上の長期に及んでいるため、絵番付のあり方が非常に複雑である。また、Ａ2の玉屋源次郎のような他では見ない版元名もあらわれている。ここまで述べたＡＢ両系統のほかに、本文中に図を掲げる大坂、京でそれぞれ用いられた最初期の二種の絵番付もあり(図8、図11)、全体に種類が多い。同類のやや似た現象は、慶応元年から明治七年まで興行師、鳥屋熊吉が十年ほど持ち回ったゾウ見世物の絵番付にも起こっており、かつてそれについて筆者は論じたことがある(川添裕「『見世物絵』とその出版の諸相」『浮世絵芸術』一三一、国際浮世絵学会、一九九九、及び「勢州松坂鳥屋熊吉　上」『歌舞伎』二十七、歌舞伎学会、二〇〇一、参照)。なお、しばしば誤解されているが、こうした絵番付は基本的に売品であり、『絵本駱駝具誌』にも当該内容箇所に「駱駝の板行図を売るなり」「小屋のうちにてうりしは」とある通りである。無料のビラやチラシ、配布物等ではない。絵番付を売ることも見世物小屋の大きな収入源である。

(14) 大坂での状況に関しては、大分以前から『摂陽奇観』及びそれに依拠した『見世物研究』の不評説を疑問に思い、同じ疑問を抱いていた芸能研究家の樋口保美氏とやりとりをして来た。いろいろお教えいただいたこともあり感謝申し上げる。その経緯のなかで資料をお教えいただいた中川桂氏にも感謝する。先行研究としては、榎並章「浪華の駱駝——難波新地見世物雑考」(『大阪商業教育』八、大阪商業高等学校連盟研究調査部、一九七七)があり、村田春門の日記の記述は、同論考によって教えられた。また、管宗次氏に「文政年間・駱駝舶来について」(『河内国文』十一号、大阪芸術大学文芸学科管ゼミナール、一九八七)の論考があって大坂の資料を多くあげており、これも参照した。のちに本文で記す、尾崎雅嘉の弟である谷川于喬の和歌の件と、広島の野坂完山『鶴亭日記』におけるラクダへの言及に関しては、同論考より教えられた。

(15) 初めて見る「異国の珍獣」たるラクダをどう絵画で表現するか、そのプロセスや背景にある絵画史における先例や考え方、画家の「真写」という意識等について、8の円山応震の図を素材に詳細に論じたのが、鈴木廣之氏の論考「ラクダを描く——円山応震筆駱駝図をめぐって」(『美術研究』三三八、東京文化財研究所、一九八七)であり、絵画の世界における「ラクダ現象」を考えていくうえで参考になる。ラクダ図を含めた近世の動物画の展観は、近年、府中市美術館の金子信久氏によって意欲的なものが何度もおこなわれており、二〇二一年にも同館で『動物の絵 日本とヨーロッパ——ふしぎ・かわいい・へそまがり』展が開催され、1、5、11のラクダ図が出展された。それ以前のものも含め展示図録等での同氏執筆の文章も参考にした。内山淳一氏による仙台市博物館での展観や『めでたし めずらし 瑞獣 珍獣』(パイ インターナショナル、二〇二〇)ほかの著書も参照した。また、10で名前をあげた榊原悟氏も、かつてのサントリー美術館での展観をはじめ、継続的にこうした動物画を紹介されており、2の『大鎖国展』でのラクダ図紹介も同氏によるものである。なお、5に記載の福井棣園の文章が「山本読書室」の資料「記観駱駝」としても伝存する件は、松田清『京の学塾 山本読書室の世界』(京都新聞出版センター、二〇一九)の一〇七頁を参照。『山本読書室資料仮目録』(松田清編、京都外国語大学国際言語平和研究所、二〇一三)では「観駱駝記」の名称で松田氏仮目録番号4053に掲載されている(竪帳1点)。最後に、本文で列挙したのは文政六年から八年の「画幅」だけであり(諏訪鷺湖による文政七年の画巻についてはすでに九頁で言及した。また喜多武清による版画画幅についてはのちに一二六頁でふれる)、その前後の時代にも、たとえば長崎の石崎融思が描くラクダ画幅ほか幾つかの作品が確認される。この二頭の番いラクダを描いた画作は、世に多く存在している。

（16） 堀内勝『ラクダの跡——アラブ基層文化を求めて』（第三書館、二〇一五）の第五章「ラクダが連なる」を参照。なお、この後も本章で記述されるヒトコブラクダの動物としての特徴やアラブのラクダ文化、民俗等に関しては、前著『ラクダの文化誌——アラブ家畜文化考』（リブロポート、一九八六）と併せ、堀内氏の長年にわたる研究蓄積を参照させていただいて記している。本文にも記しているが、漢籍に出てくるラクダは基本的に中国視点でのフタコブラクダであり、とりわけ背景文化に及んでの話となると、アラブのヒトコブラクダとはやはり様相が異なっている。江戸時代の知識人たちは、とにかく漢籍を頼りにするので、結果として中国、中央アジアのフタコブラクダの話ばかりが記される傾向は顕著である。

（17） 藤村作の文章には、かつて西原松蘿館（西原一甫）が当該のラクダについて意識的に蒐集していた資料群があり「此の西原の残した資料に依ったものである」と文末に明記されており、写真版に掲載のものを含め、貴重な資料が数多くあげられている。筆者が知る資料と共通するものを見ると、細かな誤り等はわずかにあるもののその紹介は全体に非常にしっかりとしており、信頼に足るものと判断できる。大坂の流行唄も当時の状況にそぐうディテールの自然なものであり、個別の出典は示していないものの、「西原の残した資料」に実際に何かがあったものと考えられる。西原一甫とは、山崎美成、曲亭馬琴、屋代弘賢、文宝堂らの江戸の文人や好事家が集い文政七年五月から（つまり江戸にラクダがやって来る少し前から）おこなっていた、珍しい書画や珍奇な文物等を持ち寄る「耽奇会」に参加していたメンバーであり、参加当時は江戸詰の筑後柳河（柳川）藩士である。文政八年四月に柳河へ下向していて、同年三月十三日の会への出席が最後となった（『耽奇漫録』十二、国立国会図書館蔵）。こうした背景も踏まえると、「西原の残した資料」はなおさら貴重なものと思えるが、それがどうなったのかは残念ながら現時点で知ることができない。なお、西原の『一甫漫筆』四（早稲田大学図書館蔵）を見ると、確かにラクダのことが記録されており自身も両国で見物した旨が記されるものの、そのあとにはなぜかフタコブラクダが描かれている（構図は大坂の絵番付の絵をまねたものである）。藤村作はいうまでもなく、近世の俗なる文学を国文学研究のなかに先駆的に位置づけた戦前の東京帝国大学教授で、当文章でもラクダをめぐる当時の落し噺をいくつも紹介するなど、興味深い視点が見られる。その功績はもちろん多大であるが、ただ一方で、この文章中では近世庶民文化を「上から目線」で見下すような表現も散見され、その点では今日と異なる昭和初めの研究界の状況が感じられる。なお、藤村は、西原と同じ福岡県柳川の出身である。

（18） 『頼山陽書翰集』上（民友社、一九二七。のち名著普及会、一九八〇）。頼山陽の「駱駝」の語の使用は、富士川英郎『鵼鵂庵閑話』(「駱駝の詩」の項、筑摩書房、一九七七。元は『ちくま』一九七五年三月号に「鵼鵂庵閑話十」として掲載)に教えられた。ただし、富士川著は、ラクダ見世物について『武江年表』の錯誤記事(前述二十四頁参照)に拠ってしまったために、おかしな記述になっている部分がある。碩学をも惑わす『武江年表』の誤り恐るべしである。

(19) 以下「駱駝歎」に関しては、梁川星巌『西征詩　星巌乙集』上(文政十二年四月版、筆者蔵)を用い、文政十一年十二月刊の初版(広島の奎暐閣版。お茶の水女子大学附属図書館蔵)も参照した。筆者蔵本の当該部分を図15として掲げているので、全体はそちらを参照されたい(本文における引用は部分引用である)。また、『江戸詩人選集第八巻　頼山陽　梁川星巌』(入谷仙介注、岩波書店、一九九〇)及び伊藤信『註解　星巌全集』(梁川星巌全集刊行会、一九五六)の原文、語釈、注、解説等を参照したうえで、筆者が知るラクダ見世物の現場状況を踏まえて、理解するところを本文に記している。作詩時期、ラクダの文化背景、「駱駝」の通語成立などについて従来からある誤解については、何が誤解であるかわかるかたちで本文に記している。それ以外の点を補記すると、まず冒頭の「考月鼓」は、初版は「考朗鼓」だが、のちに修正したものと判断し「考月鼓」とした。興行で使っていた円い太鼓を指すと思われる。太鼓はどれも円いわけだが、この見世物では太鼓を打つ者がラクダを先導し、その姿を見ると太鼓がいかにもお月さまといった風に映るのである(図26・一四八頁を参照)。星巌はその印象を月鼓と表現したのだと思う。「金盤陀」は、伝統理解としては、金または銅の鞍や馬上飾りなどを乗せたかたちであるが、星巌が現場で目にしているのは、ヒトコブを含めたラクダの背全体に金更紗(笹蔓手あるいは小花唐草と呼ばれる意匠の白地の金更紗)を掛けた姿であり、直接的にはそれを指すと考える(図1・四頁を参照)。そのラクダを眼前にしながら、漢籍故事にある具装のラクダを想起しているのだろう。冒頭部分は、このラクダに関わり多数の漢詩が作られたなかでも、眼前にしたラクダに向き合って印象に残る要素を引き出したことがよくわかるもので、感覚に優れ、観察に優れている。単純なようで、こういう詠じ方をしたものを他にあまり見ない。結びの部分では、入谷注の岩波本、伊藤本はともに「知風識水」だが、初版も文政十二年四月版も「識風識水」であり、「識風識水」とした。星巌は「識」(見分ける、識り分ける)を用いることを意識していると筆者は考える。初版及び文政十二年正月版と、その後の文政十二年四月版以降との最大のちがいは、頼山陽の序に加え、日野資愛の序(山陽と交わりのあった京の公卿で文人。序には「文政十一年歳在戊子冬十一月中浣正二位前大納言藤原資愛撰」)が入ったことであり、これが加わることでさらなる権威付けとなったのだろう。この一連の流れにおける最終形態と思われる文政十二年五月版の奥付は、江戸・須原屋茂兵衛、大坂・河内屋茂兵衛、名古屋・永楽屋東四郎、広島・米屋兵助(奎暐閣)、津・美濃屋宗兵衛、京・吉田屋治兵衛の相版元のかたちであり、予め高い世評があっての期待された出版と推測される。ただいずれにせよ、「駱駝歎」を含めた一連の西征詩が刊本として入手可能になるのは、実質的にはこの文政十二年以降であり、それまでは書写、口コミ等で知るしかなかった点は、社会全体における影響力を考えるうえで重要である。なお、版の整理に関しては、中嶋康博氏のウェブサイト「四季・コギト・詩集ホームページ」中にある「梁川星巌『西征詩』」の頁(https://shiki-cogito.net/kanshi/seigan/SeiseiShi.html)を参照して記した。

(20) たとえば『良山堂茶話』に掲載されるものだけでも、「其如長物何」(小竹先生)、「切用誰能知、徒為児女観、奈何爾数奇」(百済楼主人)といった表現がされている。

(21) この点に関しては、かつて杉田英明氏(前掲注(1)及び注(8))から、文人たちのあいだでの漢詩の流行と、一般大衆のあいだでのラクダ人気と、どちらが流行語の成立に与って力があったのか、既存の注釈書類や評伝の記述をいったん離れ客観的に考えてみる必要があるのではといった趣旨のご教示をいただいたことがある。その視点の提示に感謝したい。今回記したものが、筆者なりの考えである。

(22) この俳諧摺物は、カリフォルニア大学バークレー校C・V・スター(C. V. Starr)東アジア図書館所蔵「銅版画コレクション」にあるもので、朱の京都「しんまちみつ井け」印と三井家の兎印が見え、精細で秀麗な銅版画によるラクダ二頭の絵姿(画者名はなし)が描かれている。三井家旧蔵のコレクションが転じて同校に入ったうちの一枚である。画像はhttps://www.dh-jac.net/db/nishikie/UCB-1_3_01_03_001/UCBdouhan/で見ることができる(二〇二二年七月時点)。一壺、自乙、一塊、八千坊ほかの見世物ラクダに取材した句と、ラクダには絡まない「すすき原」「名月」「八月」「萩」「八朔」「秋」などの語が見える句の合計十五句が載り、文政六年(一八二三)八月頃に作られた摺物と推定する。引用した自乙作は二句目に載る。八千坊は駝岳とも号した大坂の八千房淡叟であろうか。そして重要なことは、この銅版画のラクダ図が堤它山『槖駝考』(文政七年)の口絵に「倣銅版図」として木版画で模写されていることである。注(46)及び当該の本文も参照。

(23) 伊勢の歌舞伎と見世物の大まかな状況に関しては、川添裕「伊勢歌舞伎の輝き」(皇學館大学神道博物館『伊勢の歌舞伎と千束屋』展示図録、二〇〇八)や、前掲注(13)の末尾にあげた拙論「勢州松坂　鳥屋熊吉　上」を参照。

(24) 和田実『享保十四年、象、江戸へゆく』(岩田書院、二〇一五)では、水を怖がるゾウを、どうやって川を渡したのかにかなりの記述が費やされていて興味深い。また、将軍御用のゾウだからこそできた特別な手段の内容もよくわかる。和田氏が豊橋市二川宿本陣資料館でおこなった展示の図録『動物の旅――ゾウとラクダ』(一九九九)も参照。後述する名古屋周辺の岡崎、挙母、また伊賀上野などのラクダ見世物の興行に関しては、同図録で和田氏が記す『所々珍事聞書』(愛知大学綜合郷土研究所蔵)に拠った文章を参照して、記述したものである。

(25) 本文に記す絵師、口上記文作者、版元に関する情報以外の浮世絵版画書誌は以下の通り。判型は縦大判錦絵で、それが横に二枚つながる二枚続作品。筆者の蔵品であり、一九九一年に神戸の著名な蒐集家から京都の古美術商を介して割愛いただいたものである。寸法は、右図、左図ともに縦(天地)三十八センチ、横(左右)二十六・五センチで、二枚続全体では縦三十八センチ、横五十三センチとなる。刊行は、左図に「文政七申閏八月」と見えるように文政七年(一八二四)閏八月である。当時の錦絵板行の定式である極印(検閲印)が、左右両図に刻されている。摺刷に関しては、主版の墨に加え、柿茶、黄、緑、薄赤、薄墨の計六色からなる多色刷の錦絵木版画で、刻線は力強く比較的鮮明である。繊細な美人画や役者大首絵などと比べると、むろん雑駁ではあるが、刷仕事はそれなりに丁寧である。この種の見世物興行を描いた浮世絵類を数千枚見てきた経験からすれば、全体にグレードの高い方の部類といえる。裏を返すと、画帖から剝がした跡が確認され、かつては画帖に貼り込まれた一点として伝存してきたものである。左図の左端にわずかな破れがあり、そこを中心に部分的な裏打ち補強がなされている。面白いことに、裏打ちに使われた故紙は「火事、親父」の文言が見える近世後期の摺物断片で、要するに、怖いものを列挙していう諺の「地震、雷、火事、親父」である。「たつた今すぐに出ていけ」と「むすこ」を叱る「おやぢ」の姿が見える。

(26) 戯作者はしばしば浮世絵、絵番付、摺物、引札の口上記文や画賛の類を執筆する。説明書きや解説文もあるが、宣伝広告を意図するものも多い。とくに幕末期になると、戯作者の仮名垣魯文が膨大な量の口上記文を執筆している。なお、山東京山は戯作者となってからも、以前からおこなっていた篆刻業を継続したほか、洗顔薬をはじめとする売薬・化粧品の販売元であり、山東京伝没後の「山東庵」(いわゆる「京伝店」)の看板を実質的に支え、さらに茶の湯の師匠でもあった。

(27) 早稲田大学図書館・洋学文庫蔵(文庫08 G0003)。「駱駝図」は絵柄からの仮題で図そのものにタイトルはない。「牡図」「牝図」の各一枚で、寸法はともに縦二十八センチ、横三十九センチ。製作や伝来の経緯は不明だが、あきらかに文政四年七月舶来のラクダを描いたものである。この種のものでは、長崎に舶来した鳥獣の情報を絵図として幕府へ通報する役割をつとめた高木家伝来の『唐蘭船持渡鳥獣之図』(江戸送付の写生図とは別に「控え」として同家に伝来したもので、五帖、全二二五図を収載。現在は慶応義塾図書館蔵)が著名であり、そのなかにも雌雄それぞれの写生的なラクダ図が収載されている。そして、この図を転写したと推測されるものや、また別途、描かれたと思われる類似の写生図が世に幾つか存在しており、当「駱駝図」もそうしたものの一つである。当図が眼前にしての原写図なのか、転写図なのかは不明で、磯野直秀「江戸時代動物図譜における転写」(山田慶児編『東アジアの本草と博物学の世界』上、思文閣出版、一九九五)にしたがえば、一般的には転写図の方がはるかに多いという。『唐蘭船持渡鳥獣之図』に収載の原写図と比べると、当図の細部の描き方は明確に異なっている。東京国立博物館蔵の『長崎渡来鳥獣図巻』にも同類のラクダ図がのり、原写図、転写図の両者を含めこうしたラクダの「写生図」は、博捜すればまだ多く存在するはずである。なお、前記の慶応義塾図書館蔵の『唐蘭船持渡鳥獣之図』は、磯野直秀、内田康夫『舶来鳥獣図誌——唐蘭船持渡鳥獣之図と外国産鳥之図』(八坂書房、一九九二)に全容が掲載されている。

(28) この見世物のロバは朝鮮半島からの渡来とされ、いわゆる朝鮮通信使の行列やそれに基づく各地の祭礼行列、祭礼踊りなどを含め、「唐人イメージ」が認識枠として動員される範囲は、朝鮮半島の系統をも含む。さらに、琉球使節の行列も「唐人行列」としてとらえられており(島津氏の命により中国風の服装をさせられたという事情もある)、「唐人イメージ」「唐人風俗」の範囲は広く汎用的である。

(29) 川添裕「見世物への視点」(網野善彦、小沢昭一ほか編『大道芸と見世物』平凡社、一九九一)や前掲注(2)『江戸の見世物』など。見世物絵を「読む」ことの関連では、黒田日出男氏の「見世物と開帳——〈見世物〉史としての近世」(『朝日百科日本の歴史別冊　歴史を読み直す十七　行列と見世物』朝日新聞社、一九九四)が、多くの絵画資料を用いて近世の見世物に見られる「異国性と異界性」を読み解き、前記拙論「見世物への視点」も一部に引用しつつ、幅広く刺激的な議論を展開している。本章での議論とも大いに関わる内容であり参考になる。なお、「絵を読む」というと、「絵は絵空事だから信用できない」といった、批判にならない批判をいまだに耳にする。絵にはふつう「虚構性」と「現実反映性」の二つが含み込まれている。まず、その両者をよく腑分けしながら読み込むことが必要だが、フィクションの部分に意味がないかといえば、むろんそうではなく、その「つくられた表現」の背後にある着想や想像力にこそ、文化の潜勢的な本質があらわれることが多い。それを読むことなしには、文化の本質も、文化史も語れないとさえいえる。また当然ながら、文書資料にも(たとえ公的文書であったとしても)「虚構性」は存在し得るのであり、「虚構性」と「現実反映性」とを腑分けしながら読み込むことは、むしろ資料読

み の公準であろう。絵画資料の場合、それが絵画ならではのかたちで問われるということであり、そこに文書資料とは異なる可能性がある。加えて、絵巻物にせよ、この種の浮世絵や摺物、絵番付にせよ、絵入版本にせよ、本画における賛や狂歌、俳句、漢詩にせよ、日本の絵画資料には「絵」と「文」が密接に絡まりながら併置されるものが多く、それらの読解は、両者の複相的で総合的な読解をおこない得るという点で、より以上に魅力的な資料価値を持つといえる。

(30) ラクダは従来、二種として扱われてきたが、近年フタコブラクダの「野生種」につては *Camelus ferus*(*ferus* は「野生の、wild、fierce」の意)として別に扱い、それがレッドリスト上の保全名称となった。ただ、一般でのいい方としては、ラクダにはヒトコブラクダとフタコブラクダがあるという点に変わりはない。ヒトコブラクダは今日、オーストラリアに多数が生息するが、これは外部からのちに移入されたものである。また、西洋の歴史的な博物学系の諸書を見ていると、*Camelus dromedarius* と *Camelus bactrianus* との区別には、混乱と諸言語間・諸文化間での異同もあると思われる。この点に関しては、ヨンストン『動物図説』を取り上げた注(34)も参照。

(31) 『本草綱目』は、明の李時珍が古今の典籍を集大成した、中国の代表的な本草書・博物書。明代の万暦年間の原刊で、日本でも数種の和刻本や校勘本が出ている。本稿では、李時珍『本草綱目　獣部五十巻(第二十六冊)』(胡承竜[金陵本]、万暦十八年[一五九〇]序、国立国会図書館蔵)を用い、また別途、小野蘭山『本草綱目啓蒙』一―四(平凡社東洋文庫、一九九一～九二)も参照した。『本草綱目』の受容により、江戸の博物学、物産学は起こったといってよいほど多大な影響をもたらしているが、その襲用により中国古来の俗説や誤謬も継承されており、ラクダをめぐる言説にもそれが見られる。

(32) 志筑忠雄[原書では「志築長盈解」]『海上珍奇集　巻之一』(国立国会図書館蔵、W338-16)は、全八十六丁半、天地約二十七センチ・左右約十九センチの写本である。志筑ではなく志築と巻頭に記されるのはいささか不審だが、内容及び本文に述べた通りの他書での引用のされ方、また以下に述べる内藤家での伝存からして、志筑忠雄の著述と考えてよいと思う。表紙には「海上珍奇集　全」と書名があって「内藤家」の蔵書整理ラベルが貼付される。また、一丁オモテによく知られた内藤の「牘庫」の分銅型の印がある。印影外郭は双郭で、外側が太く内側が細い子持ちの形状であり、幾つか知られる「牘庫」印のなかでは、早稲田大学図書館所蔵・雲英文庫の『癸酉引附』(文化十年[一八一三])一丁オモテ下部の押印が、同じものに見える。『癸酉引附』は内藤政恒の旧蔵とされているが、当『海上珍奇集』にいつの時点で誰が押印したのかは判断がむずかしい。

(33)『海上珍奇集』とプリニウス『博物誌』との関係に関しては、アニック・ミト・ホリウチ「『海上珍奇集』における人間と動物をめぐる言説」(『蘭学のフロンティア——志筑忠雄の世界』長崎文献社、二〇〇七)に拠って記した。

(34) ヤン・ヨンストン『ヨンストン『動物図説』図版集成』(科学書院、一九九三)を参照。同書監修の木村陽二郎氏の解説も参考になる内容である。ヨンストン『動物図説』の原書はラテン語だが、一六六〇年にオランダ語版が出版されており、その三年後の寛文三年にオランダ商館長ヘンドリック・インダイクが江戸幕府に一本を献上している。時の将軍は徳川家綱である。そのまま書庫に眠っていたものに注目したのは八代将軍、徳川吉宗であり、本草家の野呂元丈に同書の「和解」を求めた。こうして作られたのが野呂元丈『阿蘭陀禽獣蟲魚図和解』(寛保元年[一七四一]、国立公文書館内閣文庫蔵)であり、これも当図版集成には附録として収載されている。このほかヨンストン『動物図説』を入手したことが知られるのは平賀源内であり、また、司馬江漢、宋紫石、大槻玄沢、森島中良なども図説を見ている。ヨンストン『動物図説』収載のラクダ図は、図版番号四十一から四十四までの実質的には九図、十頭であり、宋紫石『古今画藪』は図版番号四十二の上の図を模写収録している。現在のヒトコブラクダの種名が *Camelus dromedarius* であることは既述の通りだが、これら九図に付された名前では、*Camelus* は一貫してヒトコブラクダに当てているものの、*dromedarius* また *dromedary* はヒトコブ、フタコブの両方に当てている。恐らく、西洋においても歴史的に一貫するかたちで区分が整然としていたわけではなく、混乱や異同等もあると思え、今後の検討課題としたい。

(35)「復活! ナンシー関の記憶スケッチアカデミー 第二十八回ラクダ」(『益軒さん』二〇二二年五月号、カタログハウス。再録構成の記事であり元は『通販生活』二〇〇一年夏号に掲載)。選者のナンシー関氏の総評を一部引用しておく。「さてラクダといえば、何をおいてもコブです。(中略) とりあえずコブを描けばラクダと認識されます。しかし、とんちんかんの発生源もまた、そのコブにあったわけです」。

(36) 前掲注(2)『江戸の見世物』、また、Yu Kawazoe, "An Insight into Misemono-e in the Late Edo Period: Prints on Animal Shows". Newsletter Vol. 7, no. 1, Tokyo: The Association for the Study of Prints, 1996. など。

(37) ここに記したアラブの民間療法に関しては、前掲注(16)堀内氏の『ラクダの文化誌——アラブ家畜文化考』を参照。

(38) 筆者は二〇〇〇年に出版した前掲注(2)の『江戸の見世物』において、この二枚続の右図(野々上慶一氏所蔵)のみを掲載し、左側にもう一枚が続くはずと記している(一二二頁から一二三頁)。この時点では左図を見ておらず、その後に前掲注(17)の藤村作の文章中で左図を確認した。本文にも記すように昭和はじめの活版印刷による不鮮明な図であり、より状態のよいものを求めてきたが、残念ながら二〇二二年七月の現時点までにその入手や実見、所在確認には至っていない。このままでは左にもう一枚続くと書きながら、それを実際には示さぬままに終わりかねないので、今回は不鮮明な左図と、早稲田大学図書館所蔵の鮮明な右図とを合わせて、二枚続のかたちで掲載することとした(早稲田大学図書館も左図は所蔵しない)。『江戸の見世物』では右図下にいる神さまを、わかりにくいが大黒との組合わせから恵比寿であろうと記したが、左図を見れば、下のところに魚籠を手にする恵比寿がおり、したがって右図下にいるのは恵比寿ではない。本文に記した通り、これは頭上にのぞく杖からみて寿老人であり、この点を訂正させていただく。なお、藤村作の文章では、右図、左図の両方をあげているにもかかわらず二枚続作品とは認識しておらず、別々の図として扱っている。しかし、七福神の画題から考えても、夫婦連れのラクダという点から考えても二枚続であることはあきらかである。実際に二枚を並べると、たとえば左図にタイトルがないのは右図に代表させているからとわかり、両端に積まれるお宝なども含めて、全体の構図がすっきり極まったものに見えるのである。

(39)『和合駱駝之世界』については、東京都立中央図書館東京誌料文庫蔵本、国立国会図書館蔵本、筆者蔵本の三本を参照している。本文に異同は見られぬが、錦絵摺りの表紙は三本それぞれの版が少しずつ異なっており(上部の空や木立、建物の部分ほか)、それなりに多く摺られた本であることがわかる。なお、国会本の巻末広告には同じ文政八年初春の売り出しとして、曲亭馬琴作・歌川国貞画『姫万両長者鉢木』、山東京山作・歌川国貞画『明烏雪惣花』、十返舎一九作・歌川国安画『昔男癖物語』、山東京山作・渓斎英泉画『月娥眉尾花振袖』、古今亭三鳥作・歌川国安画『隅田川屏風八景』と、一九の連作ロングセラーである『金の草鞋』の新作十七編(及び旧作一覧)が載り、版本以外に、「美艶仙女香　一包四十八銅」(仙女香は白粉でいわばブランド化粧品)の広告も載っている。本文のたいこもち「夢蝶」のところでも仙女香に言及して話を入れており、この頃しばしば同様の例を他の有力版元の出版物でも見ることができる。かな文字中心の文章、及びこうした広告内容は、合巻という文芸の読者層の広がりを象徴している。また、新作の一覧や作者、絵師の顔ぶれからは、森屋治兵衛が当時、勢いのある版元だったことがわかる。

(40)和合神に関しては、服部幸雄「和合神の図像」(『さかさまの幽霊』平凡社、一九八九)を参照。

(41)図13の左上部に記載される。七言絶句で全体は以下の通り。「牝牡相親性又馴、奇観傾尽太平人、幾家図出蓬萊背、恵是天然和合神」。なお、前出、村田春門の文政六年八月十九日の日記（『田鶴舎日次記』）にも「駱駝賛」として篠崎小竹の類似の七言絶句が書きとめられており、以下の通り。「牝牡相親性亦馴、奇観傾尽泰平人、幾家争画蓬萊背、喚做獣中和合神」。とくに第四句が異なっているが、やはり「和合神」を入れている。「天然和合神」も「獣中和合神」も面白い表現である。

（42） 確認できる国安画の作品は、図17、図20として掲げた大判錦絵二枚続が二点、横大判錦絵一枚が一点、そして当合巻の一点である。すべて二頭の番いで描かれている。巡業の最後になるとラクダは一頭だけとなっているが、途中までは必ず二頭の番いであり、これまで詳述してきたフォークロアとの関連でも二頭の「仲よしラクダ」「ラクダ夫婦」として描かれなければ具合が悪い。ところが、国安画の浮世絵で、一頭だけを描く図が展覧会や古書肆、浮世絵商の店頭等で「完品」として扱われる例が見られ、しかしながらその一頭だけの図は、基本的には二枚続の片割れである。また、図17に掲げた二枚続の左図だけを大正初期に複製したものも存在し、これは左図の口上記文と一部人物を省略して縮図のうえ木版に彫り直したもので、元来は、朝倉無声が主宰する雑誌『風俗図説』第二集第四号（風俗図説社、大正四年［一九一五］八月）に綴じ込まれた錦絵摺の木版画である。こちらも百年以上の時が経てば古びがつき、抜き出して意図的に「原図」「本物」として売られればわからなくなる。現実に東京古典会、明治古典会の大市などで何度か高額で売られ、運悪く公共機関に収蔵されることも起こっている。画面に国安画とあっても、口上記文がなく一頭だけを描いた図（大きさは縦約二十七センチメートル、横約十九センチメートル）は原資料ではないので、注意が必要である。

（43） ・尾崎雅嘉『槖駝渉覧』（写本一冊、文政六年、大阪府立中之島図書館蔵）。影印が『尾崎雅嘉著述三種』（管宗次編、臨川書店、一九八六）に収載される。なお、巻頭で「〇文政五壬午春舶来駱駝」と記すのは誤りで正しくは文政四年であるが、大坂の資料では舶来を一年遅く誤る例が多い。尾崎雅嘉は恐らく文政六年七月頃に難波新地でラクダ見世物を実際に見て、すぐにこれをまとめたものと考える。

・堤它山（唐公愷）『槖駝考』（刊本一冊、和泉屋金右衛門、文政七年、筆者蔵）。別書名『駱駝考』。ほかに東京都立中央図書館蔵本、国立国会図書館蔵本三点、早稲田大学図書館蔵本二点、東京大学総合図書館蔵本、西尾市岩瀬文庫蔵本、東北大学附属図書館狩野文庫蔵本、筑波大学附属図書館蔵本ほかがあり、書袋（包み紙）は江戸東京博物館が本とともに所蔵する。它山の附言に「甲申重陽前一日」、山崎美成の序に「文政七年歳次甲申秋九月之日」、安西武臣（平武臣）の序に「文政七とせなか月もちのころ」とあり、文政七年九月にこれら前付が書かれており、そこからあまり間をおかずに出版公刊されたものと考える。
・大槻玄沢『槖駝訳説』(写本一冊、文政七年、国立国会図書館蔵)。なお、本文中でふれたヨンストン『動物図説』のラクダ部分の自筆訳稿とされる『加減乙鹿』(写本一冊、別書名『駱駝訳稿』。重要文化財)は早稲田大学図書館が所蔵する。『槖駝訳説』は凡例の末尾に「文政七年甲申季秌　大槻茂質識」と記載される。
・松本胤親(松本斗機蔵)『槖駝纂説』(写本一冊、文政七・八年カ、東京大学総合図書館蔵)。自筆本は大東文化大学図書館蔵。ほかに静嘉堂文庫蔵本もある。本文最初にラクダ舶来年を「壬午」(文政五年)と記すのは誤りで、正しくは「辛巳」(文政四年)。本書及び松本斗機蔵に関しては、大野延胤「松本斗機蔵とその著述・序説」(『学習院女子大学紀要』二、学習院女子大学、二〇〇〇)、また同氏著『松本斗機蔵――幕末の開明派、憂国悲運の幕臣』(近代文藝社、二〇一一)が詳しく、それらに拠りながら記している。自筆本は天保十年(一八三九)に一連の松本蔵書とともに紀州徳川家へ献上されたと大野氏は推定している。『槖駝纂説』の成立年につき、大野氏は前記論考で「文政五、六年頃」としていたものを、のちの著書では江戸で見世物がおこなわれた「文政七年頃」と修正し推定している。実際に見世物がおこなわれて世上の話題となることの影響はきわめて大きく、『槖駝纂説』もまた他書と同じくそれをきっかけに作られたと考えるのが自然であり、成立は両国で見世物が始まった文政七年秋以降と筆者は推定する。文政八年に斗機蔵の地元である八王子でもラクダを見せたこと(本文で後述)を考えると、文政八年成立の可能性もあると思う。
・山崎美成『駝薈』(自筆稿本カ・三冊、文政八年、西尾市岩瀬文庫蔵)。この岩瀬文庫蔵本は恐らく大槻玄沢の孫である大槻文彦の旧蔵本カ(第三冊巻末の書込みによる)。国立国会図書館に写本があり、これは昭和十年に杏雨書屋の委嘱により五十嵐天籟が岩瀬文庫蔵本を写したものである。異同は恐らく美成の朱の印判と「駝鈕」記載中の四方印図が国会本に欠けるのみで、本文は正確に写している。ほかに京都外国語大学図書館蔵本がある。本文にも記した曲亭馬琴の「文政八年二月初六」の跋により、まとまったのは文政八年と考える。
なお、西尾市岩瀬文庫に京の本草家である水野皓山の『皓山駱駝考証』(写本一冊、書名は後人によるもの)が所蔵されており、実見したところこれも諸漢籍からラクダに関する記事をひたすら抜き書きしたもので全五十丁の写本である。大坂、京において、まだほかにも同様の写本類は存在するかもしれない。ここでは最も先行したと思われる大坂の『槖駝渉覧』を参考にあげたのち、基本的に江戸での代表的なラクダ研究書に焦点を当て、紹介し論じた。

(44) 前掲注(2)文献の六十六頁及びその前後を参照。

(45) この点では、河村早紀「堤它山『橐駝考』試論」(『二松：大学院紀要』二十八、二松學舍大学大学院文学研究科、二〇一四)が、『橐駝考』記事と各類書、字典とを引き合わせた詳細な検討をおこなっていて、その数量状況も記し、また孫引き(と思われるもの)の一々をも確認した労作研究であり、論述の視点も大変優れている。引用典籍の状況に関しては、この河村論文に拠りながら記した。

(46) 倣った元のカリフォルニア大学バークレー校C・V・スター東アジア図書館所蔵の俳諧摺物に関しては、前掲注(22)を参照。なお、西尾市岩瀬文庫蔵『銅板画集』(函番号127–33)中にあるラクダ図(「玄々」の署名が版刻されており京の初代玄々堂の作と推定される)も同じ構図の酷似する作であるが、こちらはラクダの頸部から体部の毛並みのまばらな表現(もしくは陰影表現)がなく、輪郭線の用い方もやや異なっており、倣った直接の元は、それらも含めてそっくりな俳諧摺物中のラクダ図と推定する。

(47) この舞台場面を描く浮世絵と短い解説を、川添裕『江戸の大衆芸能——歌舞伎・見世物・落語』(青幻舎、二〇〇八)の七十九頁に掲載。浮世絵は早稲田大学演劇博物館蔵。

(48) 半可山人(植木玉厓)『半可山人詩鈔』(天保五年序、大阪大学附属図書館蔵)。作詩は文政七年と考えてよく、同じ年の「今春風邪流行」と関わる作が、本作の次に収められている。また半可山人のラクダ狂詩二首は山崎美成『駝薈』(文政八年二月、馬琴跋)に収められるほか、塵哉翁『巷街贅説』や喜多村筠庭『きゝのまにまに』などにも引かれていて、よく参照されたものであることがわかる。

(49) 前掲注(2)を参照。

(50) 水海道での一件に関しては、富村登『水海道郷土史談　後編』(富村太郎私刊、一九五四、再刊一九八一)の第六十三章「見世物と駱駝騒動」を参照。富村氏は頼山陽の「駱駝」の語の使用例にもふれたうえで、駱駝騒動について記している。氏は「こんな事件は後になつて、屢々面倒な問題にまで発展することがあり、見世物興行者は幾度か苦難を嘗めているので、後難予防の為めに扱人(仲裁人)を立てて次の一札を入れ、村を発った」と述べて、この済口証文を紹介している。本文には詳細を記さなかった、怪我をしてその後に持病の発作で亡くなった江戸神田八軒町善蔵店の長八甥林蔵をめぐる以降の経緯に関しても、詳しく紹介している。なお、この済口証文は水海道街商組合の所蔵であり、近世後期の一連のものは吉田伸之「史料紹介　水海道の香具師仲間文書」(都市史研究会編『年報都市史研究二　城下町の類型』山川出版社、一九九四)にのちに翻刻紹介され、また同氏「小論『珍禽獣』

の見世物と異類感」(村井章介ほか編『境界の日本史』山川出版社、一九九七)の論文中でもこの一件にふれており、富村氏のものと併せて参照した。
(51) 間部家文書「鯖江藩日記」全二六五冊中の文政九年下冊にこのラクダ関連記事がある。この日記は鯖江市まなべの館が所蔵する。本記事については竹内信夫氏よりお教えいただき、二〇一一年に訪問調査の際にも興行場所の清水町坂下の位置や周辺状況、北陸での芸能巡業ルート等についてのご教示をいただいた。記して感謝する。芸能興行を含めた鯖江藩の社会文化状況や日記の資料性について検討を加える同氏『鯖江藩の成立と展開』(私刊、二〇〇八)も参照した。清水町坂下については、同書の二七四頁に記述がある。
(52) 高力猿猴庵『絵本駱駝具誌』(写本、名古屋市博物館蔵)。自筆本(文政十年成)は神戸市立博物館蔵で、こちらもかつて『大見世物』(たばこと塩の博物館、二〇〇三)の展示企画にからんで実見している。名古屋市博本は『名古屋市博物館資料叢書三　猿猴庵の本(第十四回)　絵本駱駝具誌』(名古屋市博物館、二〇〇七)として公刊されており、執筆に際しては随意に利用できるこの公刊本を参照した。山本祐子氏による解説や翻刻も参考にした。名古屋市博本は、猿猴庵門人の画家でやはり尾張藩士の小田切春江による転写本と山本氏が推定している。内容上の自筆本との違いはごく軽微なものである。全体は二十七丁半で、序を含めた実況パートが九丁、附録のパートが十八丁半である。縦二十四・五センチメートル、横十八・三センチメートルのいわゆる大本である。なお、名古屋市博物館はこの『絵本駱駝具誌』を含め、猿猴庵が見世物、祭り、開帳などを記録した数々の貴重な絵入り本を「猿猴庵の本」シリーズとして公刊し続けており、大変意義ある文化事業である。
(53) 国立国会図書館蔵『寛政文政間日記(猿猴庵日記)』の「文政日記大略」原本には「伊勢の上野」と記されていて、この伊勢上野(現、三重県津市河芸町上野)はもちろん実際に存在するこのとき巡業していて不思議ではない土地である。ただ、『日本都市生活史料集成』四(「猿猴庵日記」学習研究社、一九七六)における翻刻では、校注者の織茂三郎氏が「伊勢」に対して「賀カ」を脇に振り、つまり伊賀上野ではないかとの注を付している。巡業自体は伊賀上野にも行っていると判断され、むずかしいところだが、とにかく原資料は「伊勢の上野」と記している。
(54) 「塩屋家諸控帳」(『岩国市史　史料編二　近世』岩国市役所、二〇〇一)では「文政十年子ノ五月四日より、同六日迄」のあいだ川原馬場で見世物にしたと記されているが、そもそも一連の文政十一年の記載中に書かれたものであり、かつまた子年は文政十年ではなく文政十一年であり、文政十一年の記事と判断する。また、岩国関連の資料には五月ではなく四月の出来事として記すものがあるが、大都市と異なり観客の母体人口が限定される地方での諸事例から考えると、滞在は長くても十日程度のはずである。ここでは公的記録である『御用所日記』を最も信頼に足るものと判断してそれを基本とし、すべてが文政十一年五月の十日程度の出来事と筆者は考えている。なお、ラクダが関戸から横山の領主の居館近くに向かう際に、有名な錦帯橋を渡っていると話は面白いのだが、原則としては馬などは通しておらず、御庄の渡しから入って山麓の道を回っていった可能性が高い。

(55) この「天神渡」に関し、筆者はかつて「恐らく福島市中心部の天神渡かと推測する」と記したことがあるが(『大見世物』展示図録、たばこと塩の博物館、二〇〇三、五十八頁)、それを撤回して、本文の通りに訂正する。

(56) 『町奉行御用日記』『日記』は津山郷土博物館所蔵の愛山文庫(津山松平藩史料)中にあり、資料番号は0826及び0493。『町奉行御用日記』は同館で翻刻作業がおこなわれ、「津山松平藩　町奉行日記」として『津山郷土博物館紀要』で順次、時代順に公開が進んでいるが、二〇二二年七月時点ではまだ文化七年までであり当該の文政十一年には至っていない。当資料に関しては、竹下喜久男『近世地方芸能興行の研究』(「第二章　津山城下の賑わいと芸能興行」清文堂、一九九七)が取り上げており、同氏の記述も参照して記した。

(57) 『須田悦生家文書』(「年々珍事書留」)は福井県文書館蔵。原資料の文書表題は「常式無之替事并珍敷事凡六拾年計留」で、資料番号N0080・文書番号00071。

(58) 表紙(外表紙)の書名は『文化文政の頃』だが、扉の書名は『右眉が真白　左は黒』でありそこに「表題の示すやうな顔の持主の遺稿を抜萃したのが此の一篇だ。下平政一」と記されている。奥付には、昭和九年四月二十日発行、著作者下平政一(飯田町住所)、発行所山村書院(飯田伝馬町住所)が記されているが、書名の記載がない。前付にある文章には、「筆者岡庭弥平次政興は作事奉行まで勤めた。至極温雅な人だつたらしく、晩年、不思議な事には、片方の眉毛ばかりが真白で、白面、殊にそれが際立つてゐたのに、見る人之れを異としなかつた程の、品位と威容とを兼ね具へてゐたとも云ふ。本書の命題は此の挿話から出した」と記されている。下平は飯田藩士の学芸に秀でた者たちのことを調べており、まずは岡庭弥平次政興を取り上げてその厖大な記録「晩年叢書」の抜粋をここに公刊するといった趣旨を述べている。全十九冊の「晩年叢書」は、「いはゆる御用紙に、細字を以て認めたものであり、目録一巻が添へてあり、全項目は二千を突破してゐる。枚数も凡そ一千枚だ」と記す。「晩年叢書」原本は、岡庭家から農場経営で知られる木下作太郎家の保管に移り、その子息から下平に無償譲渡されたと記されている。その後の行方は、残念ながら今回把握することができなかった。現在、飯田市歴史研究所に複製資料「晩年叢書(堀之漣より)」(前近代ファイルZIA 14)が存在し、その複製の元は下伊那教育会(羽生文庫)蔵の「堀之漣」であるが、これは当地及び岡山で活躍した郷土史家の羽生永明(昭和五年没)による「晩年叢書」からの数多くの抜き書きを含んだ記録集成であり、先にいう全十九冊の「晩年叢書」原本とは別のものである。
(59)「駱駝の見世物」は雑誌『風俗図説』第二集第四号(風俗図説社、大正四年〔一九一五〕)に掲載され、本文にも記したように、『見世物研究』に掲載のラクダ見世物に関する記述とはいくらか異同がある。「駱駝の見世物」では本文に引用した部分のあと、『武江年表』で二頭が斃れたように記すのは「伝聞の誤記で、斃れたのは牝一頭である、残つた牡は天保四年の春、再び江戸へ来て見世物にされた事は、『巷街贅説』に」云々と、江戸のあとの巡業地の説明は一切ないものの、天保四年の江戸再興行だけは記している。なお、『風俗図説』の同じ号には、注(42)でふれたラクダ浮世絵の複製版画が綴じ込まれている。この「駱駝の見世物」の記事は、『朝倉無声　見世物研究姉妹篇』(川添裕編、平凡社、一九九二)にも収録している。
(60)川添裕『見世物探偵が行く』(晶文社、二〇〇三)の第三章「象たちとの旅路」を参照。
(61)年代不明のためここまで記さなかったが、ラクダを描いた気になる絵画資料があり最後にふれておく。それは仙台藩士の俳人で書画も巧みにした遠藤曰人が描く「ぼんぼこ祭図」(仙台市博物館蔵)である。同館に長く勤務していた内山淳一氏が何度か紹介している。ぼんぼこ祭は仙台の木ノ下白山神社の祭礼(三月三日が例祭)であり、その賑わいを描いたなかに、ラクダ一頭の絵看板が見える小屋が確認される。小屋に櫓があり、役者の名のような名前看板も正面にあがっているのはやや不審ではあるが、ラクダが仙台に巡業していたとしても不思議ではなく(東北はここまで明確な記録があらわれていない土地である)、また、何もないのにラクダの絵看板を描くとも思えず、さらなる探索が必要と考えている。すでに判明している巡業地では文政八年(一八二五)七月の奥州街道、大田原宿が、方向としても距離的にも近接するが、それ以上に何か資料があるわけではなく、現状では不明とするしかない。
(62)石川友子「一つの文化として見た『カンカンノー』」および大明敦「民俗芸能の中の『カンカンノー』」(『埼玉民俗』二十六号、埼玉民俗の会、二〇〇一)を参照。
(63)渡辺崋山『喜太郎絵本』(古橋懐古館蔵)は、芳賀登『士魂の人渡辺崋山探訪』(つくばね舎、二〇〇四)の第三章「『喜太郎絵本』全作品と解説」に全体が紹介されている。絵本総体の成立は天保四年頃とされているが、幾つかの実際の描写は、文政三年生まれの喜太郎が五歳の文政七年(一八二四)を一つの目安として芳賀氏は提示している。筆者もその大枠に賛成であり、それはちょうど「かんかんのう」が世に浸透し、ラクダが江戸にやって来たタイミングということになる。崋山はこの頃、江戸詰の三河田原藩士であり、文政八年二月四日にラクダ見物をしていた儒者の松崎慊堂の門人でもある。なお、天保年間の作成とされる渡辺崋山『俳画冊』(二帖・全二十四図、田原市博物館蔵)には、崋山の俳句「夏の月駱駝の小屋のとれしあと」が載り、松崎慊堂の題字「最楽」が添えられている。

(64) 延広真治「附・滑稽集」(『伝統と現代　八　大衆芸能』学芸書林、一九六九)を参照。落語生成の過程に関しては、同じく延広氏の「落語の生成――かつぎや・しの字嫌い・猿後家」(延広・山本進・川添裕編『落語の愉しみ』岩波書店、二〇〇三)や、同氏『落語はいかにして形成されたか』(平凡社、一九八六。増補のうえ『江戸落語』講談社学術文庫、二〇一一)も参照。

(65) こうした南北劇の様相に関しては、服部幸雄「南北劇の構図――〈逆転〉〈混淆〉の哄笑と恐怖」(『さかさまの幽霊――〈視〉の江戸文化論』平凡社、一九八九)を参照。またこの関連では、横山泰子氏からも幾つかのご教示をいただいた。記して感謝する。

(66) 筋立てや細部におけるその後の加除はあるにしても、落語『らくだ』は関連するすべての要素が出揃う時期、つまりラクダ見世物が大坂、江戸でそれぞれ文政六年、七年と興行された時点からあまり間をおかずに、その骨格が成立したと推定する。要素が揃うその時代だから、この「変な噺」が作れるのであり、時代の文脈を失ったあとになってこれを作るのは不可能と考えている。そして最初に成立した場所は、目下のところ、大坂、江戸のどちらでもあり得ると考えていて、さらなる探究を続けていきたい。明治以降の近代の落語史だけを見ていると、『らくだ』は当然、大阪落語ということになるのだが、近代の結果の方だけから見るのは本末転倒であり、文政期の大元で、何か大坂であることの徴候や証拠が欲しいと考えている。江戸の可能性も捨て難いのは、大きな要素としては鶴屋南北の「死人」の「かんかんのう」が江戸で上演されていて、その感触と『らくだ』とが近接するからである。ただ、落合の火屋まではやや距離があり過ぎて不自然さがあり、その点では、大坂の野漠(のばく)の長屋から千日前の火屋はちょうどいい距離感である。現状では、落語『らくだ』は文政期の時代が生んだというところまでにとどめておく。

第二章

(1) 「音呼」「鸚哥」「いんこう」などと表記される。なお、インコはオウム目オウム科の鳥で、とくに古い時代には、また現在も一般では、インコとオウムの区別は必ずしも分明ではない。たとえば『世界大百科事典』(平凡社)

では「インコ」の項の冒頭での定義として、「オウム目オウム科のうち、羽冠をもつ大型のオウム類を除いた鳥の総称」といった説明の仕方をしている。世の中では「オウム・インコ」としてまとめてとらえられている面もある。本章で記してきた古代からここまでの事例中にも、正確にはオウムではなくてインコ、インコではなくてオウムといったものが、含まれていても不思議ではない。

（2）こうした問題をめぐっては川添裕「猛獣への視線」（『見世物探偵が行く』第十六章、晶文社、二〇〇三）において、人と動物との関係史について、メディア化された動物キャラクターまでを含めるかたちで、筆者なりに考えたことがある。

（3）贈り主は秋田犬保存会で、二〇一八年五月二十六日にモスクワでおこなわれた贈呈式には、ロシア訪問中の安倍晋三（当時首相）も同席した。なお、秋田犬は二〇一六年にはウラジミール・プーチンに贈られている。

（4）動物園及び動物と人間との関係のあり方をめぐる比較的近年の興味深い書としては、木下直之『動物園巡礼』（東京大学出版会、二〇一八）と、佐渡友陽一『動物園を考える――日本と世界の違いを超えて』（東京大学出版会、二〇二二）があり、いろいろなことを教えられた。両書ともにイデオロギー的な立場ではなく、具体的な現場からさまざまな可能性を考え、思考を開こうとする姿勢に共感するところ大であった。動物と人間との関係については、今後も継続して考えていきたいと思っている。

第三章

（1）本章は、かつて執筆した二つの論文をそれぞれ加除のうえで合体し、また修訂も加えて、本書の趣旨に合わせた一章としてまとめている。元の論文にある事項で、今回は除かれたものが幾つかあることをお断りしておく。元の二つの論文は、「江戸庶民がみる異国／自国の形象」（『東アジアの民族イメージ――前近代における認識と相互作用』国立民族学博物館調査報告一〇四、二〇一二）と、「開国期における異国と自国の形象――神風・神国・神風楼」（『日本人は日本をどうみてきたか――江戸から見る自意識の変遷』田中優子編、笠間書院、二〇一五）である。

（2）ここにいう「西洋世界の地球的拡大」「世界のヨーロッパ化」と連関するかたちで、筆者は「『写真』という意識」（『歌舞伎――研究と批評』五十一、歌舞伎学会、二〇一四）の論考において、文化史のまた別の側面（単純なリアリズムと誤解された「写真」が日本の近代文化に与えた影響や、明治の歌舞伎におけるリアリズムの問題）を論じたことがある。

(3) こうした「非対称性」の別次元からの解消あるいは補償というコミュニケーション論的メカニズムは、グレゴリー・ベイトソンのコミュニケーション論(グレゴリー・ベイトソン『精神の生態学』佐藤良明訳、新思索社、二〇〇〇。原著は一九七二)で論じられているが、社会学分野でのわかりやすい記述としては、たとえば森真一氏の論考「暴力と悪というコミュニケーション」(『コミュニケーションの社会学』長谷正人・奥村隆編、有斐閣、二〇〇九)を参照されたい。

第四章

(1) この写真絵葉書に関しては、筆者はすでに「異国をつくる十選 九 丁髷姿の外国少年」(『日本経済新聞』二〇〇四年二月五日朝刊)ほかで、何度か紹介したことがある。

(2) 松田清「桂川甫賢筆長崎屋宴会図について」(『神田外語大学日本研究所紀要』十二号、二〇二〇)を参照。なお、桂川甫賢はボタニクス Botanicus、馬場佐十郎はアブラハム Abraham、神谷弘孝はファン・デル・ストルプ Van der Stolp の蘭名を持っており、松田氏の論考は、こうしたオランダ名の流行についても紹介している。

(3) 木下直之「写真油絵――写真ニシテ油絵 油絵ニシテ写真」(『美術という見世物――油絵茶屋の時代』平凡社、一九九三。のち講談社学術文庫、二〇一〇)参照。なおまた、この方面の木下氏の出発点である兵庫県立近代美術館『日本美術の十九世紀』(展示図録、一九九〇。五十七頁の図版ほか)も参照。

(4) ここにあげたオペレッタ作品と関連づけながら「芸者」「茶屋の娘」のイメージ形象について論じた好論文に、橋本順光「茶屋の天使――英国世紀末のオペレッタ『ゲイシャ』(一八九六)とその歴史的文脈」(『ジャポニスム研究』二十三、ジャポニスム学会、二〇〇三)がある。なお、ことばの問題として、「茶店」と「茶屋」とは本来指すものが異なるし、とくに「茶屋」は、用い方次第で広範囲のものを指し得る、日本文化のありようと深く結びついた日本語である。しかし、ジャポニスムのなかで(また欧米人の用法のなかで)、たとえば英語 teahouse などが実態として指し示してきたものには、茶店・休み茶屋・水茶屋・喫茶店から料理茶屋・引手茶屋・出合茶屋、揚屋・遊廓、また近代以降に制度がくずれていく一部の芸者置屋、さらには茶室までが含まれている。本章ではこれらの総体を指すためのことばとして、便宜的に「茶店・茶屋」の表現を用いている。

（5） ホロウハの事績については、主としてペトル・ホリー「チェコ共和国に於ける『東海道四谷怪談』——ヨエ・ホロウハ著『オユヴァイナリダイミョウジン』をめぐって」(『演劇研究センター紀要 早稲田大学二十一世紀COEプログラム：演劇の総合的研究と演劇学の確立』三、早稲田大学演劇博物館演劇研究センター、二〇〇四)に拠り、その後に刊行されたホロウハに関するモノグラフ(チェコ語・英語版)Alice Kraemerová, Jan Šejbl, *Japonsko, má Láska: Český cestovatel a sběratel Joe Hloucha(Japan, My Love: The Czech Traveller and Collector Joe Hloucha)*, Národní Muzeum, Praha(National Museum, Prague), 2007. と相互参照のうえで記述した。また、『ナープルステク博物館所蔵日本美術品図録』(国際日本文化研究センター、一九九四)、『プラハ国立美術館所蔵日本美術品図録』(国際日本文化研究センター、一九九四)、『秘蔵日本美術大観十一 ウィーン国立工芸美術館／プラハ国立美術館／ブダペスト工芸美術館』(講談社、一九九四)、Helena Honcoopová, Masatane Koike, Alam P. Rezner(eds.), *Japanese Illustrated Books and Manuscripts from the National Gallery in Prague: A Descriptive Catalogue*, The National Gallery, Prague, 1998. も参照した。

（6） これは正確には、一八九三年から九四年にかけての世界一周旅行記(全二巻)の一巻目の主要部分に当たるものだが、邦訳ではそれが一冊の独立的な本となっているため、この記し方とした。ヨゼフ・コジェンスキー『ジャポンスコ——ボヘミア人旅行家が見た一八九三年の日本』(鈴木文彦訳、朝日新聞社、二〇〇一)参照。

（7） 前掲注(5)のホリー氏論文で、「一九三四年に、チェコ写真界の大家、ドゥルチコルのスタジオで五十三歳を迎えたホロウハは、自らの全裸写真を依頼し数枚撮ってもらった」というエピソードを紹介している。このフランチシェク・ドゥルチコルとは、ピクトリアリスムを基調とした女性ヌード写真で著名な写真家で画家である。また、ホロウハは生涯、正式な結婚をしておらず、日本における「玉さん」との同棲体験は、男性としての単純な異性愛の体験というよりは、「お菊さん」「蝶々夫人」「サクラ」的な文化体験の実践であったと考えられるように思う。

（8） 歴史ある都市に積み重なってきた文化、言語、国際交流などの厚みは、古書、古美術、古物などを扱う古書店や骨董商の店頭にしばしばあらわれる。筆者はかつてプラハのツェレトナー通りの古書店クシェネクでそれを実感したことがあり、小文を草している。川添裕「旅の軌跡としての書物」(『世界の古書店II』川成洋編、丸善、一九九五)参照。なお、プラハ国立美術館では二〇一四年夏に「チェコにおけるジャポニズム Japonismus v českém umění」展が大規模に開催されている。近年の話題では、プラハ生まれで日本文学研究者のアンナ・ツィマが小説『シブヤで目覚めて』を出版し(原作・二〇一八、邦訳・河出書房新社・二〇二一)、マグネジア・リテラ新人賞ほか多数の賞を受賞して注目を集めた。日本に魅せられた主人公がプラハと渋谷とに分裂する迷宮的な作品であり、チェコのジャポニスムは今日もなお展開を続けている。

（9） 惜しくも五十代半ばで逝ってしまった三原文氏は、若い頃から海外の一次資料を発掘し、この方面では研究の次元を変える業績を残した。一九九〇年以降の主要な論文は、訂正増補を加え、三原文『日本人登場——西洋劇場で演じられた江戸の見世物』（松柏社、二〇〇八）にまとめられている。ちょうど同年齢であった三原氏から教えられたことは多く、逆に筆者が氏に提供した知見も幾つかあった。亡くなる少し前まで、三原文「幕末維新期の外交官たちの横顔——日本の見世物芸を『輸出』する」（『演劇学論叢』十一、大阪大学演劇学研究室、二〇一〇）や、三原文、ジョン・コヴァック「リズリー『先生』小伝」（『アートタイムズ』六、デラシネ通信社、二〇一〇）など、さらに研究を先へ進める論考を執筆した。筆者もまた、川添裕『江戸の見世物』第四章（岩波新書、二〇〇〇）や川添裕「開港地横浜の芸能——『インターナショナル』と『ローカル』」（『インターナショナルな「地方」の視座』横浜商科大学編、南窓社、二〇一二）ほかで、関連の話題にふれている。

（10） 三原文「リトル・オーライの図像学——海外文芸作品などに描かれた日本人軽業師の場合」（『藝能史研究』一九一、藝能史研究會、二〇一〇）参照。

（11） 倉田喜弘『海外公演事始』（東京書籍、一九九四）参照。

（12） すでに注（4）において「茶店・茶屋」の用語上の問題にふれたが、「芸者」もまたむずかしい問題を抱えている。*Oxford English Dictionary*（*OED*）*v4.0* によって英語における捉え方を確認すると、geisha は「A Japanese girl whose profession is to entertain men by dancing and singing; loosely, a Japanese prostitute.」と説明されており、「loosely,」以下のところでは、芸者と遊女、売春婦との混同が生じていることがわかる（それではいくら何でも、定義としてルーズ［ルース］すぎるといわざるを得ないものである）。欧米人男性の幻想のなかでは、受け身でひたすら従順という方向や、性的ファンタジーを受け入れてくれる理想の対象としての方向、あるいはまた愛らしさや純粋無垢の方向へも、都合よくイメージが拡大していく傾向があり、本節ではそうした欧米人的幻想の意味合いでは「ゲイシャ geisha」を、日本での通常文脈の場合は「芸者」を用いている。しかし厄介なことに、日本においてもさまざまな「芸者」のあり方が存在したのであり（売春中心のいわゆる「枕芸者」もあったし、用法としては幇間を指す「男芸者」のいい方もある）、また近代化のなかで大きく変わっていった面ももちろんあって、必ずしも厳密に区分できるものでもない。なお、*OED* における geisha の用例の初出は一八九一年（明治二十四）である。

(13)「日本村」に関しては、小山騰『ロンドン日本人村を作った男——謎の興行師タナカー・ブヒクロサン 一八三九—九四』(藤原書店、二〇一五)が長年の調査に基づく労作であり、背景の状況も紹介しながら全体像をわかりやすく教えてくれる。同書の序章には「軽業見世物一座が日本人イメージの供給源」の節も設けられており、筆者と同じ考え方である。前出、注(9)の三原氏著書の書名も、同様の意図に基づく命名である。

(14) 芸者の海外巡業及び川上音二郎、貞奴の一座の海外公演に関しては、前出、注(11)の倉田氏著書が、早い段階からのこの分野への着目をまとめ上げた研究であり、烏森芸者、川上一座のみならず、軽業曲芸師たちの海外渡航を含め参考になる記述が多い。

(15) 泉健「藤代禎助『オペレッタ：ゲイシャ』(一九〇一年)とベルリンの烏森芸者」(『和歌山大学教育学部紀要：人文科学』六十四、二〇一四)参照。

(16) 石原あえか「近代医学と人形：ドレスデン国際衛生博覧会(一九一一)に出展された日本の生人形と節句人形」(『東京大学大学院総合文化研究科言語情報科学専攻紀要』二十一、二〇一四)参照。

(17) なお、前年の一九一〇年には、このロシア人とドイツ人の Karl Grosser に率いられて、八名の芸者たちがアメリカ大陸を巡業している。

第五章

(1) サムライ商会という名称はその後にもあらわれているが、本論考が扱うのはこの野村洋三の歴史的に存在したサムライ商会であり、それ以外のものではない。

(2) 堀勇良「もうひとつの横浜家具——彫刻家具の四天王」(『開港のひろば』五十一号、横浜開港資料館、一九九六)を参照。

(3) グランドホテルは明治六年(一八七三)に居留地二十番に開業し、規模を大きくしながら発展していったホテルで、関東大震災で灰燼に帰すまで横浜の代表的なホテルであった。水町通り側(港や海岸通りとは反対側)の入口の向かいに、アーサー・アンド・ボンドがあった。なお、ときどき誤解されることがあるが、このグランドホテルとのちのホテルニューグランドとのあいだには、経営上、資本上の関係はなく別物である。

(4) 獅子文六『父の乳』(新潮社、一九六八)。元は『主婦の友』一九六五年一月号から一九六六年十二月号に連載。

なお、引用は新潮文庫版、一九七一に拠った。
(5) 野村みち『ある明治女性の世界一周日記――日本初の海外団体旅行』(神奈川新聞社、二〇〇九)を参照。なお、初刊は『世界一周日記』(私刊、一九〇八)。
(6) 実際、英文著書 *Bushido: The Soul of Japan.* の初版の序(一八九九年十二月執筆)の書き出しには、十年ほど前(About ten years ago)の出来事として、あるベルギー人法学者から、宗教教育のない日本での道徳形成はどうなっているのかと問われて、武士道の問題を考えるようになったエピソードが記されており、常にこの問題が新渡戸の念頭にあったことがわかる。また、同様の質問が、一八九一年に結婚したアメリカ人の妻から発せられたことも記されている。
(7) 新渡戸稲造も、鈴木大拙も、もちろん日本において日本語の著作を数多くあらわしているわけだが、彼らの名声が、欧米における評価によって格段に支えられたことは否定できない。Ｂｕｓｈｉｄｏと武士道、Ｚｅｎと禅のちがいについてここで詳細な議論には踏み込まないが、この問題をめぐる興味深い議論としては、たとえば山田奨治『禅という名の日本丸』(弘文堂、二〇〇五)を参照されたい。また、武士道の全体を議論するものではないが、たとえば氏家幹人『武士道とエロス』(講談社現代新書、一九九五)と新渡戸の『武士道』を対照することは有意義であろう。なお、新渡戸稲造、鈴木大拙の書にはさまざまなものがあるが、本論に関わる基礎的なものとしては、『新渡戸稲造全集』十二巻(教文館、一九六九)及び『鈴木大拙全集(増補新版)』十一巻・三十巻・四十巻(岩波書店、一九九九・二〇〇二・二〇〇三)を参照。
(8) 私事にわたるが、筆者の父親は横浜の南太田で座卓卸商をやっていた。座卓とは和室用の伝統的なテーブルであるが、昭和三十年代から四十年代の高度成長で畳の生活がなくなるなか、座卓はみるみる売れなくなって、筆者が中学生の時に廃業した。そこに至る途上で、商品の中心であった漆塗りの端正な座卓が売れぬため、考えてやったのが、帰国する米軍人に向けてのお土産用の小卓の販売である。それは螺鈿の装飾も入った日本趣味の小卓であり、中国的とも韓国的ともいえるようなオリエンタルな絵柄であった。米軍に接収されていたいわゆる「本牧のベース」や横須賀基地ではこれがそこそこ売れて、商売を幾らか延命してくれた。筆者も何度か父親の配達についていったことがあり、横浜の米軍人の世界を垣間見た。その意味で、本論考にいう「現場」とは、私の「現場」でもある。

主要参考資料

※江戸時代の原典資料では本文や注での使用に際し、適宜、句読点を補っている。

第一章

『徳川実紀(大猷院殿御実紀)』(『続国史大系』十、経済雑誌社、一九〇二)
杉田英明「駱駝と日本人――動物表象を通して見た異国趣味」(『比較文學研究』八十六、東大比較文學会、二〇〇五)
松井洋子「研究余録　正保三年駱駝の旅」(『日本歴史』六五八、吉川弘文館、二〇〇三)
日蘭学会編『長崎オランダ商館日記』四(雄松堂出版、一九九二)
十方庵敬順『遊歴雑記』(文化十一〜文政十二年、国立公文書館内閣文庫蔵、一七七―一一六七本・一一六八本。なお、『江戸叢書』に収録の翻刻は誤りが多いため用いていない)
川添裕『江戸の見世物』(岩波新書、二〇〇〇)
高力猿猴庵『絵本駱駝具誌』(写本、名古屋市博物館蔵。自筆本、神戸市立博物館蔵)
『名古屋市博物館資料叢書三　猿猴庵の本(第十四回)　絵本駱駝具誌』(名古屋市博物館、二〇〇七)
加藤曳尾庵『我衣』(国立国会図書館蔵)
加藤曳尾庵『我衣』(『日本庶民生活史料集成』十五、鈴木棠三校訂、三一書房、一九七一)
松浦静山『甲子夜話』正編(『甲子夜話』一・四、中村幸彦・中野三敏校訂、平凡社東洋文庫、一九七七・七八)
『南紀徳川史』(堀内信編、南紀徳川史刊行会、一九三〇)
山下奈津子「史料翻刻　紀州藩御目付の記録『類集略記』(四)」(和歌山市立博物館『和歌山市史研究』三十四、二〇〇六)
『和歌山県史　近世』(和歌山県史編さん委員会編、和歌山県、一九九〇)
『紀州徳川家赤坂邸全図』(宮内庁公文書館蔵)
阿部宗広「赤坂御用地と常盤松御用邸の変遷」(『国立科博専報』三十九、二〇〇五)

諏訪鷺湖『駱駝図并駱駝記』(文政七年、『平成二年明治古典会七夕大入札会』目録[カラー図版掲載]、一九九〇、会場所見)
酒井抱一『軽挙観(館)句藻』(静嘉堂文庫蔵)
松崎慊堂『慊堂日暦』一(平凡社東洋文庫一六九、一九七〇)
斎藤月岑『武江年表』(嘉永二・三年、国立国会図書館蔵)
喜多村筠庭『武江年表補正略』(写本、国立国会図書館蔵)
斎藤月岑ほか『定本　武江年表』中(今井金吾校訂、ちくま学芸文庫、二〇〇三)
『続徳川実紀(文恭院殿御実紀)』(『続徳川実紀』二、経済雑誌社、一九〇五)
大田南畝『街談録』(『北叟遺言』二十四、東京大学史料編纂所蔵)
『大田南畝全集』十八(岩波書店、一九八八)
多紀元堅『時還読我書』(森立之写、弘化二年、国立国会図書館蔵)
『新燕石十種』六(『兎園小説余録』翻刻、柴田光彦校訂、中央公論社、一九八一)
『日本随筆大成』第二期五(『兎園小説余録』翻刻、吉川弘文館、一九七四)
磯田道史『感染症の日本史』(文春新書、二〇二〇)
富士川游『日本疾病史』(吐鳳堂書店、一九一二)
小鹿島果『日本災異志』(日本鑛業會、一八九四)
立川昭二「交通と疫病」(『IATSS review』三巻三号、国際交通安全学会、一九七七)
福井県『福井県史　通史編四　近世二』(福井県、一九九六)
福井県『福井県史　年表』(福井県、一九九八)
江南亭唐立『和合駱駝之世界』(歌川国安画、文政八年、国立国会図書館蔵・東京都立中央図書館東京誌料文庫蔵・筆者蔵)
樋口保美「見世物興行年表」(http://blog.livedoor.jp/misemono/、二〇一一年より継続中)
川添裕「江戸見世物主要興行年表」(『日本歴史と芸能十三　大道芸と見世物』平凡社、一九九一)
佐伯泰英『らくだ』(新・酔いどれ小藤次シリーズ六、文春文庫、二〇一六)
矢的竜『シーボルトの駱駝』(双葉文庫、二〇一五)

日蘭学会編『長崎オランダ商館日記』九・十(雄松堂出版、一九九八・九九。十の荒野泰典氏による序説も参照)
『続長崎実録大成(長崎志続編)』(『長崎文献叢書』一—四、森永種夫校訂、長崎文献社、一九七四)
松井洋子「ヤン・コック＝ブロムホフの日本滞在」及びマティ・フォラー「ヤン・コック＝ブロムホフの日本コレクション」(松井洋子、マティ・フォラー編『ライデン国立民族学博物館蔵ブロムホフ蒐集目録』臨川書店、二〇一六)
大庭脩「静岡浅間神社蔵『大象図』考証」(『皇學館大学文学部紀要』三十九、皇學館大学文学部、二〇〇〇)
『温故雑帖』六(ラクダ摺物、市島春城蒐集貼込帖、早稲田大学図書館蔵)
『古文真宝(後集)』(星川清孝注解、『新釈漢文大系』十六、明治書院、一九六三)
『大田南畝全集』二(浜田義一郎ほか編、岩波書店、一九八六)
小林ふみ子『大田南畝　江戸に狂歌の花咲かす』(岩波書店、二〇一四)
岩下哲典『江戸の海外情報ネットワーク』(吉川弘文館、二〇〇六)
塵哉翁『巷街贅説』(『近世風俗見聞集』四、国書刊行会、一九一二)
古賀十二郎『丸山遊女と唐紅毛人』前編(長崎文献社、一九六八)
片桐一男『出島遊女と阿蘭陀通詞——日蘭交流の陰の立役者』(勉誠出版、二〇一八)
赤瀬浩『長崎丸山遊廓——江戸時代のワンダーランド』(講談社現代新書、二〇二一)
朝倉無声『見世物研究』(春陽堂、一九二八)
浜松歌国『摂陽奇観』(『浪花叢書』一—六、浪花叢書刊行会、一九二六〜二九)
尾崎雅嘉『槖駝渉覧』(文政六年、大阪府立中之島図書館蔵)
『尾崎雅嘉著述三種』(『槖駝渉覧』影印、管宗次編、臨川書店、一九八六)
岩永文禎(藿斎)『鍾奇遺筆』(国立国会図書館蔵)
村田春門『田鶴舎日次記』(無窮会蔵、写真複製本・大阪府立中之島図書館蔵)
富村登『水海道郷土史談　後編』(富村太郎私刊、一九八一)
吉田伸之「史料紹介　水海道の香具師仲間文書」(都市史研究会編『年報都市史研究二　城下町の類型』山川出版社、一九九四)
吉田伸之「小論『珍禽獣』の見世物と異類感」(村井章介ほか編『境界の日本史』山川出版社、一九九七)

「文政十一戊子年　町奉行御用日記」「文政十一戊子年　日記」(愛山文庫、津山郷土博物館蔵)
竹下喜久男『近世地方芸能興行の研究』(清文堂出版、一九九七)
野坂完山『鶴亭日記』(文化四年〜天保十一年、マイクロ版・国文学研究資料館蔵)
阿部温(鎌洲)『良山堂茶話』(文政七年、引用の記述は文政六年のもの、筆者蔵)
『滋岡家日記』(大阪大学文学部蔵)
嚢由亭負米『狂歌似世物語』(文政八年、大阪市立中央図書館蔵)
榎並章「浪華の駱駝——難波新地見世物雑考」(『大阪商業教育』八、大阪商業高等学校連盟研究調査部、一九七七)
管宗次「文政年間・駱駝舶来について」(『河内国文』十一号、大阪芸術大学文芸学科管ゼミナール、一九八七)
サントリー美術館『日本博物学事始——描かれた自然Ⅰ』(展示図録、一九八七)
岡崎市美術博物館『大鎖国展』(展示図録、二〇一六)
東京古典会『古典籍下見展観大入札会目録』(一九九五)
金子信久「動物に寄せる心十選　五　窪田雪鷹『駱駝図』」(『日本経済新聞』二〇一六年十月六日朝刊、日本経済新聞社)
府中市美術館『動物絵画の１００年　１７５１—１８５０』(展示図録、二〇〇七)
府中市美術館『動物の絵　日本とヨーロッパ——ふしぎ・かわいい・へそまがり』(展示図録、講談社、二〇二一)
松田清『京の学塾　山本読書室の世界』(京都新聞出版センター、二〇一九)
『山本読書室資料仮目録』(松田清編、京都外国語大学国際言語平和研究所、二〇一三)
たばこと塩の博物館『大見世物』(展示図録、二〇〇三)
東京国立博物館『若冲と江戸絵画』(展示図録、二〇〇六)
仙台市博物館『菊田伊洲』(展示図録、二〇〇二)
内山淳一『めでたし　めずらし　瑞獣　珍獣』(パイ　インターナショナル、二〇二〇)
鈴木廣之「ラクダを描く——円山応震筆駱駝図をめぐって」(『美術研究』三三八、東京文化財研究所、一九八七)
高松斜経(清房)『縁名草(よしなぐさ)』(文政六年カ、大阪市立中央図書館蔵)
大阪歴史博物館、早稲田大学坪内博士記念演劇博物館『日英交流　大坂歌舞伎展——上方役者絵と都市文化』(展示図録、二〇〇五)

堀内勝『ラクダの文化誌――アラブ家畜文化考』(リブロポート、一九八六)
堀内勝『ラクダの跡――アラブ基層文化を求めて』(第三書館、二〇一五)
『色里町中はやりうた――文化文政の京都瓦版はやり歌』(玩究隠士校注、太平書屋、一九九七)
藤村作「雑録　駱駝の両国に出た話」(『日本文学講座』七、新潮社、一九二七)
西原一甫『一甫漫筆』四(早稲田大学図書館蔵[市島春城旧蔵])
『浪花の噂話』(平亭銀鶏『銀鶏雑記』及び『街廼噂』二編の影印、中村幸彦・長友千代治編、汲古書院、二〇〇三)
西沢一鳳『皇都午睡』初編(嘉永三年、早稲田大学図書館蔵)
西沢一鳳『皇都午睡』(『新群書類従』一、国書刊行会、一九〇六)
富士川英郎『鴟鵂庵閑話』(「駱駝の詩」の項、筑摩書房、一九七七)
『頼山陽書翰集』上(民友社、一九二七。のち名著普及会、一九八〇)
『西征詩　星巌乙集』(巻之一、文政十二年、筆者蔵)
『江戸詩人選集第八巻　頼山陽　梁川星巌』(入谷仙介注、岩波書店、一九九〇)
伊藤信『註解　星巌全集』(梁川星巌全集刊行会、一九五六)
山本和義、福島理子『日本漢詩人選集十七　梁川星巌』(研文出版、二〇〇八)
『蘆汀紀聞』(大阪府立中之島図書館蔵)
暁鐘成(鴛鴦亭主人)『万交区新話』(上中下、嘉永五年、国際日本文化研究センター蔵)
森島中良『万国新話』(後版、寛政十二年[初版は寛政元年]、早稲田大学図書館蔵)
石上阿希「日本の春画・艶本にみる『和合』」(田中優子編『日本人は日本をどうみてきたか――江戸から見る自意識の変遷』笠間書院、二〇一五)
暁鐘成『雲錦随筆』(文久二年、筆者蔵)
長谷川強・渡辺守邦・伊井春樹・日野龍夫「カリフォルニア大学バークレー校旧三井文庫写本目録稿」(『調査研究報告』五、国文学研究資料館文献資料部、一九八四)
児玉史子・戸沢幾子「UCBの一年三か月――旧三井文庫資料の整理を終えて」(『国立国会図書館月報』三一七、国立国会図書館、一九八七)
グリニス・リドリー『サイのクララの大旅行――幻獣、十八世紀ヨーロッパを行く』(矢野真千子訳、東洋書林、二〇

○九）
吉田暎二編『新補　伊勢歌舞伎年代記』（放下房書屋、一九三三）
川添裕「伊勢歌舞伎の輝き」（皇學館大学神道博物館『伊勢の歌舞伎と千束屋』展示図録、二〇〇八）
高力猿猴庵『寛政文政間日記（猿猴庵日記）』（文化二年〜文政十一年、大惣本、国立国会図書館蔵）
『日本都市生活史料集成』四（「猿猴庵日記」学習研究社、一九七六）
和田実『享保十四年、象、江戸へゆく』（岩田書院、二〇一五）
豊橋市二川宿本陣資料館『動物の旅――ゾウとラクダ』（展示図録、一九九九）
『御嵩町史　史料篇』（御嵩町、一九八七）
『御嵩町史　通史篇上』（御嵩町、一九九二）
磯野直秀「江戸時代動物図譜における転写」（山田慶児編『東アジアの本草と博物学の世界』上、思文閣出版、一九九五）
稲葉通龍『更紗図譜（新渡更紗雛形）』（天明五年、早稲田大学図書館蔵）
蓬莱山人帰橋『更紗便覧』（安永七年、国文学研究資料館蔵）
川添裕「見世物への視点」（網野善彦、小沢昭一ほか編『大道芸と見世物』平凡社、一九九一）
黒田日出男「見世物と開帳――〈見世物〉史としての近世」（『朝日百科日本の歴史別冊　歴史を読み直す十七　行列と見世物』朝日新聞社、一九九四）
李時珍『本草綱目　獣部五十巻（第二十六冊）』（胡承竜［金陵本］、万暦十八年［一五九〇］序、国立国会図書館蔵）
小野蘭山『本草綱目啓蒙』一―四（平凡社東洋文庫、一九九一〜九二）
志筑忠雄［原書では「志築長盈解」］『海上珍奇集　巻之二』（国立国会図書館蔵）
アニック・ミト・ホリウチ「『海上珍奇集』における人間と動物をめぐる言説」（『蘭学のフロンティア――志筑忠雄の世界』長崎文献社、二〇〇七）
ヤン・ヨンストン『ヨンストン『動物図説』図版集成』（科学書院、一九九三）
宋紫石『古今画藪』（後編四「異品」、明和七年、早稲田大学図書館蔵）
野呂元丈『阿蘭陀禽獣蟲魚図和解』（寛保元年、国立公文書館内閣文庫蔵）
寺島良安『和漢三才図会』巻三十七（正徳二年自序、国立国会図書館蔵）

西川如見『増補華夷通商考』(宝永五年、早稲田大学図書館蔵)
新井白石『西洋紀聞』(中、村岡典嗣校訂、岩波文庫、一九三六)
班固(顔師古注)『前漢書』九十六上「西域伝」六十六上(清代・武英殿本、乾隆四年〔一七三九〕、東洋文庫蔵)
宗田一『日本の名薬――売薬の文化誌』(八坂書房、一九八一)
宗田一『渡来薬の文化誌――オランダ船が運んだ洋薬』(八坂書房、一九九三)
宗田一「日本の売薬 一一〇〔外篇〕ラクダの薬用」(『医薬ジャーナル』一九八六年三月号、医薬ジャーナル社)
服部幸雄「和合神の図像」(『さかさまの幽霊』平凡社、一九八九)
『神道大系 論説編二十二 増穂残口』(『艶道通鑑』収録、神道大系編纂会、一九八〇)
堤它山(唐公愷)『槖駝考』(文政七年、筆者蔵)
河村早紀「堤它山『槖駝考』試論」(『二松:大学院紀要』二十八、二松學舍大学大学院文学研究科、二〇一四)
大槻玄沢『槖駝訳説』(文政七年、国立国会図書館蔵)
松本胤親(斗機蔵)『槖駝纂説』(文政七・八年カ、東京大学総合図書館蔵。自筆本は大東文化大学図書館蔵)
大野延胤「松本斗機蔵とその著述・序説」(『学習院女子大学紀要』二、学習院女子大学、二〇〇〇)
大野延胤『松本斗機蔵――幕末の開明派、憂国悲運の幕臣』(近代文藝社、二〇一一)
山崎美成『駝薈』(文政八年、自筆稿本とされるものが西尾市岩瀬文庫蔵。国立国会図書館にその写本)
川添裕『江戸の大衆芸能――歌舞伎・見世物・落語』(青幻舎、二〇〇八)
半可山人(植木玉厓)『半可山人詩鈔』(天保五年序、大阪大学附属図書館蔵)
曲亭馬琴『牽牛織女願糸竹』(文政十年、国立国会図書館蔵)
『馬琴草双紙集』(板坂則子校訂、国書刊行会、一九九四)
小寺玉晁『見世物雑志』巻之二(文政元年から天保十三年の記事、早稲田大学図書館蔵)
小寺玉晁『見世物雑志』(群司正勝・関山和夫編、三一書房、一九九一)
藤岡屋由三『近世庶民生活史料 藤岡屋日記一』(鈴木棠三・小池章太郎編、三一書房、一九八七)
『柴田収蔵日記一 村の洋学者』(「癸卯年中日記」の十一月十九日・二十日、田中圭一編注、平凡社東洋文庫六〇六、一九九六)
喜多村筠庭(信節)『きゝのまにまに』(『未刊随筆百種』十一、臨川書店、一九六九)

『大田原市史』前編(大田原市、一九七五)
塩野適斎『桑都日記』(鈴木龍二編・山本正夫訳、鈴木龍二記念刊行会、一九七三)
侯爵前田家編輯部『加賀藩史料　第十三編』(石黒文吉[発行]、一九四〇)
『間部家文書　鯖江藩日記』(文政九年下冊、まなべの館蔵)
竹内信夫『鯖江藩の成立と展開』(私刊、二〇〇八)
『猿猴庵とその時代――尾張藩士の描いた名古屋』(名古屋市博物館、一九八六)
『石井町元木家文書　元木家記録』(「元木家記録」一、徳島県立文書館蔵)
『元木家記録』(金沢治編、私刊、一九六八)
『御用所日記』(岩国徴古館蔵)
『岩邑年代記』七(岩国徴古館、一九九六)
『岩国市史　史料編二　近世』(「塩屋家諸控帳」岩国市役所、二〇〇一)
松岡布政『伯耆民談記』(佐伯元吉編・刊、一九二七)
『新鳥取県史資料編　近世六　因府歴年大雑集』(第十五巻補遺二、鳥取県、二〇一九)
『町奉行御用日記』『日記』(愛山文庫 0826 及び 0493、津山郷土博物館蔵)
竹下喜久男『近世地方芸能興行の研究』(清文堂、一九九七)
『津山市史　第四巻　近世II――松平藩時代』(津山市、一九九五)
『津山市史　第五巻　近世III――幕末維新』(津山市、一九七四)
『須田悦生家文書』(「年々珍事書留」資料番号 N0080・文書番号 00071、福井県文書館蔵)
岡庭弥平次政興・下平政一『文化文政の頃』(別書名『右眉が真白　左は黒』山村書院、一九三四)
飯田市美術博物館『信州飯田領主　堀侯』(展示図録、二〇一〇)
朝倉無声「駱駝の見世物」(『風俗図説』第二集第四号、風俗図説社、一九一五)
『朝倉無声　見世物研究姉妹篇』(川添裕編、平凡社、一九九二)
松田清・遠藤正治・益満まを「山本読書室諸国門人居処并飛脚便所認の紹介と分析」(『近世京都』二、近世京都学会、二〇一六)
小林元『日本と回教圏の文化交流史――明治以前における日本人の回教及び回教圏知識』(中東調査会、一九七五)

松田壽男・小林元『乾燥アジア文化史論――支那を超えて』(四海書房、一九三八)
四壁庵茂蔦『わすれのこり』(『続燕石十種』一、国書刊行会、一九〇八)
浅井忠夫『唐人唄と看々踊』(東亜研究講座五十四、東亜研究会、一九三三)
石川友子「一つの文化として見た『カンカンノー』」(『埼玉民俗』二十六号、埼玉民俗の会、二〇〇一)
大明敦「民俗芸能の中の『カンカンノー』」(『埼玉民俗』二十六号、埼玉民俗の会、二〇〇一)
渡辺崋山『喜太郎絵本』(古橋懐古館蔵)
芳賀登『士魂の人渡辺崋山探訪』(つくばね舎、二〇〇四)
延広真治「附・滑稽集」(『伝統と現代　八　大衆芸能』学芸書林、一九六九)
延広真治「落語の生成――かつぎや・しの字嫌い・猿後家」(延広真治・山本進・川添裕編『落語の愉しみ』岩波書店、二〇〇三)
延広真治『落語はいかにして形成されたか』(平凡社、一九八六。増補のうえ『江戸落語』講談社学術文庫、二〇一一)
郡司正勝・広末保・大久保忠国ほか編『鶴屋南北全集』四・八巻(三一書房、一九七二)
服部幸雄「南北劇の構図――〈逆転〉〈混淆〉の哄笑と恐怖」(『さかさまの幽霊――〈視〉の江戸文化論』平凡社、一九八九)
服部幸雄「異界の中の異界へ」(『文学』二〇〇一年十一・十二月号、岩波書店、二〇〇一)
鵜飼伴子『四代目鶴屋南北論――悪人劇の系譜と趣向を中心に』(風間書房、二〇〇五)
古井戸秀夫『鶴屋南北』(吉川弘文館、二〇二〇)
椎名誠「風まかせ赤マント　九五九『らくだ』の解釈と鑑賞」(『週刊文春』二〇〇九年十一月五日号、文藝春秋)
岡鬼太郎『鬼太郎脚本集』一巻(京文社、一九二六)

第二章

磯野直秀『日本博物誌年表』(平凡社、二〇〇二)
白井光太郎『日本博物学年表』(改訂増補版、大岡山書店、一九三四)

高島春雄『動物物語』(増補再編・改題版、八坂書房、一九八六)
上野益三『年表日本博物学史』(補訂摘出・改題版、八坂書房、一九八九)
皆川雅樹『日本古代王権と唐物交易』(吉川弘文館、二〇一四)
田中健夫「朝鮮の鷹」(『対外関係と文化交流』思文閣出版、一九八二)
磯野直秀、内田康夫『舶来鳥獣図誌――唐蘭船持渡鳥獣之図と外国産鳥之図』(八坂書房、一九九二)
城西山人『唐鳥秘伝　百千鳥』(安永二年、国立国会図書館蔵)
泉花堂三蝶『諸鳥餌養　百千鳥』(寛政十一年、筆者蔵)
根崎光男『犬と鷹の江戸時代――〈犬公方〉綱吉と〈鷹将軍〉吉宗』(「吉宗の犬政策」の項、吉川弘文館、二〇一六)
大庭脩「象の旅」(『江戸時代の日中秘話』東方書店、一九八〇。また同書改訂版『日中交流史話――江戸時代の日中関係を読む』燃焼社、二〇〇三)
川添裕「象たちとの旅路」及び「猛獣への視線」(『見世物探偵が行く』晶文社、二〇〇三)
港区立港郷土資料館『江戸動物図鑑』(展示図録、二〇〇二)
今橋理子『江戸の花鳥画――博物学をめぐる文化とその表象』(スカイドア、一九九五)
川添裕「見世物をどう理解するか」(『藝能史研究』一四八、藝能史研究會、二〇〇〇)
『京都大学蔵　大惣本稀書集成』十四(高力猿猴庵『絵本竹濃春』影印収載・一部カラー、山本卓解題、臨川書店、一九九六)
小原良直『桃洞遺筆　附録二』(国立公文書館内閣文庫蔵)
山本渓愚『本草写生図譜』(「五　獣・鳥禽Ⅱ」雄渾社、一九八二)
川添裕「勢州松坂　鳥屋熊吉(上)」(『歌舞伎――研究と批評』二十七、歌舞伎学会、二〇〇一)
君塚直隆「アリックスへの贈り物」(『創文』五〇六、創文社、二〇〇八)
レヴィ・ストロース『悲しき熱帯』(川田順造訳、中公クラシックス、二〇〇一)
木下直之『動物園巡礼』(東京大学出版会、二〇一八)
佐渡友陽一『動物園を考える――日本と世界の違いを超えて』(東京大学出版会、二〇二二)
ジョルジョ・アガンベン『開かれ――人間と動物』(岡田温司・多賀健太郎訳、平凡社、二〇〇四)

第三章

川添裕「『写真』という意識」(『歌舞伎――研究と批評』五十一、歌舞伎学会、二〇一四)
『太夫　早竹虎吉』(錦車堂板、嘉永頃、肥田晧三氏蔵)
エミル・デュルケム『宗教生活の原初形態』(古野清人訳、岩波文庫、一九七五。原著は一九一二)
グレゴリー・ベイトソン『精神の生態学』(佐藤良明訳、新思索社、二〇〇〇。原著は一九七二)
森真一「暴力と悪というコミュニケーション」(『コミュニケーションの社会学』長谷正人・奥村隆編、有斐閣、二〇〇九)
『横浜本町港崎町振分双六』(糸屋庄兵衛板、万延元年、『平成二十六年東京古典会古典籍展観大入札会』目録、二〇一四、会場所見)
五葉舎万寿(佐野屋冨五郎)『横浜吉原細見』(全楽堂、明治二年、『明治文化全集八　風俗篇』日本評論社、一九二八所収)
『海外行人名表』(慶応二・三年、外務省外交史料館蔵)
『内外新聞』四、七(慶応四年、知新館、筆者蔵)
山口由美『増補版　箱根富士屋ホテル物語』(千早書房、二〇〇七。元版はトラベルジャーナル社、一九九四)
小林ふみ子「やわらかな好色の国・日本、という自己像」(田中優子編『日本人は日本をどうみてきたか――江戸から見る自意識の変遷』笠間書院、二〇一五)
鶴見俊輔『アメノウズメ伝――神話からのびてくる道』(平凡社、一九九一)

第四章

松田清「桂川甫賢筆長崎屋宴会図について」(『神田外語大学日本研究所紀要』十二号、二〇二〇)
木下直之「写真油絵――写真ニシテ油絵　油絵ニシテ写真」(『美術という見世物――油絵茶屋の時代』平凡社、一九九三。のち講談社学術文庫、二〇一〇)
橋本順光「茶屋の天使――英国世紀末のオペレッタ『ゲイシャ』(一八九六)とその歴史的文脈」(『ジャポニスム研究』

二十三、ジャポニスム学会、二〇〇三)
ペトル・ホリー「チェコ共和国に於ける『東海道四谷怪談』——ヨエ・ホロウハ著『オユヴァイナリダイミョウジン』をめぐって」(『演劇研究センター紀要　早稲田大学二十一世紀COEプログラム：演劇の総合的研究と演劇学の確立』三、早稲田大学演劇博物館演劇研究センター、二〇〇四)
Alice Kraemerová, Jan Šejbl, *Japonsko, má Láska: Český cestovatel a sběratel Joe Hloucha*(*Japan, My Love: The Czech Traveller and Collector Joe Hloucha*), Národní Muzeum, Praha(National Museum, Prague), 2007.
ヨゼフ・コジェンスキー『ジャポンスコ——ボヘミア人旅行家が見た一八九三年の日本』(鈴木文彦訳、朝日新聞社、二〇〇一)
アンナ・ツィマ『シブヤで目覚めて』(阿部賢一・須藤輝彦訳、河出書房新社、二〇二一)
三原文『日本人登場——西洋劇場で演じられた江戸の見世物』(松柏社、二〇〇八)
三原文「リトル・オーライの図像学——海外文芸作品などに描かれた日本人軽業師の場合」(『藝能史研究』一九一、藝能史研究會、二〇一〇)
三原文、ジョン・コヴァック「リズリー『先生』小伝」(『アートタイムズ』六、デラシネ通信社、二〇一〇)
Frederik L. Schodt, *Professor Risley and the Imperial Jpanese Troupe: How an American Acrobat Introduced Circus to Japan — and Japan to the West*, Stone Bridge Press, 2012.
倉田喜弘『海外公演事始』(東京書籍、一九九四)
小山騰『ロンドン日本人村を作った男——謎の興行師タナカー・ブヒクロサン　一八三九—九四』(藤原書店、二〇一五)
泉健「藤代禎助『オペレッタ；ゲイシャ』(一九〇一年)とベルリンの烏森芸者」(『和歌山大学教育学部紀要：人文科学』六十四、二〇一四)
石原あえか「近代医学と人形：ドレスデン国際衛生博覧会(一九一一)に出展された日本の生人形と節句人形」(『東京大学大学院総合文化研究科言語情報科学専攻紀要』二十一、二〇一四)

第五章

『横浜もののはじめ考』（横浜開港資料館、初版一九八八・改訂三版二〇一〇）
白土秀次『野村洋三伝』（私刊、一九六三。のち増補版、神奈川新聞社、一九六五）
野村弘光「野村洋三とサムライ商会」前編・後編（『横濱』二〇一三年夏号・秋号、神奈川新聞社、二〇一三）
堀勇良「もうひとつの横浜家具――彫刻家具の四天王」（『開港のひろば』五十一号、横浜開港資料館、一九九六）
獅子文六『父の乳』（新潮文庫、一九七一）
獅子文六「その辺まで――野村洋三翁」（『週刊朝日』一九六一年一月八日号、朝日新聞社）
『獅子文六全集』十五巻（朝日新聞社、一九六八）
野村みち『ある明治女性の世界一周日記――日本初の海外団体旅行』（神奈川新聞社、二〇〇九）
「徳川夢声連載対談――問答無用　三百五十回」（『週刊朝日』一九五七年十二月二十九日号、朝日新聞社）
『新渡戸稲造全集』十二巻（教文館、一九六九）
『鈴木大拙全集（増補新版）』十一巻・三十巻・四十巻（岩波書店、一九九九・二〇〇二・二〇〇三）
『鈴木大拙とは誰か』（上田閑照・岡村美穂子編、岩波書店、二〇〇二）
山田奨治『禅という名の日本丸』（弘文堂、二〇〇五）
氏家幹人『武士道とエロス』（講談社現代新書、一九九五）

初出一覧

第一章　江戸にラクダがやって来た
書き下ろし　※但し、旧稿との部分的な内容重複はあり。あとがき及び第一章の注2を参照

第二章　舶来動物と見世物
同題稿(中澤克昭編『人と動物の日本史二　歴史のなかの動物たち』吉川弘文館、二〇〇九、所収)を改訂

第三章　開国期における異国・自国の形象
「江戸庶民がみる異国/自国の形象」(『東アジアの民族イメージ――前近代における認識と相互作用』国立民族学博物館調査報告一〇四、二〇一二、所収)、及び「開国期における異国と自国の形象――神風・神国・神風楼」(田中優子編『日本人は日本をどうみてきたか――江戸から見る自意識の変遷』笠間書院、二〇一五、所収)の二論稿を合体編集して改訂　※第三章の注1を参照

第四章　日本人になってみる、日本をやってみる――身体が形象するジャポニスム
同題稿(神山彰編『演劇のジャポニスム』森話社、二〇一七、所収)を改訂

第五章　横浜が売る「ニッポン」――サムライ商会を中心に
同題稿(『文学』二〇一五年十一・十二月号、特集:近世の異国表象、岩波書店、所収)を改訂

あとがき

みなとみらい線の元町・中華街駅を降りて、山下公園へ向かう。港を眺めつつ公園をずっと歩いて通り抜け、自分の小さな事務所に到着。嵐でないかぎり、これが昨二〇二一年春に横浜国立大学を定年退職してからの、通常の朝の日課となった。

秋が深まるにつれ、港には北からやって来た渡り鳥の姿を多く見るようになり、この渡り鳥が春に帰る前までに、本書の原稿をまとめようと決意していた。だが現実には、二〇二二年四月になっても原稿は終わらず、渡り鳥たちはどんどん北帰行していなくなってしまい、すべてを脱稿したのは六月が目前に迫る時期であった。

原因ははっきりしていて、第二章から第五章までの四章分は既存の文章の改訂や再編だが、文政期舶来のラクダに関わる第一章は、あらためて書き下ろしたからである。このラクダについては長年、関心を持ち、すでに長短あわせて五本の文章を一九九〇年代から執筆してきている。だから、それらをつなげて補足すればいいだろうと当初は考えていた。ところが現実には、そんなかたちではうまくいかず、何よりも自分自身でどうにも気に入らなかったのである。あらたに盛り込むべき、この間にわかってきた新事実や情報、資料、知見、視点等々が多くあったからである。結局、既存の文章と内容が部分的に重複するところはむろんあるのだが、長年の蓄積を基にしながら、四百字詰め原稿用紙に換算して三百枚ちょっとの文章を半年ほどかけて書き下ろしたのである。

分量的にはこのラクダに関わる第一章が全体の六割強を占め、当該の注と主要参考資料まで含めるとそれだけで二百二十頁ほどになる。表題作とはいいながら、いささかアンバランスではあり、しかし書き出して止まらなくなったものは致し方がなく、ご覧のようなかたちとなった。

振り返れば、本書の企画自体はもっと年月をさかのぼり、二〇一〇年四月に伊勢の皇學館大学から転任して地元の横浜国立大学に勤務するようになってまもなく、『落語の世界』シリーズ（岩波書店、二〇〇三）の出版で旧知であった同書店編集部の中嶋裕子氏（横国の「落研」出身）が研究室にやって来て、こんな本をつくりたいと私が提案したことが出発点であった。

それは文政期舶来のラクダを中心に据えながら、江戸時代後期から近代にかけての幾つかの文化事象を取り上げて、日本人が異国と自国をどのように認識し、異国と自国をどのように具体的に形象化してきたのか、それを私ならではの素材と切り口で考察するというものであった。したがって、企画が立ち上がった時点から趣旨は一貫しているのだが、そこから早十二年の歳月が過ぎ、最後の局面でも出版期日を遅らせることとなってしまった。辛抱強く待っていただき、いろいろ要望にも対応いただいた中嶋氏に、お詫びと心からの感謝を申し上げる次第である。

また関連でいうと、二〇〇九年秋に「文政期舶来のラクダと〈異国形象〉」の研究テーマで第三十八回三菱財団人文科学研究助成をいただいており（本名の古谷祐司名義）、二〇一一年秋までの二年間に、ラクダが巡業した日本各地と海外を含めた関連各所を調査することができた。これにより研究が進展したところは多くあり、同財団にはこの場を借りてあらためて感謝申し上げたい。

ラクダの話だけにかぎらず、本書の副題とした「日本人と異国・自国の形象」は、二〇〇三年の終わり頃から私が継続的な研究テーマとしてきた大きな問題関心であり、各勤務校からも研究経費面での支援をいただいた。皇學館大学での「日本近世から近代初期における『異国形象』『異国表象』の基礎的考察」をテーマとする特別研究費と、横浜国立大学での「幕末明治横浜形成史」をテーマとする新任教員等支援経費や学長戦略経費をはじめとする各種の学内競争的経費である。それらの支援にも感謝申し上げたい。研究の内容面では、この間に何度も参加させていただき、関連分野での視野を広げる機会となった、国立民族学博物館での幾つかの研究プロジェクトや、法政大学江戸東京研究センター及び法政大学国際日本学研究所での研究活動があり、個々にお名前はあげないが知的刺激を与えてくれた諸先生方に深く感謝するところである。また、お世話になった初出掲載書・掲載誌の各編集者、出版社と、この間、数多くの資料を閲覧させていただいた各所蔵機関、関係者等にも御礼を申し上げる。

岩波書店での企画が確定して以降、「日本人と異国・自国の形象」をめぐるラクダ以外の構成章も、二〇一七年にはおよそ元のパーツが揃った状態となり、もう少し充実させて二〇二一年春の定年退職までには余裕をもって出版できるだろうと、皮算用をしていた。まさに捕らぬ狸であるのだが、横浜のオールド・ボーイとしては昔からあるダンスホールかボールルームで最後に出版記念パーティを、などといった夢もひそかに抱いていたのである。

ところが、そうは問屋が卸さなかった。

予想外の展開のなかで、横浜国立大学の新学部である都市科学部の学部長となったからである。しかしなったからには、このフロンティアに入学してくれた学生と学部のために全力を尽くし、最初の卒業生を送り出すいわゆる「完成年度」を無事に迎えることが、何といっても最大のミッションであり、論文や共著の本ならまだしも、一冊の本をじっくりつくる余裕はすっかりなくなってしまった。しかも最後の丸一年は、いわば「コロナ初年度」かつ「リモート元年」の、何ともいえない複雑な一年となったのである。

そもそも肝心の本が出なかったわけだが、パーティという人類の普遍文化が「反社会的行動」となってしまうような特異な状況でもあった。

ともあれ、こうして都市科学部は無事に「完成年度」を終え、私は務めを果たして退任、退職を迎えたのである。と同時に、日々、港を歩く人と転じて、いくらか時間はかかってしまったが、本書の刊行に漕ぎ着けたというわけである。私は元々、出版の世界に二十年以上いた人間であり、本づくりは苦しいようで最終的には楽しく、すでに約束している本やこれからやりたい企画を含め、できるだけ長くこの港の執筆生活を続けていきたいと思っている。刊行が遅れた分、あらたな資料調査や各地での現地フィールド調査、再確認の調査等を、コロナ状況下ながらもしつこく出来たことは有り難く、ただ今後はいうまでもなく、もっと晴々と動ける日常の復活を切に願うところである。

最後に、本書の書名『江戸にラクダがやって来た』の「江戸」は、わかりやすく象徴的に「江戸」で代表させたものであり、実際には大坂、京また名古屋といった大都市はもちろん、地方各地にもラクダがやって来たことは本文に記した通りである。本書のカバー図版は、私なりのバランス感覚から、あえて江戸のものではなく、大坂の上田公長が描いた図を使用している。これまであまり紹介されてこなかった興味深い資料ということもある。

また書名の背景としては、かつて一九七六年十二月に出版された亀井俊介氏の『サーカスが来た！——アメリカ大衆文化覚書』（東京大学出版会）という名著があり、それに倣ってという気持ちもあった。私が大学三年生の時に刊行され、友人たちと興奮して感想を語り合った思い出の本である。ちょうど同じ月、私は英語（外国語）で日本文化を紹介することが基本の通訳案内業試験（現、通訳案内士試験）に合格し、じつはそこから対象である日本文化の方へどんどんのめり込んでいったのであり、二重の意味で思い出の月なのである。そこから長い歳月が経っているが、やって来た「異なるもの」の視点により、当たり前と思い込んでいる日常が「異化」される経験を大事なものとずっと感じてきたのであり、これからもそうした経験をさらに積み重ねていきたいと思っている。

二〇二二年八月一日

港を望む小庵にて　川添　裕

川添 裕
文化史家，日本文化史家．1956年横浜生まれ．東京外国語大学英米語学科卒業(国際関係専修)．平凡社の編集者を経て，伊勢神宮門前の皇學館大学教授，横浜国立大学教授，同都市科学部長を歴任．現在，横浜国立大学名誉教授．著書に『江戸の見世物』(岩波新書)，『見世物探偵が行く』(晶文社)，『江戸の大衆芸能――歌舞伎・見世物・落語』(青幻舎)，『落語の世界』全三冊(編著，岩波書店)ほかがある．

江戸にラクダがやって来た
――日本人と異国・自国の形象

2022年9月16日　第1刷発行

著　者　川《かわ》添《ぞえ》 裕《ゆう》

発行者　坂本政謙

発行所　株式会社 岩波書店
〒101-8002 東京都千代田区一ツ橋2-5-5
電話案内 03-5210-4000
https://www.iwanami.co.jp/

印刷・精興社　製本・牧製本

ISBN 978-4-00-022312-6　Printed in Japan